# 《上海博物館藏戰國楚竹書（四）》讀本

季旭昇　主編

袁國華　協編

陳思婷　張繼凌　高佑仁　朱賜麟　合撰

萬卷樓圖書股份有限公司發行

# 自　序

　　《上海博物館藏戰國楚竹書（四）》出版，內有〈采風曲目〉，為楚國樂官整理當時流行的詩樂，記錄曲目名並標注宮調；〈逸詩〉二篇，〈交交鳴烏〉為楚人贊頌楚君（可能是楚莊王）之作，〈多薪〉則歌詠兄弟之情；〈昭王毀室〉寫楚昭王在死滑之滸建造宮室，後來發現宮室下有墓葬，昭王因命毀室；〈昭王與龔之脽〉寫宮之脽為楚昭王駕車，因為貧窮，冬天穿著單薄，楚王知道以後隨便給宮之脽一件舊袍子，又嫌他見不得人，於是命令他不要公開露臉，經過太尹勸諫之後，昭王命令宮之脽公開露臉三天，以昭顯己過；〈東大王泊旱〉寫楚簡王因為乾旱而生病，要卜筮禳病，又急著簡省禮儀，以求快速禳病，掌事的釐尹不肯簡省禮儀，君臣發生一場不愉快，後來經過太宰調解，又趁勢告訴楚王應該要郊曝祈雨，以利民生，最後旱災得以解除；〈內豐〉寫為人臣、子、弟應如何侍奉君、親、兄；〈相邦之道〉寫魯君請教孔子，不問有邦之道，而問相邦之道；〈曹沫之陳〉寫曹沫（劌）諫魯莊公鑄大鐘，因進而論戰陣安邦之道。這七篇的內容，為先秦文獻補充了很多重要的材料，其重要不言可喻。本書承續《上海博物館藏戰國楚竹書讀本》一至三冊以來的做法，先從文字考釋下手，繼而釐清篇章大義，希望能為學界提供一個便於參考的讀本。

　　本書的編成，仍然是由研究生進行基本材料的蒐集，並進行初步的撰寫（〈采風〉、〈逸詩〉、〈內豊〉、〈相邦〉由陳思婷撰寫，〈昭王〉、〈東大王〉由張繼凌撰寫、〈曹沫〉由高佑仁與朱賜麟討論，由高佑仁實際執筆撰寫），然後由我訂改，袁國華先生協編。凡是屬於我個人的看法，都會加「旭昇案」以標明。全書之末也附上我的摹字及隸定，以供讀者參考。

　　由於筆者已從師大退休，轉至台南任教，南北奔波，因此撰寫的時間拉得較長。書中不免有一些較早的見解與後來時賢的文章看法相近，只要是看得到的，我們都盡予以補注。但兩岸瀚海遠隔，學術進步快速，一定還有很多我們沒有注意到的資料，希望各界不吝賜正。

　　戰國楚文字在近十餘年已成為新的熱門學科，上海博物館藏戰國楚簡發現後，上海博物館的整理付出，厥功至偉，而《上海博物館藏戰國楚竹書》圖版精美，考釋用心，出版迅速，尤為各界高度稱頌。本書在其基礎之上，爬羅剔抉，考文析義，希望能為上海博物館推動戰國研究的偉業提供一點綿薄之力。不成熟之處，尤祈大雅君子教正。

　　袁國華先生協編本書，仔細校閱，提出了很多訂正；林宛臻、吳珮瑜兩位研究生協助本書的校稿工作，盡心盡力，均極感謝。

　　　　　　　　　　　　　　　　　丁亥孟春季旭昇序於台北

# 凡　例

一. 本書以《上海博物館藏戰國楚竹書（四）》爲釋讀範圍，內容包括〈采風曲目〉、〈逸詩〉、〈昭王毀室・昭王與龔之脾〉、〈柬大王泊旱〉、〈內豊〉、〈相邦之道〉、〈曹沫之陳〉七篇。

二. 撰寫方式包括題解、釋文、語譯、注釋四部分。題解簡要敘述本篇內容及學術價值等相關事項。隸定、編連、分段爲本書作者斟酌考訂的結果，與《上海博物館藏戰國楚竹書（四）》原考釋不盡相同。釋文採窄式隸定，難字後括號注明今字、通假字等，不能隸定者則直接用原簡圖形植入。語譯力求明白通暢，如有殘缺太甚、或語義不明、無法語譯的，則逕用原文，不勉強語譯。注釋力求簡明扼要，凡是括號中已注出今字、通假字的，詞義淺白易解的，儘量不注。

三. 簡與簡的排列，依文義爲主。文義相連的，簡簡相連，視需要分段。文義不能相連的，則另段書寫。同一簡文字而分屬兩段，則於前段簡末加「～」號，表示本簡下半還有文字。

四. 有關竹簡出土、形制、編連、字數等外圍說明，除有更正者外，一律依照《上博四》原書，不另加注。其餘參考各家之說，則必注明出處。

五. 本書採用新式標點，其餘符號大體依照古文字界習慣。□表示缺一字，☑表示缺若干字。若□中有字，則表示是根據其它條件補的。……表示本簡前後文義未完，應該還有字。（）標示今字、通假字，（？）表示括號前一字的隸定有疑問，依文義可以補的字加外框表示。

六. 簡號用【　】來注明，標在每簡的最末。

七. 參考著作多用簡稱，其全稱見書末所附參考書目。

八. 為方便讀者閱讀，本書最後附《上博四》摹字，由季旭昇摹寫原形，
旁注隸定，以利讀者對照觀覽。字形不清楚的，由摹者根據相關條件
摹出，不能肯定的則加注「？」號。圖版及摹字係直行書寫，故依傳
統方式左行，自全書最後往回編排，圖版頁次由右向左依次用「頁一、
頁二、頁三」排列；同時也依全書體例由左向右用「1、2、3」編總頁
碼，二式並行，以利讀者，兼顧傳統。

九. 上古音用括號（ ）表明，括號中二字，前者代表聲紐，後者代表韻部。
聲韻歸類主要用陳新雄師《古音學發微》之說。

十. 本書由多人合著，各篇文責由撰寫人自負。

# 目　　錄

# 〈采風曲目〉譯釋

陳思婷 撰寫

季旭昇 改訂

## 【題解】

　　本篇為《上海博物館藏戰國楚竹書（四）》的第一篇。據原考釋者馬承源先生說明，本篇僅殘存六簡（簡二由兩支殘簡拼接），共150字，最長的一支為56.1釐米，上端仍有兩個字位置的斷缺長度，其他幾支簡所缺的部位都在上端，而下端較為完整。記載的內容是五聲中的宮、商、徵、羽各聲調及所屬歌曲的篇目，沒有發現角音的聲名。簡序亦依五聲次序排列。《采風曲目》可能是楚國歷史上某一個時期流行的音樂或有意編集的歌曲曲目、口頭文學和民間曲調，由楚樂官整理的殘本。其中至少有一部分為下里巴人之類「屬而和者」甚眾的樂曲，有一些放任性的語詞，可能如同鄭衛之風，除《碩人》外，可以看作是遭孔子選編後未傳的原名，即三百五篇之外的篇名。

　　本篇包括12個宮調名、36個曲目名（包括不完全確定的殘目。有些曲目加「又鼓」做為演奏說明），其組成如下（「……」表示殘簡，不確定是否能直接銜接）：

　　□□：◿－又鼓、《子如思我》

　　宮穆：《碩人有文》－又鼓

　　宮巷：《喪之末》

宮訏：《疋供月》、《野有葛》、《出門以東》

宮祇：《君壽》……☐》、《將美人毌過吾門》、《不寅之婭》

徙商：《要丘》－又䜴、《奚言不從》、《豊有酒》

趨商：《高木》

訏商：《锥……》

訏徵：《牧人》、《場人》、《蠹亡》、《毳氏》、《城上生之葦》、《道之遠爾》、《良人無不宜也》、《弁也遺玦》

徵和：《輾轉之實》……☐》、《其翺也》、《鷺羽之白也》

趨羽：《子之賤奴》

訏羽：《北野人》、《鳥虎》、《咎比》、《王音深浴》

羽酢：《嘉賓慆喜》……《☐居》、《思之》、《茲信然》、《技詐豺虎》、……☐《苟吾君毌死》

　　曲目有少數也許和今本《毛詩》可以對應，但大多數曲目的性質還不是很清楚。是否爲孔子選編後未傳的逸詩，或是楚地采集的詩歌，其實也都不能確定。

　　由於本篇的曲目都沒有歌詞，所以具體內容不易肯定，本文僅在注釋中略加推測，語譯從略。

# 【釋文】

　　☐——又䜴①▬，《子奴（如）思我》②▬。宮穆③：《碩人又（有）文》④——又䜴▬。宮䜋（巷／弘）⑤：《喪之末》⑥▬。宮訏（衍）⑦：《疋（糈）坒（供）月》⑧、《埜（野）又（有）葛》⑨▬、《出門呂（以）東》⑩▬。宮祇（厎）⑪：《君壽》⑫【一】

　　☐》▬《牭（將）光（嫐／美）人毌迟（過）虘（吾）門》⑬

一、《不瞋（寅）之婳》⑭━。徙（少）商⑮：《要（/婁）丘》⑯——又（有）詨》━、《奚言不從》⑰━、《豐又（有）酉（酒）》⑱━。趨（趨/曾）商⑲：《高木》⑳━。訐（衍）商㉑：《雔㉒【二】

□》━訐（衍）峇（徵）㉓：《牧人》㉔━、《莴（場）人》㉕━、《蠶亡》㉖━、《霖（磊）氏》㉗━、《城上生之葦》㉘━、《道之遠尒（爾）》㉙━、《良人亡（無）不宜也》㉚━、《弁也遺夬（玦）》㉛━。峇（徵）和㉜：《廛（輾）劃（轉）之實》㉝━。【三】

□》━，《亓（其）軂（翱）也》㉞━、《鵒（鷺）羽之白也》㉟━。趨（趨/曾）羽㊱：《子之贙（賤）奴》㊲━。訐（衍）羽㊳：《北埜（野）人》㊴━、《鳥虎》㊵━、《咎比》㊶━、《王音深浴（裕）》㊷━。羽䟡（素/索）㊸：《嘉賓迢（慆）意（喜）》㊹【四】

□居》━、《思之》━、《丝（茲）信然》━、《邧（技）設（詐）弋（豻）虎》㊺【五】

□《狗（苟）虘（吾）君毋死》㊻━。【六】

## 【注釋】

① 又詨

「詨」字从音从交，於《采風曲目》共三見，原考釋均以爲曲目名：「殘曲目。『詨』，《廣韻》：『詨，指聲。』《集韻》：『筊，《說文》："手足指節鳴也。"或作"詨"、"狡"，通作"肑"。』按《集韻》所解與簡文恐非同字。」

　　董珊先生〈上博四雜記〉將此字視爲音樂術語的一種：「『（又文）又詨』跟在歌詩曲目名稱之後，是對該曲目做補充說明的話。不能理解爲曲名。古代歌曲分爲無伴奏的徒歌和有合樂的樂歌。樂歌尚有樂器伴奏與和聲兩種合樂方式。『文』、『詨』似與此有關。樂器伴奏分管弦樂和鼓樂兩類。『文』可能指鼓樂節奏。……『詨』，可讀爲『絞』，似指眾人和聲。《楚辭·大招》『伏戲《駕辯》，楚《勞商》只，謳和《揚阿》，趙簫倡之』，王逸注：『《駕辯》、《勞商》，皆曲名也。……勞，絞也，以楚聲絞商音，爲之清越也。』《文選》馬融《長笛賦》『絞灼激以轉』，李善注：『絞灼激，聲相繞激也。』；《長笛賦》又云：『絞槩汩湟，五音代轉』，李善注：『絞槩汩湟，音相切摩貌。言聲相絞槩，如水之聲。汩湟，水流貌。』據李善注，『絞』字義爲聲音相互繞激、切摩，則《大招》『勞商』王逸注『絞』爲『以楚聲絞商音』可能是說：以楚人歌聲與琴瑟之商音相和。而簡文『又詨（絞）』的意思是此曲有眾人歌聲與歌詩曲調相和。意思相近。第二簡『又詨（絞）』是合以商音，與《大招》『勞商』之意相近；而一號簡文所見乃是詨（絞）以宮音。」黃鳴先生〈采風零拾〉則將「詨」字視爲曲目用字，認爲「詨」與「姣」意義相近，只不過是以「音」爲形旁，形容人容貌或形體之美。

　　思婷按：《采風曲目》短短六簡之中，「詨」字即出現三次，即簡1二次，簡2一次，「詨」字若作爲曲名，出現頻率之高，乃其他曲目用字所無；其次，三處「詨」字皆出現在「又」之後，似乎是一種固定用法。基於上述二點理由，本文較認同董珊先生將「詨」視爲音樂術語的看法，然而對於「詨」字，本文認爲還可以有其他的解釋。

　　「詨」，《集韻》以爲是以手足指節之聲發出節拍的方式。音樂的要素，乃在於節奏、旋律與合聲，《楚辭·九歌》：「展詩兮會舞，應律兮相節。」漢代張衡在〈七辯〉中說：「曳羅縠之舞衣，乘酒騁以朝翔，舉長徒以蹈節，奮縞袖之翩人。」都在說明音樂或舞蹈必須

合於節奏，即使最原始、古老的音樂，在聲樂和器樂的配合中，節奏也是不可或缺的。相傳上古時期即有「抃歌」，「抃」即是以兩手相擊以節樂。以先秦時期而言，當時即有用來擊打節拍的樂器。湖北江陵望山一號楚墓、滕店一號楚墓即各出土一件「舂牘」，劉熙《釋名·釋樂器》：「舂，撞也。牘，築也。以舂築地為節也。」至於漢代的民間音樂「相和歌」，《舊唐書·音樂志》謂：「平調、清調、瑟調，皆周房中曲之遺聲也；漢世謂之三調。又有楚調、側調。楚調者，漢房中樂也，高帝樂楚聲，故房中樂皆楚聲也；側調生於楚調；與前三調總謂之相和。」由此可見「相和歌」與楚國音樂頗有淵源，根據《宋書·樂志》云：「相和，漢舊曲也。絲竹更相和，執節者歌。」即說明了漢代拍板節歌之風。由上古至漢代，演奏音樂時，打擊節拍的方式，由簡單地以拍手或擊打身體（如「抃以為節」、「搏髀」），或者是發展為各式各樣的打擊樂器（如「擊瓮叩缶」、執節而歌），這些都是因為音樂與節奏有密不可分的關係。《采風曲目》的「詼」字，原考釋引《廣韻》與《集韻》之說，謂「詼」意為「指聲」、「手足指節鳴也」，然而又很保留地說「所解與簡文恐非同字」。其實若以拍擊身體或器物以節樂的音樂傳承來看，這可能也是發出節奏的一種方式。因此本簡的「又詼」可能表示以手足節聲之聲配合音樂發出節拍之意。

　　旭昇案：綜觀〈采風〉「☑又詼」、「又文又詼」、「要丘又詼」，其共同點為「又詼」，「要丘又詼」的「要丘」勢必要看成曲目名，比照這個讀法，我們傾向「又文又詼」的「又文」也應該看成曲目名（與上「碩人」連讀似較合理），而不是輔助說明；因此只把「又詼」看成是對曲目的輔助說明。《集韻》以「詼」為「筋」的異體，當有一定依據，則「又詼」釋為「有節奏樂器伴奏」，似乎是比較合理的解釋。

② 子奴（如）思我

　　原考釋以為「曲目」。季師旭昇〈上博四零拾〉謂：「甲骨文『惠』

字爲語氣副詞，表示出強調、必要和肯定的語氣。這種用法拿來解釋《毛詩・鄭風・褰裳》，非常合適，所以『子惠思我』的意思是：『你如果真的想念我。』〈采風曲目〉的『子奴（如）思我』和『子惠思我』意思非常接近，如果此說可信，那麼〈采風曲目〉中和今本《毛詩》相同的篇目除了〈碩人〉之外，也許還可以加上〈子如思我〉（即〈褰裳〉）。」

黃鳴先生〈采風零拾〉認爲：「《子奴思我》爲名詞的意動用法，『以奴視我』之意，是爲控訴詩，後面的《子之賤奴》則爲實詞義，與《子奴思我》內容亦相近。作『如』或作實詞講，兩種說法皆可通，姑且存疑。」

思婷按：上博（一）《孔子詩論》所論及的詩篇中有〈涉秦〉一詩，馬承源謂：「涉秦，篇名。今本《詩・國風・鄭風》有『褰裳』，詩句云：『子惠思我，褰裳涉溱』。『涉溱』通『涉秦』，當爲同一篇名。」由於《孔子詩論》五十八首詩篇，均可與《毛詩》相對照，故簡本〈涉秦〉即〈鄭風〉之〈褰裳〉應無疑問。由上博（一）楚簡中得知楚人稱《毛詩》〈褰裳〉爲〈涉秦（溱）〉，這可能反應當時楚地《詩經》之篇名並不固定、或另有別稱的情形。《詩經》許多詩歌皆以首句字詞爲篇名，因此亦不排除楚人以〈褰裳〉首句「子惠（如）思我」作爲別稱的可能。當然，我們也不能排除「如」字用常義來解，「子如思我」是與〈褰裳〉不同的另一詩歌。

旭昇案：拙作〈上博四零拾〉從原考釋以「碩人」爲曲目名，現在稍做調整，以「碩人有文」爲曲目名，則與《毛詩》未必對應。

③ 宮穆

原考釋謂：「宮穆。分類聲名。《曾侯乙編鐘》下二・二右鼓音銘『姑洗之商曾，穆音之宮』。『宮穆』是否即是『穆宮』字位的轉換，尚未確知，但所標應是《碩人》詩曲的樂調類屬。薛尙功《歷代鐘鼎

葬器款識法帖》著錄有《楚王酓章鐘》二器，……銘文之末另有標音字，前一器為『穆商□』，《兩周金文辭大系圖錄考釋》隸定為『穆商商』，其實圖示末字非『商』字甚明，而是另一名稱，第一器的『穆』是楚律名或律的異名。第二器銘末音名為『刂翌（羽）反，宮反』，『刂』可能是『少』字的殘筆，則或可讀為『少羽反』，《曾侯乙編鐘》銘有『少羽之反』，由此說明『穆』可能與楚律名有關。」

　　董珊先生〈上博四雜記〉引校訂後的《淮南子·天文》「宮生徵，徵生商，商生羽，羽生角，角生姑洗，姑洗生應鐘，不比于正音故為『和』，應鐘生蕤賓，不比于正音故為『繆』」，以為「穆」、「繆」古字通，均訓為「和」，又引《隋書·志第十》：「宮、商、角、羽為正，變宮、變徵為和。」因主「宮穆」即變宮，即較「宮」低半音（一律）的音名。思婷案：董說合於樂理，協於訓詁，當可從。

④ **碩人又（有）文**

　　原考釋以〈碩人〉為一篇目、〈又文又鼓〉為另一篇目。並以為〈碩人〉即《詩·衛風：碩人》。旭昇案：上文討論「又鼓」為對曲目的補充說明，則「又文」與「又鼓」不應連讀。本簡以「碩人又文又鼓」連讀，中間不加標點符號，則本曲目似應讀為「〈碩人又（有）文〉——又鼓」，謂「碩人有文彩」——本曲有節奏樂器伴奏。據此，本篇與《毛詩·衛風·碩人》未必有關。

⑤ **宮䢎（巷／弘）**

　　原考釋謂「宮巷」為分類聲名，「䢎」所從聲符「芇」，與《上博（二）·魯邦大旱》篇「䢎路」即「巷路」之聲符相同，疑「䢎」亦為「巷」字。董珊先生〈上博四雜記〉謂：「『巷』疑讀為『弘』，似指宮音之弘大者，即低音區的宮音」。

　　思婷按：「䢎」從邑、芇聲，釋為「巷」字，可從。此字於《上

博一·緇衣》簡1作「䛒」、《上博二·魯邦大旱》簡3作「䢅」、《上博三·周易》簡33作「䢅」、《包山》144作「遙」，《秦封泥集》一·二·53、54作「㢟」，均從「㞢」聲，「㞢」即「㞢」之異體，依文例均讀爲「巷」（參季師《說文新證》卷六下「巷」字）。戰國晉系八年相邦劍作「𨟭」，從邑、共聲，與本篇「鄠」字結構接近。「巷」從「共（匣東）」得聲，與「弘（匣蒸）」音近，可以通假。「弘」有「大」義，故董珊認爲「宮巷」可讀「宮弘」，即「低音區的宮音」。曾侯乙編鐘鐘銘，有「大羽」、「大宮」，「大」字作爲前綴，用以表示低一個八度音。董說「宮弘」與曾侯乙編鐘「大宮」同義，當可從。本調所屬曲目爲〈喪之末〉，爲喪歌之末章，用最低沈的「大宮」定調，哀傷悲沈，當頗合適。

⑥ **喪之末**

原考釋謂「曲目」。思婷案：「喪之末」可能即「喪歌之末曲」。喪歌又可稱爲「孝歌」、「夜歌」、「挽歌」、「葬歌」、「陰鑼鼓」、「跳喪鼓」等，在先秦典籍中即可見有關葬歌的記載，例如《左傳·哀公十一年》：「公孫夏命其徒歌虞殯。」杜預《注》曰：「虞殯，送葬歌曲，示必死。」《左傳》的這段文字，即說明先秦已有詠唱喪歌的風俗，這樣的風俗習慣延續至漢魏時期，最爲人所熟知的喪歌即是《蒿里》與《薤露》，晉代崔豹《古今注·音樂》云：「《薤露》、《蒿里》，送哀歌也，出田橫門人。橫自殺，門人傷之而作悲歌，言人命如薤上露，易晞滅也。亦謂人死魂魄歸於蒿里，故用二章。其一曰：『薤上朝露何易晞！露晞明朝還復滋，人死一去何時歸？』……至孝武時，李延年乃分二章爲二曲，《薤露》送王公貴人，《蒿里》送士大夫庶人，使挽柩者歌之，世亦呼爲挽歌。亦謂之長短歌。」是喪歌有分章，自當有末曲。根據《楚國風俗志》頁319的說明，喪歌「通常由初卒時家人跳踴所唱的歌、設祭堂時唱的歌和出殯時執紼唱的挽歌三部分所組成」，可見喪歌有階段性的劃分，因此「喪之末」有可

能就是「喪歌中的末曲」,即一連串辦理喪事的過程中,接近尾聲時所詠唱的詩歌。人們吟唱的喪歌既然有這麼多首,而《采風曲目》獨收〈喪之末〉的原因,可能正如〈蒿里〉、〈薤露〉一般,由於歌詞曲調動人,因而在所有的喪歌中特別著名、傳唱甚廣的緣故。

⑦ 宮訐（衍）

原考釋謂「分類聲名」。董珊先生〈上博四雜記〉謂:「從語音上看,『訐』相當於曾侯乙編鐘銘表示低音區之音階名前綴『遣』,兩個字都讀爲『衍』,訓爲『大』、『廣』。在簡文中,『宮訐』、『訐（衍）商』、『訐（衍）徵』、『訐（衍）羽』分別指低音區的宮、商、徵、羽,都較正音低一個八度。」

思婷按:「訐」從「干（見元）」聲,與曾侯乙鐘磬樂律銘「遣（溪元,讀爲衍）」聲近韻同,可以相通。曾侯乙鐘磬樂律銘「遣」字作爲前綴詞,表示比正聲組低一個或兩個以上八度的音。董珊由「訐」、「遣（衍）」二字音近,推論「訐」之意義與「遣（衍）」相同,其說頗爲合理。

⑧ 疋坙（供）月

原考釋謂「曲目」。楊澤生先生〈上博四札記〉讀「疋」爲「糈」,引《楚辭·離騷》王逸注「糈,精米,所以享神」;謂「坙」讀爲「供」,當「祭祀」、「奉祀」講;"月"當指月亮。古代有祭祀日月星之俗。

思婷按:本簡△字上方作「」形,筆畫貫穿,和一般楚系的「廾」形左右二手形多半分開者有些不同,的確有可能是「共」形之省。「共」字金文作(共覃父乙簋),其後「口」形漸訛爲「廿」形（參季師旭昇《說文新證》(上),頁165。）。楚系簡帛作(郭·緇25)、 (郭·六22)、 (包239)、(璽彙5139)、(楚帛書·甲7.5)、(信2.6。從竹)、（信2.20。從竹）等。包山簡239之

「共」字上方的「」已漸與「廾」形相近，可能是受到「共」字下方「廾」形的影響所致，璽彙 5139 之「共」字上方筆畫近一步分離，與「ナ」、「又」相連的「廾」形相近，楚帛書之「共」字上方部件更是分離爲兩個「X」形。推測其字形演變如下：

(共覃父乙簋)→(郭·緇 25) → (郭·六 22)

(包 239) → (璽 5139)→ (帛·甲 7.5)

與本簡△字上部形體最爲類似的，應該是包山簡 239 與璽彙 5139 之「共」字上方的筆畫。△字可能是 （包 239）或 （璽彙 5139）這類形體的「共」字，加「土」形爲飾，又由於上方部件已訛近「廾」形，與下方所从之「廾」形體類似，故在刪簡同形的習慣下，省略了一個「廾」形，仍讀爲「共」。當然也不排除可能是「土」形爲形符，「廾」爲聲符。

若「疋坴月」讀爲「疋供月」，則「疋」可能如楊澤生所言乃祭月之物。早在《尚書·舜典》即有關於古代祭月的記載：「正月上日，受終于文祖。在璿璣玉衡，以齊七政。肆類于上帝，禋于六宗，望于山川，遍于群神。」傳曰：「精意以享謂之禋。宗，尊也，所尊祭者其祀有六，謂四時也、寒暑也、日也、月也、星也、水旱也，祭亦以攝告。」《禮記·祭義》：「祭日於東，祭月於西。」可見祭月之禮起源甚早。《周禮·春官宗伯》：「中春，晝擊土鼓、吹〈豳〉詩，以逆暑。中秋，夜迎寒，亦如之。」這種秋分之夜的祭月、迎寒儀式，可視爲中秋節的濫殤。

根據宋公文、張君《楚國風俗志》的研究，戰國時期的楚文化對中秋節的醞釀有甚爲關鍵的作用，並提到荊楚故地之祭月除了單純的對月神表示崇敬，亦對月神有所祈求：「《荊州府志》引《荊楚歲時記》佚文云：荊楚故地俗以「七月采瓜犀以為面脂。」此種美容習俗後來分別被七夕和中秋節所吸收，並由此產生了婦女（或少女）向織女星

神和月亮女神祈求容貌美好、長駐的儀式。」楚地民間祭祀之風盛熾，像月亮這麼重要的天體，豈有不予祭祀的道理？〈疋坓月〉若爲祭月之詩，在對月神表達崇敬之意以外，也可能對月神有類似的祈願。

「疋」字若指供品，可讀爲「糈」，也可讀爲「湑」，《說文》：「湑，茜酒也。」則「湑供月」即是以酒灌注茅束以祭月；或是將「湑」視爲名詞，乃以清酒祭月之意。此外，「疋」也可能讀爲「胥」，當作副詞使用，即「共同」之意，故「胥供月」亦可能意指「眾人一起來祭祀月神」。

⑨ 埜（野）又（有）葛

「葛」，字形作「⿱」，原考釋謂疑「萊」。董珊先生〈上博四雜記〉以爲此字實從「艸」、「素（或索）」，當隸爲「薻」，以音近可讀爲「蔬」。

陳劍先生〈葛字小考〉以爲董說釋「薻」，於字形有據，但「『蔬』一般當爲人工種植於園圃，說『野有蔬』仍嫌不合」，因而主張此字當釋爲「葛」，又引三體石經《春秋》僖公人名「介葛盧」之「葛」字作「⿱」；《上博三·周易》簡43與今本「葛藟」之「葛」相當之字作「⿱」；《古璽彙編》2263、2264（皆晉璽）葛字作「⿱」、「⿱」；《上博五·季康子問於孔子》簡8「葛歜今語肥也以處邦家之述（術）」之「葛」字作「⿱」，因主本篇「⿱」字亦當爲「葛」字，並謂此種「葛」字也有可能是從艸從索會意。思婷案：其說雖於字形解釋尚未能完全明白無滯，但舉證詳明，則本篇此字釋爲「葛」，當可從。

旭昇案：《毛詩》中類似的意象有《唐風·葛生》「葛生蒙楚，蘞蔓于野，予美亡此，誰與？獨處」、《鄭風·野有蔓草》「野有蔓草，零露漙兮，有美一人，清揚婉兮」。本篇〈野有葛〉取義或與二者之一相類似。不過，董說「野有蔬」也還是有成立的可能。《禮記·月令》「山林藪澤有能取蔬食、田獵禽獸者」鄭注：「草木之食爲蔬

食。」《爾雅‧釋天》郭璞注：「凡草菜可食者通名爲蔬。」是蔬未必都生在園中，只是人民日常耕種取食，應該以園中耕種者爲主。如今生在野地，似違反生活之常，但詩有違反常理而張力更強者（如《毛詩‧鄘風‧牆有茨》寫茨生在牆上），是「野有蔬」之釋仍不能完全排除。

⑩ 出門呂（以）東

原考釋謂「曲目。讀爲出門以東」。思婷案：關於本曲的內容，我們可以很容易聯想到〈出其東門〉。《詩經》中以「東門」爲主題的詩篇有〈鄭風‧東門之墠〉、〈鄭風‧出其東門〉、〈陳風‧東門之枌〉、〈陳風‧東門之池〉、〈陳風‧東門之楊〉，東門是人們往來的要道，也是人群聚集之處，於是在東門外的廣場上、大樹下、護城池邊，不斷地發生各式各樣的愛情故事，上述五首詩篇，即是擷取眾多愛情故事的片段而成。因爲這些詩篇，東門似乎也成了青年男女相與詠歌、各言其情的場所。〈出門以東〉或許和〈出其東門〉一樣，都屬於情詩。

⑪ 宮祇（厎）

「宮祇」，原考釋以爲「分類聲名」。董珊先生〈上博四雜記〉以之與下一曲目「君壽」連讀爲「宮：祝君壽」，以爲此處音階名稱無後綴，「所謂『宮祇』之『祇』字乃是『祝君壽』之『祝』字，此『宮』字無綴加成分，指標準五音之宮。」

思婷按：「祇」字簡文作「𥛱」，與帛甲6.75之「𥛠（祝）」字看似相近，其實不同，本簡此字右旁橫筆右方未貫出，且橫筆上方右側的筆畫，並未連接至橫筆下方，較接近「又」形，不似「口」或「廿」形，釋爲「祝」字比較勉強。戰國金文「蚘」字作「𧖹」，其「尤」旁與本篇此字所從相同，是此字仍應隸定爲「祇」。暫依原考釋將其視爲分類聲名中的後綴。

旭昇案：「祇」字當讀為「厎」，「祇」從「尤（為之）」聲，「厎」從「右（為之）」聲，二字聲韻畢同。曾侯乙編鐘C.65.中.3.3銘云「姑洗之宮厎」，黃翔鵬先生〈先秦音樂文化的光輝創造——曾侯乙墓的古樂器〉以「厎」為「高一古代音差的後綴」，並云：「此鐘的古鼓音標音為宮，而實測音高則比應有音高高出一個古代音差。按弦律來看，以三分損益律之羽為空弦時，宮音的標準音位應在十二徽之左方，此鐘的實際音高恰在十二徽，其位置卻在宮音之右。不承認弦律，這條銘文也就無從解釋。」

⑫ **君壽**

原考釋謂：「可能是宴壽之樂。《詩·小雅·谷風之什·楚茨》：『樂具入奏，以綏後祿。爾殽既將，莫怨具慶。既醉既飽，小大稽首。神嗜飲食，使君壽考。』」思婷按：可從。此曲目名曰〈君壽〉，其稱壽祝福的對象應該是天子或諸侯。

旭昇案：「君壽」下沒有代表曲目名結束的標點，第二簡上端又殘（雖然二簡未必相連），所以不排除本曲目名也有可能是「君壽☒」。

⑬ **牗（將）芺（美）人毋迍（過）虖（吾）門**

原考釋以〈牗芺人〉、〈毋迍虖門〉為二曲目。陳劍先生〈葛字小考〉以為「當連讀為一，『將美人毋過吾門』與《詩經·鄭風·將仲子》每章首之『將仲子兮，無踰我里／牆／園』極為接近，唯後者多一襯字『兮』」。思婷案：「牗芺人」下無曲目標點符號，陳讀可從。

「芺」，原考釋謂：「『芺』，疑讀為『嫩』。」本簡「芺」字與「夫」（郭·老乙4）形近，唯上方三筆的寫法略有差異，高佑仁學長〈上博四三則〉引楚系「常」、「敢」等字「ヨ」形部件寫成「屮」的現象，說明原考釋「芺」釋「美」無誤。思婷按：楚系的「散」字亦有相似

寫法，或作[字形]（敗，上（一）緇21）形，亦有作[字形]（信1.011）形者；《采風曲目》簡3「峇」字作[字形]，曾侯乙鐘「峇」字作[字形]，二者相較，亦可發現曾侯乙鐘「峇」的「[字形]」形，在《采風曲目》中寫成了「[字形]」形。可見《采風曲目》的書手有其獨特的書寫習慣，「[字形]」、「[字形]」之形，都慣於寫作「[字形]」。

　　牆，可讀爲將，可釋爲「願、請」之意，如《鄭風·將仲子》「將仲子兮」、《衛風·氓》「將子無怒」。也可讀爲「送」，如《召南·鵲巢》「百兩將之」、《邶風·燕燕》「遠于將之」。亦可讀爲「莊」，如《郭店·尊德義》「教以樂，則民弔德清牆」。「美人」之今義指容貌姣好的女子，其實《詩經》中的「美人」未必指女性，如《邶風·碩人》「彼美人兮，西方之人兮」，鄭箋：「美人，謂碩人也。」即次章「碩人俁俁，公庭萬舞」之「碩人」，爲賢者。《楚辭》亦常以「美人」象徵君主或賢者、所思念之人，例如〈離騷〉：「惟草木之零落兮，恐美人之遲暮。」注：「美人，謂懷王。」據此，「美人」可指女性，亦可指男性。「將美人毋過吾門」可釋爲「美人啊，請不要拜訪我的家門」。

### ⑭ 不瞋（寅）之嫜

　　原考釋隸爲「不寅之嫜」，謂「寅，敬也。嫜，女子」。所釋「寅」字原形作「[字形]」，蘇建洲學長〈楚文字四則〉認爲應釋「瞋」。思婷案：蘇說可從，楚系「寅」字作[字形]（包162）、[字形]（包180），「矢」形訛爲「大」形。本曲此字上部作「目」形，自當隸爲「瞋」，讀爲「寅」，義仍爲「敬」。

　　「嫜」，原考釋引《集韻》「嫜，女字。」謂「此說明其人爲女子」。據此，「不瞋（寅）之嫜」似可指一行爲不端正之女子，如〈齊風·敝笱〉所刺之文姜。《詩經》女子之名，或非實指，如《鄘風·桑中》之孟姜、孟弋、孟庸。「瞋」或可通假爲「孕」，《易·漸》：「婦三歲不孕。」漢帛書本「孕」即作「繩」。則「不瞋之嫜」或指一位不孕

之女子，如《衛風·碩人》序：「碩人，閔莊姜也。莊公惑於嬖妾，使
驕上僭。莊姜賢而不答，終以無子，國人閔而憂之。」

⑮ 徙（少）商

原考釋以爲分類聲名。「徙」字原形作「」，原考釋依形摹寫，
未作隸定；董珊先生〈上博四雜記〉則釋爲「率（？）」，表示未能
確定之意。陳斯鵬先生〈上博四小記〉謂「从辵从寡」，義待考。房
振三先生〈上博四二則〉則謂「从辵从辰」。思婷按：諸說於字形皆
不像。考楚系「徙」字或作「」（包259），與本簡此字形相近，若
是，則可釋爲「徙商」，可能意味此爲商音的鄰近音。

旭昇案：字形與「徙」近，姑釋「徙」。「徙商」應可讀爲「少
商」。「徙」字甲骨文作「」（乙8295），从尸从少，胡厚宣先生〈再
論殷代農作施肥問題〉釋「屎」，以爲同於《說文》「徙」字的古文「屖」；
裘錫圭先生〈甲骨文中所見的商代農業〉以爲「把屖跟《說文》『徙』
字看作一個字，則是可信的。李家浩同志認爲卜辭屖田就應該讀爲徙
田，可能跟古書中所說的爰田意近。……這樣看來，……屖田似可讀
爲選田。」俞偉超先生請李家浩爲此字撰說：「甲骨文屖字或可作尿。
古『少』、『小』本是一字，……胡厚宣先生曾經指出屖即《說文》『徙』
字古文『屖』，是正確的。」李家浩先生並指出見於出土古文字材料中
的漢代「徙」字都寫作从「辵」「少」，沙、徙古音相近，徙當爲从辵、
沙省聲。《說文》的「屖」應即「屖」字之訛；「屎」則爲陳侯因育敦
的訛變。以上諸字，都應該釋爲「徙」。《孟子·滕文公上》「死徙無出
鄉」趙岐注：「徙，謂爰土易居，平肥磽也。」（《中國古代公社組織的考
察——論先秦兩漢的單——僤——彈》6-53頁）

「少（審紐宵部）」、「沙（疏紐歌部）」，聲母舌頭與齒音鄰
近，韻部雖未見旁轉之例，但是歌部與宵部入聲之藥部卻有旁對轉的
例子（參陳師新雄《古音學發微》（師大國文研究所博士論文，嘉新水

泥公司文化基金會研究論文第一八七號，1972），1082頁）。甲骨文「少」字，馬敘倫《讀金器刻詞》以爲即「沙」字初文。前引李家浩先生說舉出「見於出土古文字材料中的漢代『徙』字都寫作从「辵」「少」，沙、徙古音相近，徙當爲从辵、沙省聲。」「徙（心紐支部）」與「沙（疏紐歌部）」聲韻俱近。據此，戰國楚系「徙」字讀爲「少」，當可以成立。若是，「徙商」即見於曾侯乙編鐘之「少商」，「少商」即比「商」音高八度。

⑯ 要（／婁）丘

　　原考釋以「要丘」與下文「又敔」連讀爲「要丘又敔」，謂「曲目。義待考」。思婷按：依前論，「又敔」爲曲目演奏的補充說明，不應爲曲目名。「⿱罒女」，即「要」或「婁」字。考睡虎地秦簡簡42有「⿱罒女」字，依文例「～有疪」當釋爲「要」，讀爲「腰」；《說文》「要」之古文作「⿱罒女」，均與簡文同形。然楚系文字曾侯乙衣箱二十八宿「⿱罒女」、包山簡161「⿱罒女」等字，學者釋作「婁」，亦與前舉「要」字字形無別。季師旭昇〈說婁要〉指出甲骨文「婁」、「要（腰）」同字，戰國以後逐漸分化。是此曲目隸爲「要丘」、「婁丘」均無不可，《詩經》有「旄丘」、「阿丘」、「頓丘」、「宛丘」；《新蔡簡》零317有「蔞丘」，「要（／婁）丘」當與之相近。

⑰ 奚言不從

　　原考釋謂「曲目」。思婷案：可從。古文「奚」多釋爲「何」，「奚言不從」即「何言不從」，語譯爲「爲什麽不聽從我的話」，或「爲什麽要說『不從』」。

⑱ 豊又（有）酉（酒）

　　原考釋謂「曲目。疑讀爲『醴侑酒』」，「若讀爲『禮有酒』或『禮侑酒』，亦可」。思婷案：可從。

⑲ 趄商（趄／曾）

原考釋隸「趄商」，以爲樂調分類聲名。董珊先生〈上博四雜記〉隸作「趄」，以爲：「可讀『曾』，『夒』與『曾』古音同爲精母，韻屬職、蒸，可以構成入、陽對轉。曾侯乙編鐘銘有後綴詞『曾』，構成『宮曾』、『徵曾』、『商曾』、『羽曾』四個音名。實測表明，『曾』爲表示某音下方386音分的大三度。以此例簡文，即：若以宮爲 C，『趄（曾）商』爲下方的 $^{\flat}$B。」思婷案：董釋字形可從，此字實從走、夒省聲，《上博一·孔子詩論》簡24「后稷」之「稷」字作「𥠵」，右旁與本簡此字同。

⑳ 高木

原考釋謂「曲目。可讀爲『喬木』」。思婷案：「高（見宵）」、「喬（群宵）」，二字聲近韻同，可以互用，學者多主二者實爲轉注字。《周南·漢廣》「南有喬木，不可休息」，《小雅·伐木》「出自幽谷，遷于喬木」，本曲目或與之有關。

㉑ 訐（衍）商

原考釋以爲樂調分類聲名。董珊先生〈上博四雜記〉讀爲「遣（衍）商」，以爲比正音商低一個八度。

㉒ 雓

原形作「𰡷」，原考釋釋「雓」而未釋。思婷案：釋字可從，簡殘，文義不可考。

㉓ 訐（衍）峇（徵）

原考釋以爲樂調分類聲名。董珊先生〈上博四雜記〉讀爲「遣（衍）商」，以爲比正音商低一個八度。思婷案：「峇」字從「发」（即「㞒」

字變體），從「口」當爲飾符，可讀爲「徵」。甲骨文有「⿰」字（《甲骨文編》4299號），西周金文牆盤作「⿰」，裘錫圭以爲象背部有腓子之堂刀，即「堂」字，當爲獨體象形文。楚系文字作「⿰」（包138，右旁）、楚璽作「⿰」（璽彙2984。上旁），後一形與本簡同形，均爲「堂」字之異寫。

㉔ **牧人**

　　原考釋謂「曲目。……『牧人』爲職掌牧牛羊之官。《詩·小雅·無羊》：『牧人乃夢。』……此『牧人』也可能是當時的牧歌。」思婷案：原考釋已指出「牧人」一詞，見於《詩經·小雅·無羊》，《毛詩序》謂〈無羊〉爲「宣王考牧」之詩。準此，則詩中所云之牧人乃指「牧官」而言。「牧人」亦見於曾侯乙墓竹簡，其文例爲「牧人之駟」（曾181）、「牧人之兩黃」（曾184），簡文所云之「牧人」亦爲《周禮》之牧官。故本曲目「牧人」可能指司牧之官，其內容可能和國家政事較有關連。當然，也不能排除亦可能指一般飼養家畜之人，全曲刻畫牧人和田野生活。

㉕ **募（場）人**

　　原考釋以爲「曲目。契口處疑有墨釘。如果墨釘不計，則曲目當爲《募人蠱亡》」。思婷案：「募」，原形作「⿰」，原考釋釋「募」。此字上方從艸並無疑問，值得注意的是下方所從爲何字。楚系「易」字作「⿰」（包2）、「⿰」（包111）、「⿰」（郭·太5），「日」下皆作一橫筆，本簡此字則作二橫筆，當係書手個人習慣所致。「募」可以通讀之字甚多，如「蕩、愓、湯、揚」等，難以遽定。

　　旭昇案：本曲目上爲「牧人」，下爲「蠱亡」、「矗氏」，似皆與民生有關。《說文》：「募，艸。枝枝相值，葉葉相當。從艸、易聲。」以音求之，似可讀爲「場人」，《周禮·地官·場人》：「掌國之場圃而樹之果蓏珍異之物，以時斂而藏之。凡祭祀賓客共其果蓏，享亦

如之。」當然，也不排除讀爲《陳風·宛丘》「子之湯兮，宛丘之上兮」之「湯人」，即「蕩人」。「募人」下契口處之墨釘並不明顯，也不排除「募人蠶亡」連讀爲一曲目。

㉖ **蠶亡**

原考釋謂：曲目。古代有祭蠶神之儀，「蠶亡」疑是育蠶曲調的首二字。思婷案：「亡」有「死亡、失去、輕蔑、無」等義，但皆不適合「育蠶曲」的主題。原考釋當以爲原詩首句作「蠶亡□□」，但取其首二字「蠶亡」爲曲目名，亦不無可能。本曲目不排除與上篇連讀，若是，「募人蠶亡」未必與蠶有關，場人所掌不當有蠶事。

㉗ **霝（毳）氏**

原考釋謂：《通志·氏族略》引《姓苑》有「毳氏」，《五音集韻》清四：「毳，細毛也。又姓，出《姓苑》。」《周禮·天官冢宰·掌皮》：「掌皮，掌秋斂皮，冬斂革，春獻之。遂以式灋頒皮革於百工。」鄭玄注：「皮革踰歲乾，久乃可用，獻之，獻其良者於王，以入司裘給王用。」「毳氏」疑爲掌皮的百工。

思婷按：「氏」可作爲官名。古代專家之學，皆爲氏業，因以業爲氏名，《周禮》中即有許多例子，如萍氏（掌國之水禁）、蜡氏（掌除骴）、磬氏（爲磬）、鳧氏（爲鐘）、栗氏（爲量）。「霝」從「毳」得聲，故可與「毳」通假。原考釋將「霝氏」釋爲「毳氏」，可從，但似應解爲「掌毛之官」，《周禮·春官·司服》：「祀四望山川，則毳冕。」鄭玄注引鄭司農云：「罽衣也。」以毛織衣也。

㉘ **城上生之葦**

原考釋謂「曲目」。關於「城上生之葦」的「之」字用法，孟蓬生以爲與《上博二·容成氏》簡24「面乾黑散，脛不生之毛」中的「之」

字用法相同，無實義。思婷按：「之」字不一定要視爲「虛詞」，《詩經・周南・桃夭》：「之子于歸」，「之」字即「此、這個」之意。故「城上生之葦」，即「城上生此葦」，但其詞義弱化。〈城上生之葦〉很容易讓人聯想到《詩經・鄘風・牆有茨》，詩序：「〈牆有茨〉，衛人刺其上也。公子頑通乎君母，國人疾之，而不可道也。」詩序的所說的君母，即指宣姜，原本是衛宣公之子伋的妻子，卻爲宣公所納，其後宣公卒，宣姜之子惠公年幼繼位，惠公之異母庶兄頑蒸於宣姜，並生下了五名子女。由於此事醜惡，故以「牆有茨」起興，言其不可掃除、收束。依常理而言，蘆葦應生長於溪邊或沼澤地，似乎不可能遠離水濱而生長在牆上，此簡曲目作「城上生之葦」，與「牆有茨」一樣，極具張力，令人有無限的聯想。

## ㉙ 道之遠尔（爾）

原考釋謂：曲目。不知所出，《詩》有句與之相似，《邶風・雄雉》：「瞻彼日月，悠悠我思。道之云遠，曷云能來。」董珊先生〈上博四雜記〉則認爲〈道之遠尔〉可讀「道之遠邇」，「遠邇」似偏指「遠」。思婷按：「尒」字亦可作句末語氣詞，表示肯定的意思，與「矣」、「焉」同義，如《公羊傳・宣公十五年》：「盡此不勝，將去而歸爾」。「爾」字又可置於形容詞詞尾，同「然」，如《禮記・檀弓上》：「南宮縚之妻之姑喪，子誨之髽，曰：『爾毋從從爾，爾毋扈扈爾。』」「從從爾」即高聳的樣子，「扈扈爾」即寬大的樣子。因此〈道之遠尒〉，讀爲「道之遠爾」即可，同樣在描寫「道路之遠」。

## ㉚ 良人亡（無）不宜也

原考釋謂「曲目」，引《詩經》中有「良人」一詞的詩篇，如：《唐風・綢繆》、《秦風・小戎》、《黃鳥》、《大雅・蕩之什・桑柔》爲例。又謂婦人對丈夫稱謂亦呼「良人」。思婷案：可從。良人爲先秦古籍常見之用詞，或釋爲善人、好人之意，或用爲女子讚美男子之語，或爲

女子對丈夫的稱呼。本詩歌三種解釋都可能成立。

㉛ 弁也遺夬（玦）

　　原考釋謂曲目，首字「」，待考。袁金平先生〈讀上博（五）劄記〉隸爲「弁」，讀爲「變音之變」。思婷按：楚系文字「弁」作：（曾156）、（包168）、（包245）、（郭‧五32）、（天卜）、（郭‧性43）等形。本簡與最後一形相近，釋爲「弁」字，可從。但讀爲「變」，則於本簡文義難以通讀，逕釋爲「弁」即可。弁爲古代男子穿禮服時所戴的禮冠，有皮弁與爵弁兩種；當然，楚文字「弁」也可當作姓氏用。《毛詩‧衛風‧淇奧》「會弁如星」，箋：「會謂弁之縫，中飾之以玉礫，礫而處狀似星也。」是弁上有玉飾可知。

　　「遺夬」，原考釋讀「遺玦」，謂「玦」即「玉佩」。思婷案：從考古所顯示的情況來看，做爲裝飾的「夬」有三種可能，其一爲「裝飾性射夬」，由原始射夬變得扁平狀的裝飾物，或稱韘形佩，戴在拇指或手腕上；其二爲似環而缺之「Ｃ形玦」，佩帶在頭骨兩側的耳部，有可能是以線繫縛後由帽子垂至耳際，戰國時期漸漸少見；其三爲針形似錐有孔之「耳飾玦（瑱）」，大者自弁帽垂至耳際，小者或直接塞入耳孔。以佩掛部位而言，〈弁也遺夬〉可能是第二種或第三種「夬」（參拙作〈說夬〉）。

　　「遺」字「遺」在古籍中常用義有「遺失」、「遺留」、「饋贈」等。「弁也遺夬」，可能釋爲「弁帽上的夬飾遺失了」、「一位姓弁的男子送給我一個夬飾」。

㉜ 峇（徵）和

　　原考釋謂「『峇和』之『和』，應與聲名有關。在曾侯乙編鐘三‧四背面右鼓有一個單音詞階名『龢』，……是表示宮音上方的純四度音」，但是，「簡文之『和』因前綴字有『徵』，故而不大可能是五

聲之外的單音詞聲名」。董珊先生〈上博四雜記〉據《淮南子·天文》
「（不）比於於正音故爲『和』」，主張「徵和」即較「徵」音位低
半音（一律）的音名。思婷案：董說當可從。

㉝ 廛（輾）剌（轉）之實

　　原考釋隸爲「碓剌之賓」，釋爲「曲目」而無說。董珊先生〈上
博四雜記〉隸爲「《廛（輾）剌（轉）之賓》」，謂「『輾轉』爲古
常語。」陳斯鵬先生〈上博四小記〉指出「原釋『賓』，實爲『實』
字」。

　　思婷案：《郭店·緇衣》簡36有「⿰⿱」字，裘錫圭先生案語以爲
「似當釋『廛』」，字形與本簡此字作「⿱」者相近，董釋「廛」字，
讀爲「展」，或可從。陳說原釋「賓」當釋「實」，亦可從，《上博四·
相邦之道》簡3「實」字作「⿱」，與本簡作「⿱」同。〈輾轉之實〉，具
體意義待考。

㉞ 亓（其）鸒（翱）也

　　「鸒（翱）」字原形作作「⿱（⿱）」，原考釋不識。旭昇案：
此字左旁疑從「鳥」而殘，右上「合」旁作用待考，右旁下從「皋」，
嚴式隸定作「鸒」，「皋」當可視爲聲符，則此字似可讀「翱」（《說
文》「翱」從「羽」、「皋」聲）。〈其翱也〉，具體意義待考。

㉟ 鴿羽之白也

　　本簡「⿱」字，原考釋釋「翯」，以「翯羽」爲樂調分類聲名。
董珊先生〈上博四雜記〉釋「⿱」爲「鴿（鷺）」，並將「鵱（鷺）羽」
二字與「之白也」連讀，視爲一曲目爲，謂：「『鷺羽』，詞見《小
雅·宛丘》『值其鷺羽』」。思婷案：此字右旁實從「鳥」，本篇鳥
旁寫法多類此，此字董釋「鴿」可從。「鴿」字見於《集韻·去聲·

暮韻》，即「鷺」之異體，乃水鳥名。旭昇案：〈鷺羽之白也〉與上篇〈其翮也〉同取於鳥羽，當有某種關聯。

㊱ 趣（趡／曾）羽

原考釋以爲樂調分類聲名。董珊先生〈上博四雜記〉釋爲「趡（曾）羽」，以爲「曾」爲表示某音下方386音分的大三度。

㊲ 子之䁥（賤）奴

「賤」，原考釋謂從貝，從三戈，讀爲「賤」，或隸定爲「䁥」。陳斯鵬先生〈上博四小記〉謂此字右旁實爲「見」，右旁爲三「戈」，「是否相當於『戔』也有疑問，所以釋『賤』恐不可靠。待考」。旭昇按：此字左旁實從「視」，但在偏旁中與「見」通用。直接隸定可作「䁥」，右旁從三「戈」，恐與從「戔」同，當作聲符用，則此字仍當讀爲「賤」，左旁義符爲「視」，其義或即爲「賤視」、「鄙視」。〈子之䁥奴〉或可釋爲「你所鄙視的奴才」。

㊳ 訐（衍）羽

原考釋謂「樂調分類聲名」。董珊先生〈上博四雜記〉釋爲「訐（衍）羽」，以爲指低音區的羽，較正音低一個八度。

㊴ 北埜（野）人

原考釋謂「曲目。『北』疑爲地名，即『邶』」。思婷案：「埜」字甲骨文作（鄴三下38.4），即「野」之本字。「邶」從「北」得聲，於音韻可通，《上博一·孔子詩論》有「〈北白（柏）舟〉悶」，學者均釋爲「邶柏舟」，似與本曲目類似。但《毛詩》〈柏舟〉有兩篇，一在邶風、一在鄘風，〈孔子詩論〉因此加「北（邶）」以爲區別。本曲目似乎沒有這樣的嫌疑，所以〈北埜人〉的「北」字也可以讀爲本字，釋爲「北野之人」或是「北方之野人」。

⑩ 鳥虎

　　原考釋釋爲「募虎」，以爲曲目。所釋「募」字，原形作「![字]」，同簡另有「![字]」字，右旁所从亦此字。董珊先生〈上博四雜記〉釋爲「骼（鷺）」，楊澤生先生〈上博四札記〉從之，並釋「![字]」爲「鳥」。又以爲本曲目「虎」字作「![字]」，末筆下方有一短橫筆，則「此字隸定作『虘』的可能性也不能完全排除，因讀「鳥虘」爲「鳥吾」，爲漢代西北一個部族的名稱，以爲與上一曲目〈北埜人〉或許有關；又以爲或可讀爲「鳥語」。

　　思婷按：本曲目「![字]」字應釋从楊澤生釋「鳥」。至於「![字]」字，最下方之一橫筆與「虎」字不相連，視爲標示曲目之標點符號較妥當。至於虎足「人」形下豎筆加橫筆作飾符，戰國文字不爲罕見，本篇簡5「虎」字即如此作，逕讀爲「虎」即可。〈鳥虎〉是否可以讀爲「鳥吾」或「鳥語」，待考。

⑪ 咎比

　　原考釋謂「咎比」即「虎皮」，即《左傳》之「皋比」。思婷按：可從。咎（群幽）、皋（見幽），音近可通，古籍中咎、皋二字通假之例甚多。本曲目當與軍事有關。

⑫ 王音深浴（裕）

　　原考釋謂「曲目。『深浴』讀爲『深谷』」。思婷案：「王音深谷」，語義不明，由於音、言乃一字分化，或可讀爲「王言深谷」，即王談論到有關深谷之事。旭昇案：「王音深谷」也可能讀成「王意深裕」、「王言深裕」。「音」可讀爲「意」，見《上博三·恆先》拙說，「深裕」，謂深而寬容。

⑬ 羽昨（素／索）

　　原考釋隸爲「羽䕉」，以爲樂調分類聲名，與簡5「邧䕉戈虎」之「䕉」同字。董珊先生〈上博四雜記〉隸作「䕉」，但認爲「䕉」字仍有疑問，而且除了第四簡的「羽䕉」之外，第五簡「邧䕉戈虎」的「邧䕉」也屬於分類聲名，「邧」很像是個特殊的音階名稱。楊澤生先生〈上博四札記〉隸作「詖」。何有祖先生〈上博四劄記〉以爲此字右旁實從「夏」，可釋作"詐"。「羽詐」是樂調名。具體含義待考。

　　旭昇案：「詐」字原簡作「𧪜」，右旁確實從「夏」，何說可從（不過，隸定作「詐」，似乎又多了一個「人」旁）。此字嚴式隸定當作「䛦」，與曾侯乙墓銅器所見之「詐」當爲同字（「夏」、「乍」同音。如果從「音」旁和「言」旁通用來看，此字就是「詐」），以「乍（牀鐸）」聲求之，此字當讀爲「索（心鐸）」（「索」或隸作「素」，索素本一字，「素」在心紐魚部），曾侯乙編鐘下一·三「剌音之孚曾，符於索（素）宮之顤」、下二·四「屖則之徵曾，符於索（素）商之顤」，「索」爲音名前綴。李純一先生〈曾侯乙編鐘銘文考索〉釋「素」爲「本」或「始」，以「符於素」爲律名，與「濁割韗」相當。曾憲通先生〈曾侯乙編鐘標音銘與樂律銘綜析〉以爲「索（素）宮之顤」與「索（素）商之顤」分別出現在標音銘「徵曾」和「羽曾」的背面樂律銘中，應是此二音的特別說明。素有大素、小素之分，鐘銘之素應指小素，此處的小素非指高八度的律名，而是指低一律的律名，亦就是與傳統周律相符而與曾律不合（曾國律音比傳統周律高一律），所以才有必要在樂律銘中特別指出「姑洗之徵曾」，「符（符）于素宮之顤」，「姑洗之羽曾」，「符于素商之顤」，大意是說：姑洗律之徵曾，符合於姑洗律之宮顤（角）；姑洗律之羽曾，符合於濁姑洗律之商顤（角）。馬承源先生主編之《商周青銅器銘文選》以爲：「素有本意，素宮之顤是指鐘的鼓中基本音響宮音的上行大三度，鼓旁音，即角音。」崔憲《曾侯乙編鐘鐘銘校釋及其律學研究》47頁釋云：「用弦律解釋，『素宮』當爲『弦宮』，即『宮弦』。『剌音之孚曾』的音高相當于琴的宮弦12徽，靠近11徽而接近宮弦上

方的大三度。故稱『附于索宮之顄』。根據琴律的律學特性分析，姑存此一解。」以上諸說，除李淳一先生外，其餘各家都以爲是音名前綴。本篇「羽詐（素／索）」則爲音名後綴。

⑭ 嘉賓遒（慆）慐（喜）

　　原考釋謂「曲目」。董珊先生〈上博四雜記〉讀「遒」爲「道」。旭昇案：也有可能讀爲「嘉賓慆喜」，《說文》：「慆，說（悅）也。」國華案：《郭店·性自命出》簡34「慐斯慆」可以爲證。

⑮ 邔（技）詖（詐）戈（豺）虎

　　原考釋隸作「邔詖戈虎」謂「曲目」。董珊先生〈上博四雜記〉隸「詖」作「詨」，把「羽詨」、「邔詨」並列爲加了後綴的音階名，因此以爲「邔」很像是個特殊的音階名稱。楊澤生先生〈上博四札記〉隸作「詖」，釋爲「置彼豺虎」。何有祖先生〈上博四劄記〉以爲原考釋「詖」字右旁實從「夊」，可隸定爲「詐」，讀作「詐」；「邔」可讀作「技」；「戈」從楊說讀「豺」，「技詐豺虎」指如豺虎般欺詐，行爲不端。

　　思婷按：董說主「邔」很像是個特殊的音階名稱，但《采風曲目》此處爲「邔詖」，如釋爲音階名稱，本篇作爲變化音名的前綴詞或後綴詞，一律都是和五聲音階中的「宮、商、峇、羽」綴合，因此董說恐難成立。楊說讀「戈」爲「豺」，二字同從「才」聲，音同可通。何讀「技詐豺虎」，文義可通。上篇爲「絲信然」，「信」字與本篇「詐」字亦似有某種程度的關聯。

⑯ 狗（苟）虘（吾）君毋死

　　原考釋謂：「曲目。『狗』讀爲『苟』。『虘』讀爲『吾』。本句辭意未詳。」拙作〈試釋《上博(四)·采風曲目》釋爲「句吳君毋死」，以

為吳楚爭戰百年，故楚地詩歌中可能出現與吳國相關之內容。黃鳴先生〈采風零拾〉則釋為「苟吾君毋死」，以為西元前473年吳國亡於越，而上博簡大約在西元前320年前後到楚都遷陳之前。楚簡歌吳王，時代相去太遠。而西元前296年，楚懷王卒於秦，楚人憐而歌之，以為「懷王如果不死，則痛定思痛，當有以報秦」。

旭昇案：黃說有理，陳說也不無可能，姑從黃說。

# 〈逸詩〉譯釋

陳思婷 撰寫

李旭昇 訂改

　　《上海博物館藏戰國楚竹書（四）·逸詩》共收錄〈交交鳴鷔〉、〈多薪〉二篇。原考釋者馬承源先生指出〈交交鳴鷔〉爲四支殘簡，原詩應分三章，章十句，共94字，含重文3字。〈多薪〉爲二支殘簡，爲原詩二章的部分詩句，共44字，含重文8字。又以爲〈交交鳴鷔〉的內容是歌詠「君子」「若玉若英」的品性和「若虎若豹」的威儀，以及彼此交好「偕華偕英」等譬喻。〈多薪〉是歌詠兄弟二人之間親密無比的關係。

　　原考釋以爲孔子刪詩是司馬遷尊孔的提法，現存三百篇不大可能包括《詩》的全部精華，因此不編錄在《詩》中的風雅等詩歌當不在少數。〈交交鳴鷔〉、〈多薪〉二篇是三百篇的編外詩音，而且這兩篇的修辭運用複疊句和譬喻法，是經過采風後修飾的，內容也合於當時的禮。這種未選的詩，想必不是僅存者。

　　旭昇案：孔子刪詩，有其一定的可靠性，但根據《史記》，孔子是「去其重，取可施於禮義者」，因此精彩可誦的逸詩，不會很多。本篇二詩應該是楚人倣《詩經》的作品，不太可能是孔子編《詩》不取的逸篇。

# 壹、〈交交鳴烏〉譯釋

## 【題解】

　　〈交交鳴鶿〉現存四支殘簡，共九十四字（含重文三字），據估計原詩應分三章，章十句。至其詩旨，各家多承原考釋之說，以爲本詩歌詠君子們彼此交好。細案詩文，本詩以「交交鳴烏」起興，喻人民心向統治者，全篇實爲歌詠一位「豈弟君子」能砥身勵行，爲民之長，事奉天地、和諧邦治。至其產生背景，李銳先生〈讀上博（四）札記（一）〉、秦樺林先生〈鳴鶿劄記〉都以爲本詩是南方人做《詩經》的作品，應該是比較合理的。旭昇案：如果此說可以成立，從內容以及時間、歷史背景來推敲，本詩頌美的對象最有可能是楚莊王，詳參拙作〈交交鳴烏新詮〉。

## 【釋文】

　　交 ＝（交交）①鳴鶿（烏）②，集于中汈（梁）③，戲（豈）俤（弟）君子④，若玉若英（瑛）⑤。君子相好⑥，以自爲展（長）⑦，戲（豈）敊（媟／戲）是好⑧？【一】隹（唯）心是匡⑨，閞（間）卵（關）愚（謀）旬（治）⑩，皆（諧）芋（華）皆（諧）英⑪▄。

　　交 ＝（交交）鳴鶿（烏），集于中渚⑫，戲（豈）俤（弟）ㄑㄑ（君子？）⑬，若豹若虎⑭。君子【二】相好，以自爲禦⑮，戲（豈）敊（媟／戲）是好？隹（唯）心是蕙⑯，閞（間）卵（關）愚（謀）旬（治），皆（諧）上皆（諧）下⑰▄。

交〓（交交）鳴鷖（烏），集于中灘（厲）⑱，【三】龔（豈）弟（弟）君子，若珠若貝⑲。君子相好，以自爲戔（衛）⑳，龔（豈）敚（嫛／戲）是好？隹（唯）心是萬（礪）㉑，鬨（間）卵（關）慼（謀）旬（治），皆（諧）少（小）皆（諧）大㉒■。【四】

## 【語譯】

往來飛翔鳴叫著的烏鳥，聚集在河梁中，和樂平易的君子，像玉像瑛一樣美好，君子對我們很好，因而自然成爲我們的領導。君子那裡會喜歡逸豫嬉遊呢？他時時匡正他的德性心志，並且不斷地努力謀求把施政做好，和諧地與國家菁英相處。

往來飛翔鳴叫著的烏鳥，聚集在水中小洲上，和樂平易的君子，像豹像虎一樣英武，君子對我們很好，因而自然成爲我們的守禦者。君子那裡會喜歡逸豫嬉遊呢？他時時修美他的德性心志，並且不斷地努力謀求把施政做好，和諧地事奉天地神明。

往來飛翔鳴叫著的烏鳥，聚集在水邊，和樂平易的君子，像珠像貝一樣高貴美好，君子對我們很好，因而自然成爲我們的保衛者。君子那裡會喜歡逸豫嬉遊呢？他時時砥勵他的德性心志，並且不斷地努力謀求把施政做好，和諧地與大小友邦相處。

## 【注釋】

① 交交

本簡簡首殘。原考釋補「交交鳴烏，集于中」七字，可從。又引

《毛詩·黃鳥》朱集傳，謂「交交」是「往來之貌」。季師旭昇〈逸詩補釋〉以爲：《詩經》「交交」，古來有三說，主「小貌」的，見《毛詩·秦風·黃鳥》毛傳；主「飛往來貌」的，見《毛詩·小雅·桑扈》鄭箋；主「鳥鳴聲」的，見馬瑞辰《毛詩傳箋通釋·黃鳥》。近人多從馬瑞辰說。但是從「交交鳴烏」來看，顯然鄭說最合適。因爲河烏的體積不小（約20公分），鳴聲也不是「交交」。秦樺林先生〈鳴鷖劄記〉主「鳴叫聲」。林碧玲先生〈鳴鷖研究〉以爲《詩經》中疊字擬聲而作「和聲」解，以表現和好情意的，所在多有，因此主張「交交」應不只是形容鷖叫的「狀聲詞」，而是對鷖「鳴聲相和」的形容。全詩即是藉此「鷖鳴之相和」起興，以抒發「君子相好」的情意。

旭昇案：如果把本詩理解爲「君子互相友好」，那麼「交交」釋爲什麼，影響並不大，諸說都可通。但是，本文以爲本詩是稱頌一位居於領導地位的「豈弟君子」，而「交交鳴烏」則是「興」人民心向領導，因此「交交」以釋爲「飛往來貌」較爲合適。

② 鳴鷖（烏）

鷖，原考釋以爲字從鳥，於聲，即「烏」之古文。可從。李銳先生〈讀上博(四)劄記(一)〉指出本詩的「烏」不是一般的烏鴉，因爲烏鴉集在水渚，比較少見。南方有一種水鳥，是河烏科中的褐河烏，棲息於山谷谿流間，多成對活動，也見於大江沿岸，能在水中游泳和潛水。《吳越春秋·句踐入臣外傳》：「仰飛鳥兮烏鳶，淩玄虛號翩翩。」廖名春先生〈鳴鳥補釋〉隸爲「鳴鳥」；又〈也說交交鳴鷖〉以爲「鷖」上部的 "於" 可看作是 "羽" 的假借，「鳴鷖」即「鳴鳥」，即「鳳凰」。

思婷案：李說釋「鷖」爲河烏，頗切詩意。河烏喜歡棲息於山澗河谷的清澈溪流附近，常站立於溪邊，或溪中岩石上，腳部稍曲，尾羽上翹，不時上下擺動，或突然飛入水中覓食。飛翔的速度很快，且

邊飛邊叫，鳴聲如「追追」，清脆而響亮（參烏來鄉公所製作「烏來鳥類生態導覽」網站）。不過，鳥的種類很多，也未必都不到水邊。

旭昇案：「交交鳴鷖」，《詩經》常見的起興手法，以眼前所見之景起興，興而帶比，靈活生動。但是，「交交鳴鷖」到底是「興」什麼，學者未多著墨，大體都依循原考釋「歌詠君子彼此交好」的脈絡去論述。事實上，這樣的觀點是有問題的。以「烏」比喻君子，實為不倫（這一點，李銳先生〈讀上博（四）札記（一）〉已經指出了），先秦對「烏」（無論其為烏鴉或河烏）似乎沒有什麼好印象，《管子·形勢》謂「烏鳥之狡，雖善不親」、〈形勢解〉謂「烏集之交，雖善不親」，後世「烏合之眾」當出自此。其說是。從《毛詩》來看，「烏」字出現三次：《邶風·北風》「莫赤匪狐，莫黑匪烏」、《小雅·正月》「具曰予聖。誰知烏之雌雄」，意謂「天下烏鴉一般黑」，都沒有好的意思；《小雅·正月》「瞻烏爰止，于誰之屋」，箋：「視烏集於富人之屋，以言今民亦當求明君而歸之。」雖無惡意，但也無善意（本句已經把「烏」比為人民）。《說文解字》雖然釋「烏」為「孝鳥也」，但先秦典籍中找不到把「烏」比喻為「君子」的任何資料。李銳先生雖然把「鷖」釋為「褐河烏」，但是「褐河烏」也沒有任何德性可以比喻君子。

那麼，「交交鳴烏，集于中梁」到底要「興」什麼呢？我們可能要換一個角度來思考，《樂府詩集·卷五十四·舞曲歌辭三·雜舞二·晉拂舞歌·白鳩篇》有辭云：「翩翩白鳩，載飛載鳴。懷我君德，來集君庭。……交交鳴鳩，或丹或黃。樂我君惠，振羽來翔。」其前序云：「《宋書·樂志》曰：『晉楊泓《舞序》云：「自到江南，見《白符舞》，或言《白鳧鳩舞》，云有此來數十年矣。察其辭旨，乃是吳人患孫皓虐政，思屬晉也。」晉辭曰：「翩翩白鳩，載飛載鳴。懷我君德，來集君庭。」蓋晉人改其本歌云。』」據此，〈白鳩篇〉以「交交鳴鳩」來「興」人民「樂我君惠，振羽來翔」；據此，《詩經·秦風·黃鳥》以「交交黃

鳥」與「誰從穆公，子車奄息」；本詩「交交鳴鳥」與「人民心向豈弟君子」，三詩手法一脈相承，以「鳥」比喻人民，也與《小雅·正月》「瞻烏爰止，于誰之屋」的手法相同。因此，「交交」一詞自是以鄭箋「飛往來貌」是爲合適。

③ 中汋（梁）

原考釋讀「汋」爲「梁」，引《詩·邶風·谷風》「毋逝我梁」朱傳：「梁，堰石障水而空其中，以通魚之往來者也。」

旭昇案：「梁」有二義：橋梁與魚梁。《上博五·鮑叔牙與隰朋之諫》簡1：「十月而徒秎（梁）成，一之日而車秎（梁）成。」即是橋梁。人走的橋梁叫徒梁，簡單而原始的徒梁，只要堆放石頭，人履石而過就可以了，在石頭間放魚笱就可以捕魚，所以徒梁和魚梁構造差不多，本詩的「梁」應該類似這一種。

④ 譏（豈）佛（弟）君子

譏，原考釋隸「戲」，疑爲「剴」之或體。魏宜輝先生〈上博四劄記〉以爲此字從「豈」、從「幾」共筆，爲一兩聲字，讀爲「愷」。可從。「佛」即「弟」之異體。「譏佛」，即「豈弟」，《詩經》多見，它書或作「愷悌」，《上博二·民之父母》作「幾佛」、《上博四·曹沫之陳》作「幾屖」，和樂平易貌，《詩經》除《齊風·載驅》「齊子豈弟」外，其餘均形容「君子」。

旭昇案：《詩經》中的「君子」約183見，除了少數的例子，如「百爾君子」（邶風·雄雉）、「大夫君子」（衛風·載馳）、「凡百君子」（小雅·雨無正、小雅·巷伯）、「大夫君子」（大雅·雲漢）等明顯爲多數外，其餘的「君子」都是單數特指，尤其是稱「豈弟君子」，沒有指稱多數的。

更進一步來看,《詩經》中的「君子」,最高位階是指國家領導人,如《衛風‧淇奧》、《秦風‧終南》的「君子」、《大雅‧泂酌》「豈弟君子,民之父母」的「君子」等,本詩稱「豈弟君子」,應該與《大雅‧泂酌》、《上博四‧曹沫之陳》「豈弟君子,民之父母」的「君子」一樣,就是國家最高的領導人,應該就是指國君。

⑤ 若玉若英(瑛)

原考釋引《詩經‧魏風‧汾沮洳》「美如英」李樗注:「萬人爲英。」廖名春先生〈鳴鳥補釋〉釋「英」爲「鮮花」。季師旭昇〈逸詩補釋〉以「英」爲「似玉的美石」。思婷案:《毛詩‧齊風‧著》「尙之以瓊英乎而」傳:「瓊英,美石似玉者。」陳奐《詩毛氏傳疏》:「英者,瑛之假借字。《說文》:『瑛,玉光也。』瑛本爲玉光,引申爲石之次玉。」旭昇案:《詩經》中以金玉比喻君子的,見《衛風‧淇奧》「如金如錫,如圭如璧」,該詩舊說均謂「美衛武公之德」。本詩「若玉若英」當讀爲「若玉若瑛」,以玉比擬國君之德。

⑥ 君子相好

原考釋以爲「相好,言兄弟不相疑。」廖名春先生〈鳴鳥補釋〉釋爲君子「交好、互相友好」。季師旭昇〈逸詩補釋〉則引《毛詩‧邶風‧日月》「乃如之人兮,逝不相好」,謂「相好」爲「對我們很好」。思婷案:「相」釋「互相」爲通行義,但是「相」也有助動詞的用法,《越絕書‧荆平王》:「兩俱(俱或作而)不仁,何相問姓名爲?」「相」字便不得釋爲「互相」。本詩爲贊美豈弟君子「以自爲長」、「諧上諧下」,而非贊美君子們「兄弟不相疑」,則「相」字似釋爲助動詞較合理。

⑦ 以自爲展(長)

原考釋讀「展」爲「長」,引《廣雅‧釋詁》釋爲「善」。廖名

春先生〈鳴鳥補釋〉以爲「"以自爲長"即"以自爲善"，使自己求善、趨於善」。季師旭昇〈逸詩補釋〉釋「長」爲「領導」，全句謂「所以自然是我們的領導」。秦樺林先生〈鳴鷺劄記〉釋爲「自己以對方爲師長」。董珊先生〈上博四雜記〉釋「長」爲「正長」，謂「互相以自己爲對方的正長」。林碧玲先生〈鳴鷺研究〉釋爲「各自都能（自我責求）成爲教誨不倦的師長」思婷案：如以「豈弟君子」只能歌詠一人，則本句之「長」應釋爲正長、領導。以，因而；自，自然。《老子》32章「萬物將自化」、「天下將自正」之「自」均可釋爲「自然而然」。「幾弟君子，若玉若英」，又對人民很好，則自然是人民的好領導。

## ⑧ 豑（豈）敓（媆／戲）是好

「豑敓」，原考釋隸「戱紋」，讀爲「愷豫」，謂「紋」從「女」得聲，可讀爲「豫」，愷豫，和樂也。季師旭昇〈逸詩補釋〉以「戱紋」爲聯綿詞，與「虇蕚」、「岠虛」、「駏驢」音近，「都有兩兩相合、比肩等意義，與『戱紋』前雙聲後疊韻，應是一音之轉，疑『戱紋』也應該與『兩兩相合』、『比肩』等意義相近，放在本詩中，則可以解釋爲『相好』、『和善』、『親善』」。孟蓬生先生〈上博四閒詁〉讀爲「豈紋是好？」，謂「難道是喜好"紋"嗎？」秦樺林先生〈鳴鷺劄記〉讀爲「豈譽是好」，意爲：「難道（只是）喜愛好名聲？」董珊先生〈上博四雜記〉以爲原隸「紋」字實當隸「媛」，謂「豈只喜好這外表之美？」

旭昇案：董珊先生懷疑原考釋所隸「紋」字，可從；但以爲「紋」當隸「媛」，則仍有可商。細察此字，左旁上從「幺」、下從「大」，實即「奚（奚）」字（參于省吾先生《甲骨文字釋林·釋奚》64-66頁。戰國楚系文字已往所從「奚」，實皆作「系」，此簡「奚」旁才是真正的「奚」字），右旁從「女」，實即「媆（匣支）」字，以音近讀爲「戲（曉歌）」，《毛詩·大雅·板》「敬天之怒，無敢戲豫」，傳：「戲豫，逸豫也，馳驅自恣也。」（此義今作「嬉」）「豑媆是好」即「豈戲是好」。

⑨ 佳（唯）心是匡

　　第二簡尾及第二簡簡首均殘，原考釋指殘損八字。後四字可補「間卝愳旬」無疑義；前四字，依次章及押韻，廖名春先生〈鳴鳥補釋〉補「佳心是向」，季師旭昇〈逸詩補釋〉補「佳心是匡」，秦樺林先生〈鳴鵻劄記〉補「佳心是養」，林碧玲先生〈鳴鵻研究〉補「佳心是廣」。思婷案：各家所補，意皆可通。但是，本句之前如果讀爲「豈戲是好」（其它家讀爲「豈豫是好」語意均近），是對反面行爲一種詰問，則承接的本句應該是與之相對的正面行爲的敘述。再以第二章「佳心是莢（修美）」、第三章「佳心是萬（勵）」衡之，第一章此處應該也是一個積極修身勵行的動詞，補「向」、「養」、「廣」等詞，都直接把「心」字當做一個正面取向的詞，沒有把「心」容易流於「嬉（或豫）」的荒怠傾向指出來。補「匡」字，則說明「心」可以流於荒嬉，必需時時予以匡正。《孟子》有「動心」、「陷溺其心」，《荀子》有「邪心」，《詩經》有「褊心」，是心需要時時匡正，以免流於荒嬉。

⑩ 閞（間）卵（關）愳（謀）旬（治）

　　據第二章補。原考釋隸「閞卝」，讀爲「間關」；又隸「愳旬」爲「愳司」，謂待考。

　　廖名春先生〈鳴鳥補釋〉隸爲「閞卝愳司」，讀爲「閒燕愭怡」，「是說君子們大家安閒和悅，互相愛惜」。季師旭昇〈逸詩補釋〉則謂「『間關』應該也是個聯綿詞，舊釋爲崎嶇，於本詩則可釋爲『不斷努力』。『愳司』似可讀爲『謀治』，全句的意思是：君子不斷地努力謀求把施政做好」；孟蓬生先生〈上博四閒詁續〉贊同此說，而補充「間關」爲「曲盡其道、千方百計」。秦樺林先生〈鳴鵻劄記〉讀「愳司」爲「謀始」。董珊先生〈上博四雜記〉讀爲「誨辭」，謂「以轄制車輪的車轄譬喻君子的教誨」。林碧玲先生〈鳴鵻研究〉讀「愳司」爲「謀事」。旭昇案：「閞」、「閞」均爲「閒」之異體，今作

「間」；原考釋所隸「卯」，實當隸「卯」（參《說文新證·下》227頁引諸家說），「閒卯」讀爲「間關」，當爲聯綿詞，意爲「曲盡其道、千方百計」，即不斷努力。「台」爲從「台」、從「司」之兩聲字，此當讀爲「治」。

⑪ 皆（諧）芋（華）皆（諧）英

　　原考釋讀爲「諧華諧英」。但在二、三章的「皆」字釋文中都括號讀爲「偕」字。廖名春〈鳴鳥補釋〉讀爲「嘉華嘉英」；秦樺林先生〈鳴鷟劄記〉謂「"諧華諧英"爲使動用法，指使英才之間關係和諧」；林碧玲先生〈鳴鷟研究〉以爲「皆」字讀「偕」即可，意爲「偕同」，又接受馮時先生的意見以爲「芋」字可依本字讀（即讀爲芋芳之芋）。旭昇案：「皆」讀爲「偕」，可從，《詩經》「偕」字有「偕同」、「一致」、「和諧」等意義（參向熹先生《詩經詞典》修訂本723頁），但參考二、三章，似以原考釋的「和諧」義最好。「芋」楚簡皆讀爲「華」，讀爲「芋芳」之「芋」，似無必要。英，《說文》：「艸榮而不實者。」《詩·鄭風·有女同車》「顏如舜英」傳：「猶華也。」英、華，皆植物之精華，引申爲人類之菁英。

⑫ 集于中渚

　　《詩·召南·江有汜》「江有渚」傳：「小洲也。水歧成渚。」

⑬ 豈（豈）佛（弟）🌿🌿

　　原考釋以爲後二字（原照片作 🖼️）待考。各家以文例求之，大都以爲此處應該相當於君子。楊澤生先生〈讀上博（四）劄記〉以爲應該是「牙爪」二字。旭昇案：本詩首章作「豈佛君子」、末章句殘，因此第二章也未必是「君子」。楊釋「牙爪」，字形並不是很肯定。從詩文來看，首章第三句作「豈佛君子」，第五句承之則作「君子相好」，顯然前後二「君子」是指同一個人，因此本簡此二字應該相當於「君

子」。

⑭ **若豹若虎**

　　原考釋謂:「形容君子的勇武。《書·牧誓》:『如虎如貔,如熊如羆。』《藝文類聚》引郭璞《貔贊》:『書稱猛士,如虎如貔,貔蓋豹屬。』『豹』、『虎』君子稱美之辭。」各家對此並無不同意見。旭昇案:豹、虎為猛獸,《書經》以之比喻猛士,極為適當。本詩詩旨如依原考釋為兄弟相好,則豹虎不是群聚性的動物,不會互相友好,以之形容兄弟相好,並不適當。如依本文意見,本詩形容一位地位很高的領導人,允文允武,內外兼修,以若豹若虎形容其勇武過人,顯然是比較適當的。

⑮ **以自為禦**

　　原簡殘。廖名春先生〈鳴鳥補釋〉補為「以自為雅」。季師旭昇〈逸詩補釋〉補為「以自為禦」。秦樺林先生〈鳴鷲劄記〉補為「以自為武」。林碧玲先生〈鳴鷲研究〉以為也可以補為「以自為都」,但不如補「武」字好。旭昇案:各家受到原考釋首章釋「長」為「善」、及「君子相好」為「互相友好」的影響,所以補的是德行修養的形容詞。其實,君子互相友好,怎麼就能產生首章「長(善)」、末章「戔(衛)」的結果呢?二者並沒有因果關係。如前所述,「君子相好」是指君子對人民很好,所以自然成為人民的守護者,《詩經·大雅·泂酌》云:「豈弟君子,民之父母。」同樣的句子又見《禮記·孔子閒居》、《上博二·民之父母》、《上博四·曹沫之陳》,可見豈弟君子在人民心目中如同父母般是一個保護者的角色,因此,本詩此處似應釋為類似政治保護者的名詞,茲補為「以自為禦」。禦,防禦,與第三章「戔(衛)」同為動詞做名詞用,指防禦者。

⑯ **隹(唯)心是萬**

原考釋引《詩經·小雅·伐木》「釃酒有藇」朱熹注：「藇，美貌。」謂：「此指心境。」廖名春先生〈鳴鳥補釋〉讀「藇」爲「交」，「唯心是與」即「唯心是交」，「簡文"君子相好"，所以強調要"交心"、心意相通而同心」。季師旭昇〈逸詩補釋〉謂：「此處應該是一個修身動詞，『藇』似可釋爲『修美』，意思是：君子努力地修美內心。」林碧玲先生〈鳴鴷研究〉贊成季說，譯爲「應該修美德性心志啊」。

⑰ 皆（諧）上皆（諧）下

原考釋未釋。秦樺林先生〈鳴鴷劄記〉謂：「"上下"一般指君臣。《周禮·訓方氏》："與其上下之志"。鄭玄注："上下，君臣也。"不過這裡似特指指卿大夫，《禮記·曲禮》："君臣上下。"陸德明釋文："上，謂公卿。下，謂大夫士。"首章言"華英"，指賢人，次章言"上下"指友僚，末章言"小大"，指上下級，層次分明。」

旭昇案：先秦文獻中的「上下」多指「天上地下」，如：《詩經·大雅·大明》「明明在下，赫赫在上」，傳：「文王之德明明於下，故赫赫然著見於天。」《周頌·訪落》「紹庭上下，陟降厥家」，箋：「紹，繼也。厥家，謂群臣也。繼文王陟降庭止之道、上下群臣之職以次序者。」屈萬里先生《詩經詮釋》：「紹，疑昭之假借。紹庭上下，謂神昭然上下於庭也。」《大雅·雲漢》「上下奠瘗」，傳：「上祭天，下祭地。」

金文中的例子，如：鮮鐘「用侃喜上下」（《殷周金文集成》143。以下僅注編號者均見本書）、五祀獃鐘「余小子肇嗣先王，配上下」（358）、大克鼎「頊于上下」（2836）、蔡侯龘尊「蔡侯龘虔共大命，上下陟配」（6010）、史墻盤「匍有上下」（10175）等。至於「上下」釋爲「君、臣」或「公卿、大夫士」的，僅爲少數。除了秦文所舉之外，金文中的例子僅一見，中山王嚳方壺「遂定君臣之位，上下之體」（9735）。

　　本詩「皆上皆下」，釋爲「君臣上下」固然也可以，但是其義較淺。如果依照先秦較多數的用法，釋爲「天上地下」，則其意思爲：和諧天上的神明與地下的人類。如此一來，本詩的「豈弟君子」，其重要性就大爲增加了。他不再是眾多官吏中的一個，而是國之重臣，甚至於像《詩經》有些「君子」，實際上就是指國家領導人。那麼「皆上皆下」的「上下」就很有可能是如同金文中大部分的「上下」，是指「天上地下」，「皆上皆下」的意思也就是「和諧地事奉天地神明」。

⑱ **集于中㵎（厲）**

　　原考釋讀「㵎」爲「漫」，以爲即楚地「橫木之下」。廖名春先生〈鳴鳥補釋〉讀爲「隅」，意爲水濱、水邊。季師旭昇〈逸詩補釋〉譯爲「水邊」。與秦樺林先生〈鳴鵻劄記〉引《衛風·有狐》「在彼淇厲」釋爲「水厓（涯）」同意。

⑲ **若珠若貝**

　　前三字原殘。廖名春先生〈鳴鳥補釋〉補「若珠若貝」。季師旭昇〈逸詩補釋〉補「若金若貝」。秦樺林先生〈鳴鵻劄記〉以爲「此詩第一章已言 "如玉如英"，第三章又言 "如珠如貝"，有重複之嫌。"貝" 似可釋爲 "錦"，《尚書·禹貢》：『厥篚織貝。』孔疏引鄭玄曰：『貝，錦名。』《小雅·巷伯》：『萋兮斐兮，成是貝錦。』毛傳：『貝錦，錦文也。』鄭箋：『錦文者，文如餘泉餘蚳之貝文。』"如貝" 謂君子文采斐然，恰與下文 "以自爲慧" 相應。則 "若□若貝" 所補之字或爲絲織品的名稱。」林碧玲先生〈鳴鵻研究〉則補「若朋若貝」。

　　旭昇案：秦說較迂曲；林補「朋」字文獻多用爲單位詞，少用爲名詞。比較諸說，廖補最佳。蓋「珠」有二種，北方之「珠」多爲圓球狀玉石類，南方之「珠」則有水產蚌珠。楚地重珠，見諸《國語·楚語》：「珠足以禦火災，則寶之。」《荀子·勸學》：「玉在山而草木潤，

淵生珠而崖不枯。」用在楚詩〈交交鳴烏〉，頗爲適切。

⑳ 以自爲戔（衛）

　　戔，原考釋以爲「從爻、從戈，《說文》所無，《上海博物館藏戰國楚竹書 (三)‧周易‧大畜 (畜) 》:『曰班車戔』句中亦有此字，今本之對應字作『曰閑輿衛』。故此字當與『衛』音同，假借字讀作『慧』，『衛』、『慧』乃雙聲疊韻字，敏、智之義。」季師旭昇〈逸詩補釋〉、陳斯鵬先生〈上博四小記〉皆以爲逕說爲「衛」即可。思婷案：比照一、二章，讀爲「衛」較妥適。

㉑ 隹（唯）心是萬（礪）

　　原考釋讀「萬」爲「勸」（意爲勉治）。季師旭昇〈逸詩補釋〉釋爲「砥勵」。陳斯鵬先生〈上博四小記〉讀爲「賴」；孟蓬生先生〈上博四閒詁〉亦讀爲「賴」，釋爲「利」。林碧玲先生〈鳴鷟研究〉則釋爲「愓厲」。思婷案：比照一、二章，此似宜讀爲「砥礪」。

㉒ 皆（諧）少（小）皆（諧）大

　　廖名春先生〈鳴鳥補釋〉釋云「“皆少皆大”即“嘉小嘉大”」。秦樺林先生〈鳴鷟劄記〉云：「《書‧無逸》：“至於小大。”孔疏引鄭云：“小大，謂萬人，上及君臣。”《魯頌‧泮水》：“無小無大，從公於邁。”鄭箋：“臣無尊卑，皆從君而來。”是小大爲尊卑之臣。」林碧玲先生〈鳴鷟研究〉云：「二章之『上』、『下』，已言職秩尊卑，若三章再言，便顯重覆。因而此處的『少』、『大』，或指年齡層的差別，亦即老少、老小、長幼，屈萬里先生注〈泮水〉:『無小無大』之『小大』，便是:『謂老少也。』因此『偕少偕大』意爲『偕同老少僚友』，……指『偕同老少僚友，盡心盡力爲民謀事』。」

　　旭昇案：林說指出釋「小大」與第二章釋「上下」文義重複。其

說頗爲有理。「小大」是個很泛的詞，可以指任何「小大」之人事物，依學者的思路，可能合於本詩的解釋如下：指職位的尊卑（《魯頌·泮水》「無小無大」箋），指年齡的小大（《小雅·楚茨》「小大稽首」箋），指政事的小大（如毛公鼎（2841）「龏于小大政」、「雝我邦小大猷」；儳匜（10285）「余敢擾乃小大事」），甚至於也可以指友邦的小大（如中甗（949）「令汝使小大邦」）。如果本詩的「君子」只是一般的執政卿大夫，那麼以上的解釋其實都說得通。《詩經》重章複沓，前後章只是換韻，其實文義相同的例子，所在多有。如果本詩的「君子」指地位很高的執政公卿，甚至於就是指最高領導人，那麼，「小大」指小大友邦，於義最妥貼。

# 貳、〈多薪〉譯釋

## 【題解】

本篇實殘存四章，大體可以補足。全詩歌詠兄弟二人互相依存，與《鄭風·揚之水》「終鮮兄弟，維予二人」、《小雅·常棣》：「凡今之人，莫如兄弟」之詩義相類似。

## 【釋文】

多=薪=（多薪多薪），莫奴（如）栗榛①，钆（兄）及弟斯②，鮮我二人③。

多=薪=（多薪多薪），莫奴（如）藋葦④，多=人=（多人多人），莫奴輗（兄）【一】 弟。

多=薪=（多薪多薪），莫奴（如）蕭荓⑤，多=人=（多 人多人），莫奴（如）同生⑥。

多=薪=（多薪多薪），莫奴（如）松杍（梓）⑦，多=人 =（多人多人），莫奴（如）同父母。【二】

## 【語譯】

在眾多的薪材之中，沒有比栗和榛更接近的。在多人之中，最要好的是我們兄弟二人。

在眾多的薪材之中，沒有比藋和葦更接近的。在多人之中，沒有比兄弟更親近的。

在眾多的薪材之中，沒有比蕭和荓更接近的。在多人之中，沒有比同父母所生的兄弟更親近的。

在眾多的薪材之中，沒有比松和梓更接近的。在多人之中，沒有比同父母所生的兄弟更親近的。

## 【注釋】

① 多=薪=，莫奴栗榛

第一簡上端殘，下端大致完整，現存 23 字。各家皆未補字。旭昇案：本詩以「多薪」喻「多人」，因此詩篇一開始應該是「多薪多薪」。接著敘述在眾多薪材之中，只有某兩類特別接近，以喻在多人之中，

只有兄弟二人最親近，因此第二句應補「莫如□□」。本詩第一章末句為「鮮我二人」，押「真」部韻，因此第二句應補真韻字，在草木類中，真韻字而特別接近的有「栗榛」。《左傳·莊公二十四年》:「女摯不過榛栗棗脩。」杜注:「榛，小栗。」《禮記·曲禮下》:「婦人之摯:椇、榛、脯、脩、棗、栗。」鄭注:「榛，木名。榛實似栗而小。」《毛詩·鄘風·定之方中》:「樹之榛栗，椅桐梓漆。」榛、栗二木性質、功能均屬相近，文獻也常常並提，因此〈多薪〉首章補以「栗榛」，應屬可行。

董珊先生〈上博四雜記〉以為“薪”，與“親”同聲，以“多薪”諧聲“多親”來譬喻諸多親戚。思婷案:本詩以「多薪」與「多人」對舉，「人」比「親」的範圍更大，不必釋「多薪」為「多親」。不過董說做為詩文多面向的聯想，也有一定的意義。

② 虺（兄）及弟斯

斯，原考釋隸「淇」。廖名春先生〈多薪補釋〉以為相當於「矣」。劉樂賢先生〈楚簡《逸詩·多薪》補釋一則〉、董珊先生〈上博四雜記〉同時指出原釋「淇」字實當為「斯」字，為語助詞。劉文以為與《小雅·蓼蕭》「蓼彼蕭斯」、《小雅·湛露》「湛湛露斯」之「斯」字用法相同。旭昇案:劉、董隸「斯」作語氣詞用，可從，惟劉文所舉「斯」字之例，一般多釋為詞尾，《詩經》中用法和本篇相近的「斯」字應如〈豳風〉〈破斧〉「哀我人斯」、《小雅·出車》「彼旟旐斯」、《小雅·巧言》「彼何人斯」。

③ 鮮我二人

廖名春先生〈多薪補釋〉以為「兄及弟淇，鮮我二人」當作「兄及弟鮮，淇我二人」，「淇」即「綦」，通「綮」，作為語氣助詞，意思是:兄弟太少，只有我們兩個。董珊先生〈上博四雜記〉釋「鮮」為「寡」，謂「鮮我二人」為「只有我們兄弟二人」。

旭昇案：《詩經》「鮮」字除作爲地名用外，常見用法有三：新鮮、少、善。本詩不可能用「新鮮」義。廖、董二家釋爲「少」，但此義應爲動詞，釋爲「缺少」，如《鄭風·揚之水》「終鮮兄弟，維予與女」；依此義，本詩「兄及弟斯，鮮我二人」就會解釋爲「在兄及弟中，缺少我二人」，放在本詩似不合適。釋爲「善」，如《小雅·北山》「嘉我未老，鮮我方將」。本詩用爲善、美，「鮮我二人」義爲「最要好的是我們兩人」，與後三章「莫如兄弟」、「莫如同生」、「莫如同父母」同義。

④ 莫奴（如）萑葦

原考釋以「萑葦」爲「蒹葭」。似以爲一物。廖名春先生〈多薪補釋〉以爲萑（或作雈）爲成葭、葦爲大葭、二者雖爲同類，但仍有區別。思婷案：其說可從。

⑤ 莫奴（如）蕭荓

原簡殘，廖名春先生〈多薪補釋〉據《管子·地員》「雈下于葦，……荓下于蕭」，以爲「荓蕭」性質相近，「荓」又與其下「莫如同生」爲韻，因而補「莫如蕭荓」，所論甚爲精要：

《管子·地員》篇有一段話很值得我們注意：「凡草土之道，各有穀造。或高或下，各有草土。葉下於虉，虉下于莧，莧下于蒲，蒲下於葦，葦下於雈，雈下於蔞，蔞下於荓，荓下于蕭，蕭下于薛，薛下於萑，萑下于茅。凡彼草物，有十二衰，各有所歸。」夏緯英對此作了現代的解釋，他說：「十二種植物，依其生地而言，各有等次。深水植物爲荷，其次爲菱，再次爲莞。又再次爲蒲，已是淺水植物。次於蒲者爲葦，水陸兩栖。次於葦者爲雈（小蘆葦），已生陸上。依次而蔞，而蕭，而荓（掃帚菜），而薛，而萑（益母草），而茅，生地逐次乾旱。凡此所言，可視爲植物生態學。」圖示如下：

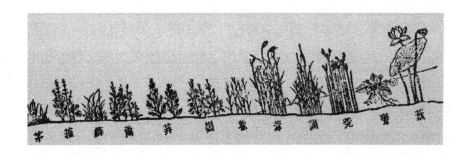

　　這裏『葦下於萑』，可與『茾下于蕭』並舉。『葦下於萑』可謂之『萑葦』；『茾下于蕭』，亦可謂之『蕭茾』。而且『茾』古音爲耕部，與『生』古音同部，可以押韻。《說文·艸部》：『茾，馬帚也。』《爾雅·釋草》：『蕭，萩。』郭璞注：『即蒿。』《詩·王風·采葛》：『彼采蕭兮，一日不見，如三秋兮。』孔穎達疏引陸璣云：『今人所謂萩蒿者是也。或雲牛尾蒿，似白蒿。白葉，莖麤，科生，多者數十莖，可作燭，有香氣，故祭祀以脂爇之爲香。許慎以爲艾蒿，非也。』上海博物館藏楚簡《子羔》篇簡三有『芙』字，我認爲當讀爲『蒿』。而『蒿』即香蒿，也就是『蕭』。因此，中間一章第三句的第三、四兩字補爲『蕭茾』，不但有文獻的根據，也符合簡文押韻和用詞的要求。

　　思婷案：其說可從。

⑥ 莫奴（如）同生

　　董珊先生〈上博四雜記〉釋「同生」爲「同姓」，因爲親戚之中還有異姓姻親。思婷案：「同生」即下章「同父母」，比「同姓」還要關係親密。先秦「生」字固有用爲「姓」字者，但《詩經》「生」字釋爲「父母所生」多見（如《小雅·小宛》「毋忝爾所生」），不必讀爲「姓」。

⑦ 莫奴（如）松杍

　　杍，原考釋釋「李」，引《說文》：「李，李果也。從木，子聲。杍，古文。」又引《集韻》：「杍，治木器曰杍。通作梓。」謂「松杍」也可讀作「松梓」。

　　季師旭昇〈上博四零拾〉指出：釋「梓」可能比較好；釋「李」不妥，「李」字楚系都從「木」、「來」聲。思婷案：釋「梓」是，且當釋爲木名之「梓」，而非「治木器」之「杍」。《說文》：「梓，楸也。從木、宰省聲，梓，或不省。」《正字通》：「梓，百木之長，一名木王。羅願曰：『室屋閒有此木，餘材皆不復震。』」松梓都是良木名，二者同類，有如兄弟，因此〈多薪〉說「多薪多薪，莫如松杍（梓）」。

# 〈昭王毀室·昭王與龔之脾〉譯釋

張繼凌 撰寫

季旭昇 訂改

## 壹·〈昭王毀室〉譯釋

### 【題解】

〈昭王毀室·昭王與龔之脾〉是《上海博物館藏戰國楚竹書（四）》的第三篇，共 10 支簡，〈昭王毀室〉共 196 字；〈昭王與龔之脾〉共 192 字，由於這兩篇係接連書寫，所以原考釋者陳佩芬先生把這兩篇合在一起。

據原考釋的〈說明〉本篇敘述昭王新宮建成後與大夫飲酒，有一位穿喪服的人踰廷而入，並訴說他父母（繼凌案：只有父親）的屍骨就埋葬在新宮的階前，現新宮建成，他就無法祭祀父老（繼凌案：其實是無法合葬父母）。昭王聞此即令毀室。

董珊先生〈上博四雜記〉指出本篇跟文獻中的另外三個故事可以比較：1、《禮記·檀弓上》：「季武子成寢，杜氏之葬在西階之下，請合葬焉。許之入宮而不敢哭。武子曰：『合葬，非古也。自周公以來，未之有改也。吾許其大而不許其細，何居？』命之哭。」2、《晏子春秋》卷二內篇諫下「景公路寢臺成逢于何願合葬晏子諫而許第二十」；3、《晏子春秋》卷七外篇上第七「景公臺成盆成适願合葬其母晏子諫而許第十一」。2、3 全文參本篇文末附錄。

陳偉先生〈昭三篇〉指出〈昭王毀室〉、〈昭王與龔之脾〉、〈柬大王泊旱〉三篇出自楚人的手筆，其說可信。

## 【釋文】

邵（昭）王爲室於死沿（滑）之澦（滹／滸）①，室既成，牊（將）袼（落）之②，王戒（誡）邦夫=（大夫）㠯（以／與）歙=（飲酒），既③，劙（行）㝠（落）之④，王內（入）牊（將）袼（落），又（有）一君子㢋（喪）備（服）曼（蹣）廷⑤牊（將）迊（蹠）閵⑥。寵（寺）人⑦㞢=（止之）曰：【一】「君王台（始）內（入）室，君之備（服）不可㠯（以）進。」不㞢（止），曰：「少（小）人之告鼜（竁）牊（將）劓（斷）於含（今）日⑧，尔（爾）必㞢（止）少=人=（小人，小人）牊（將）訋（召）寇（寇）⑨。」寵（寺）人弗敢㞢（止）。至【二】閵，㪔（卜）命（令）尹陳省爲視日，告⑩：「僕（僕）之母（毋）辱君王，不狀（幸）僕（僕）之父之骨才（在）於此室之隗（階）下⑪，僕（僕）牊（將）埮（斂）亡老□□□⑫，【三】㠯（若）僕（僕）之不尋（得）并（併）僕（僕）之父母之骨，厶（私）自博（敷）⑬。」㪔（卜）命（令）尹不爲之告⑭。「君不爲僕（僕）告，僕（僕）牊（將）訋（召）寇（寇）。」㪔（卜）命（令）尹爲之告，王【四】曰⑮：「虗（吾）不智（知）元（其）尔（爾）薶（墓）⑯■，尔（爾）古（姑）須。既袼（落），安（焉）從事⑰。」王遲（徙）尻（處）於坪（平）瀇（漵）⑱，㤰（卒）㠯（以／與）夫=（大夫）歙=（飲酒）於坪（平）瀇（漵）■，因命至（致）俑毀室⑲▃。【五】

## 【語譯】

　　楚昭王在沒有活水注入的溼地岸邊建築宮室,宮室完成,將舉行落成典禮。楚昭王戒告邦大夫們一起飲酒,戒告完畢,即將舉行落成典禮,昭王進入室內準備進行落成典禮時,有一君子身著喪服越過中廷,即將到達閨門,寺人阻止他:「昭王方才進入宮室,你身著喪服是不可以跟著進去的。」君子不停止步伐,說:「小人不管你今天如何攔阻我,我一定要向君王稟告,倘若你要阻止小人,小人只好打算召集寇盜造反了!(或譯為「小人只好強行進入了。」)

　　寺人聽了之後便不敢阻止他。到了閨門,卜令尹陳省當視日(值班),君子說:「我不想(穿著喪服晉見)侮辱君王,但是不幸我父親的屍骨在宮室的臺階之下,我將斂收死去的長輩□□□,如果我無法(得到允許)合葬我父母遺留下來的骨骸,我將私下自己去處理。」卜令尹不打算向楚王通報, 君子說:「如果您仍然不為我通報的話,那我準備召集寇盜造反了!(或譯為「小人只好強行進入了。」)」卜令尹聽了才為君子向上通報。

　　(昭王知道此事之後)說:「我確實不知道這裡有你家的墓,你稍等一會,等待新宮室的落成典禮結束後,我便會處理你的事。」於是昭王遷到平坦的水邊,與邦大夫們在平坦的水邊飲酒,(落成典禮結束後),於是下令給人力拆除宮室(或譯為「於是下令給君子陪葬的俑,並拆除宮室」)。

## 【注釋】

### ① 死涊(滑)之溏(滹/澔)

　　原整理者謂「涊」即疑「滑」之省文,「滑」,盛貌。隸「溏」作「滹」,疑假作「附」。《小爾雅·廣詁》:「附,近也。」意為近死滑之地築室。

孟蓬生先生〈上博四閒詁〉以爲「滹」當讀爲「汻（滸）」，近水之地。袁國華先生〈昭王新釋〉以爲「死泜之滹」意指沒有活水注入的濕地岸邊。鄒濬智學長〈昭王校注〉以爲可能是鄰近墓區這些取土堆墳後所遺留下來的窪地。或許昭王利用有限腹地擴建宮室時，不得不侵犯這些城郊墓區邊緣，也因此不小心將新室之階築在君子之父墓上。繼凌案：袁說可從。「滹」當隸作「澫」。

② 牆（將）袼（落）之

原考釋謂「袼」，字書所無，假借爲「格」，《爾雅·釋詁》：「格，至也。」

孟蓬生先生〈上博四閒詁〉以爲「袼」，指宮室始成時的祭禮，相當於現在的落成典禮，傳世典籍皆借「落」、「考」字爲之。董珊先生〈上博四雜記〉以爲篇中出現四個「落」字，寫法多變，但都從「各」或「客」聲，都可讀爲「落」，在此的「落」是包括祭祀和燕享兩個禮儀步驟。陳偉先生〈視日的新推測〉以爲疑此字仍當讀爲「格」。格有升、登義。此室有階，所以會有「格」的運作。金文常見「王各（格）大室」（如《師晨鼎》、《此鼎》），亦可爲證。

繼凌案：本簡文一開始稱「爲室」、「室既成」，由此可知，「袼」字應爲宮室落成之後的典禮，相當於文獻上記載的「落」、「考」，均指宮室落成典禮。「袼」、「落」均從「各（見鐸）」聲，與「考（溪幽）」，聲韻俱近。

③ 王戒邦夫=（大夫）㠯（以／與）歓=（飲酒），既

「戒」，原考釋謂通「誡」，告也。魏宜輝先生〈上博四劄記〉以爲釋「誡」並不明確，當同「戒食」，見《左傳·襄公十四年》：「衛獻公戒孫文子、甯惠子食，皆服而朝，日旰不召，而射鴻於囿。」楊伯俊注：「戒食，謂約期與之共食。」旭昇案：二說並無不同，先秦禮儀

有「戒」一節，如《儀禮·士冠禮》「（三日前）主人戒賓。」鄭注：「戒，警也、告也。」〈鄉飲酒禮〉、〈鄉射禮〉、〈大射儀〉、〈聘禮〉、〈公食大夫禮〉、〈少牢饋食禮〉、〈有司徹〉等都有這個動作。「戒」字說成「警」或「誡」可能今人感受稍重，那麼不妨說成「提醒」。

「歙 =」，原考釋謂爲「飲」字重文，讀爲「飲，飲」。魏宜輝先生〈上博四劄記〉以爲「飲 =」亦見於《曹沫之陣》篇，應如李零先生讀作「飲酒」，二字共用「酉」字。袁國華先生〈昭王新釋〉以爲「飲既」一詞的組合不合語法，既作已經之意，當爲「飲」之狀語，應置於動詞之前，故疑「飲既」爲既飲之倒文。

旭昇案：「歙 =」當從魏說，不過，應斷爲「王戒邦大夫㠯與飲酒，既，行落之」。既，謂完成「戒」的動作，而不是「飲」的動作。依先秦禮儀，「戒」多在行禮前三日，王戒大夫畢，行（將）舉行落禮。「飲」在落禮的最後，因此「行落之」之前不可能「飲既」。

## ④ 䚂（行）条（落）之

即「行落之」。原考釋未釋。董珊先生〈上博四雜記〉引《禮記·雜記》、《詩經》、《大戴禮記·諸侯釁廟第七十三》，指出「落禮」包括：1、以牲血釁廟安神的祭祀；2、祭祀後以盛饌待客燕享。有時或者略去其前者。因而主張「䚂」字當讀爲「釁」，又主「条」即「落」，謂本篇四個落字寫法雖然不同，但其實都是「落」字，因而讀爲「既釁落之」。陳偉先生〈視日新推測〉以「既」字屬下，讀成「既刑落之，王入，將格」。鄒濬智學長〈昭王校注〉讀爲「行﨎之」，謂「爲新室舉行落成典禮」。

旭昇案：下句明云「王入將落」，可見得此時尚未進入宮室舉行落禮，則「䚂」不宜讀爲「釁」，可讀爲「行」，釋爲「且也、將也」（參《虛詞詁林》223頁），同「將落之」。

⑤ 君子疒（喪）備（服）曼（蹣）廷

原考釋讀「君子喪服蹣庭」，蹣，逾也。陳偉先生〈視日新推測〉謂「曼，疑當讀爲冒，干犯義」。陳偉武先生〈上博四零札〉引《荀子·正論》「曼而饋」楊倞注「曼當爲萬」，因主讀「曼」爲「邁」，行也。

繼凌案：「曼」讀「蹣」讀「邁」，意義並無不同。「君子」一詞最早的涵義是「君之子」，是指古代階級社會其中一部份貴族的通稱。到了春秋晚期時「君子」本由統治的中高層的地位轉成「具有道德」內涵的人。本簡的「君子」可以逕自到達閨門，能夠透過卜令尹向楚王陳述，但是其身分當時爲顯貴人家，爲何父親的墓地被楚王興建宮室而渾然不知，故「君子」應指家道已中落的貴族。國華案：也有可能是君子本來當朝爲官，因爲父喪而停職在家。

「疒備」即「喪服」。原考釋隸作「疒」，謂即「喪」，喪服爲居喪之服。鄭玉姍學姊〈昭王毀室劄記〉以爲「疒」字從歹，從「歹」與「死」之字多與「死亡」之意有關，「芒」則形容麻衣粗邊之形。指最重的喪服——今之「斬衰」。蘇建洲學長〈楚文字雜識〉認爲此字從歹從喪，不應隸定作從歹從芒，楚簡的「芒」字作作🀄《郭店·緇衣》9、🀄《九店》56.46，「屮」旁一般與其下的「L」形不相連，而「喪」字所從的「九」形與「亡」形一筆畫相連，不可分割。繼凌案：《上博五·弟子問》簡4「喪」字作🀄，其上作「屮」形，可見用「屮」形與「L」形是否斷開來分別爲「芒」或「喪」字作爲原則，並不適用。就楚文字而論，「芒」形可讀爲「喪」或「芒」。是此字當隸定作「疒」，釋爲「喪」。曼讀爲蹣，釋爲逾，可從。釋爲「冒」則嫌侵犯義太重。

⑥ 迁（跖）閨

原考謂「迁」疑即「跖」之異文，行也，或讀爲「適」。閨，指宮中之小門，即閤門。

孟蓬生先生〈上博四閒詁〉贊成讀爲「適」。陳劍先生〈昭柬讀後記〉引李家浩先生《睡虎地秦簡〈日書〉“楚除”的性質及其他》之說，讀爲「蹠」，訓爲「適」，之也、往也，繼凌案：「迈（禪鐸）」讀「蹠（照禪）」訓爲「適」，可從。「閨」的解釋在文獻中有三種說法：一爲宮中的小門。《爾雅·釋宮》：「宮中之門謂之闈，其小者謂之閨，小閨謂之閤。」二爲作「城內小門」，《墨子》：「大城丈五爲閨門。」三爲「內室之門」或爲婦女居室。因「昭王爲室於死湑之滸」，而且居子可以直接「迈閨」，應該沒有城牆，釋爲「城內小門」較不妥。「閨」解爲「內室之門」或婦女居室，在此亦不適用。「閨」解爲「宮中小門」較恰當。

## ⑦ 寺隹（寺）人

原考釋謂讀爲「稚」，聲紐旁轉通作「侏」，「侏人」，侏儒，宮中的御侍。

董珊先生〈上博四雜記〉隸「寺隹人」爲「集人」，讀爲「宗人」。孟蓬生先生〈上博四閒詁〉以爲「稚」「侏」聲音較遠，通轉可能不大，當讀爲「寺人」，宮中供使喚的小臣，以奄人爲之。魏宜輝先生〈上博四劄記〉以爲類似於文獻中負責守門的「閽人」。鄭玉姍學姊〈昭王毀室劄記〉以爲「寺隹」當假讀爲「雉」，《禮記·明堂位》「天子皋門、雉門」注：「天子五門：皋、庫、雉、應、路。」故「寺隹人」即「雉人」，即把守雉門之人。繼凌案：「寺隹」與「集」形近，然本篇確是「寺隹」字。昭王爲室似乎不是很複雜的宮室，釋爲「寺人」似較直接。

## ⑧ 少（小）人之告
𡐦（窆）牆（將）𠟭（斷）於含（今）日

「𡐦」，原考釋隸「纆」，謂待考。讀「𠟭」爲「專」。董珊先生〈上博四雜記〉隸「纆」爲「綆？」。楊澤生先生〈讀上博（四）劄記〉引《說文·夂部》：「夎，瑙蓋也。象皮包覆瑙（引者案：小徐本二

"瑙"皆作"瑙"），下有兩臂而夂在下。讀若范。」「鼛」和「夎」都含有「灭」字形，字從「夎」和「空」古音分別為明母侵韻和幫母侵韻（據《古韻通曉》），其讀音相近，所以「鼛」可讀作「空」。鄒濬智學長〈昭王校注〉以為字左半像手持火炬之形，與「搜」初文「叟」相近，全字應從「糸」、「嗖（疏幽）」、「生（疏耕）」，讀作「省（疏耕）」。「告省」意為「表明」、「陳情」。

旭昇案：此字簡文作，楊從「夎」聲、鄒說從「生」聲來考慮，都有一定的道理，但目前都沒有很好的解釋。楊讀為「告空」，可以從寬解釋為君子要「告知其他人把母親的屍骨合葬（即「空」）的日子」。

原考釋以「剚」為「剸」之省文，即「專」，「專於今日」即今日將要專行。董珊先生〈上博四雜記〉逕隸為「斷」。旭昇案：董說是。斷，斷決也，「少（小）人之告鼛（空）牆（將）剚（斷）於含（今）日」，意思是：小人的「告空」要在今天決定。

⑨ 訋（肇）寇（寇）

「訋」，原考釋謂有「挈」，「牽引」之意。孟蓬生先生〈上博四閒詁〉以為上博四出現的四個「訋」字應當讀作「詔」。魏宜輝先生〈上博四劄記〉以為當讀作「肇」，作圖謀解。「寇」在這裏應作「強行闖入」的意思。「訋寇」即圖謀闖宮門。俞志慧先生〈《昭王毀室》小劄〉以為隸定為「召」，「召寇」為召來盜賊。袁國華先生〈昭王新釋〉從魏說。鄒濬智學長〈昭王校注〉以為「寇」，暴也、掠也。「訋寇」，解為「訴諸武力」。

旭昇案：孟、俞說統合《上博四》四個「訋」字整體考量，應可從。但以君子而召寇，似也太過粗暴，魏、鄒說也不無道理，宜並存。

⑩ 辻（卜）命尹陳省為視日，告

原考釋讀作「卜令尹陳省為見日告」，以「見日」為日中。

季師旭昇〈零拾〉以爲「見日」似當隸「視日」，是楚國的一種職官名。劉樂賢先生〈上博四札記〉亦以爲據字形，此二字可釋爲「視日」，即見於包山楚簡的官名「視日 」。范常喜先生〈視日補議〉以爲楚簡材料中的「視日」應是當時楚國人在審理案件時對案件主要負責人的一種通稱，約相當於現在的主審官，誰負責審理某案誰就是「視日」，而非一般的固定官名。陳偉〈視日的新推測〉以爲「視日」或許與「當日」、「直日」相關。「視日」之「視」，大概是守視的意思。與本篇連書的《昭王與龔之脽》中大尹即對昭王說：「老臣爲君王守視之臣」。「視日」與「守視」有一定成份的關係。在包山簡和九店簡中的「視日」是訴狀上呈楚王的關鍵環節，同時可能也有避免直言君王的意味。繼凌案：陳說可從。

⑪ 僕（僕）之母（毋）辱君王，不狀（幸）僕（僕）之父之骨才（在）於此室之隯（階）下

原考釋讀爲「僕之毋辱君王不狀，僕之父之骨在於此室之階下」，並謂「不狀」讀爲「不逆」，是君子的謙稱。

劉樂賢先生〈上博四札記〉讀爲「僕之母辱……君王不逆僕之父之骨才（在）於此室之階下」，以爲這裏的「母」是指母親，「僕之母辱」後應有缺文。從下文講到父骨之所在及不得並父母之骨等事看，此處應是講喪母；逆是料想、預料的意思。董珊先生〈上博四雜記〉讀爲「僕之母（毋？）辱君王。不狀（？佞？）僕之父之骨才於此室之階下」；陳偉先生〈視日新推測〉讀爲「僕之母辱。君王不逆僕之父之骨在於此室之階下」；鄭玉姍學姊〈昭王毀室劄記〉以爲"母"當讀爲"父母"之"母"，簡文「僕之母辱君王不逆，僕之父之骨在此室之階下」"當爲修辭學上的'互文足義'句法，可還原'僕之父母之骨在此室之階下，辱君王不逆。'爲君子謙稱自己的父母之骨骸現今葬於君王之宮室之下，有辱君王。"

陳劍先生〈釋幸〉指出原考釋所隸「犾」字，當隸作「狀」，實從「矢」之倒文、從犬，即「幸」字，全句讀爲「僕之毋辱君王，不幸僕之父之骨在於此室之階下」，謂「僕之毋辱君王」即「僕毋辱君王」，先秦〔主·"之"·謂〕結構也可以在一定的語段中單獨成句；所謂"我不侮辱君王"，是就其穿著喪服而欲見楚昭王而言的。上文簡 2 "罷人"云"君之服不可以進"，其意即以爲穿著喪服而欲見君王是對君王的侮辱，所以此人見到卜命尹即先陳說"我不侮辱君王"。繼凌案：「狀」字簡文作「狀」，陳說釋「幸」可從。《上博五·姑成家父》簡 3 有兩個「幸」字作狀、狀，原考釋隸定作「狀」（頁 71），季師〈上博五芻議〉改隸爲「幸」，與本篇此字相同。

劉樂賢先生〈上博四札記〉以爲「僕之母辱」後有殘文，簡 3 兩殘簡似不能直接拼爲一支整簡。旭昇案：依全簡圖的契口來看，簡 3 兩殘簡直接拼爲一支整簡應該沒有問題，但是簡末殘約三字。全句以陳劍先生釋讀最爲合理。

⑫ 僕（僕）牆（將）埮（斂）亡老□□□

原考釋謂「埮亡老」即「啖亡老」，是爲亡父啖食，就是祭祀亡父。孟蓬生先生〈上博四閒詁〉以爲「埮」當讀爲「禫」，除去喪服時舉行的祭祀，說明簡文記該君子時著「喪服」，是未除服也，故此云「禫亡老」，正相應。劉樂賢先生〈上博四札記〉以爲「埮」作「掩」或「揜」，有掩埋的意思。並引《呂氏春秋·孟春紀》：「揜骼霾髊。」亡老，指亡父亡母。又，「僕將埮亡老」之後可能還有文字，此句大致是說擬將父母合葬。董珊先生〈上博四雜記〉於隸定後括號注「斂」，以爲「此篇要點，乃是昭王新建之宮室正好坐落于某人父母的墓葬之處」。

旭昇案：「埮（爲談）」、「掩（影談）」、「斂（來談）」，三字聲韻俱近，可以通讀，簡文謂君子之父之骨在室階下，是已掩埋，現在要重新父母合葬，姑用「斂」字。

⑬ 昌(以／若)僮(僕)之不尋(得)并(併)僮(僕)之父母之骨，
ム(私)自塼(敷)

原考釋於「不得」下斷句，讀「塼」爲「敷」，敚也。劉樂賢先生
〈上博四札記〉以爲「不得」爲「不德」，以爲是無德的意思，此處
應作一句讀，是說不能合葬父母之骸骨，「並」，古書多作「合」。
與《晏子春秋》卷二「景公路寢台成逢于何願合葬晏子諫而許第二十」
意思相類。董珊先生〈上博四雜記〉讀爲「以僕之不得並僕之父母之
骨ム(屍)自塼(宅)」。袁國華〈昭王新釋〉疑「塼」與喪禮儀節
有關，可讀爲「赴」、「訃」，即告喪，自赴，猶言自告喪以來。

旭昇案：「以」疑讀爲「若或」，意思是「如果」，參《虛詞詁林》
120頁。「塼」，原考釋讀「敷」訓「敚(施)」，可從，意思是「施行」。
全句話的意思是：「如果（得不到你們的允許，）我不能把父母的屍骨
合葬在一塊兒，那麼我會自己處理。」說話的語氣還是頗爲強硬。

⑭ 辻(卜)命(令)尹不爲之告

董珊先生〈上博四雜記〉以此句前後均爲「君子」的話，中間這
一句則不是。可從。

⑮ 辻(卜)命(令)尹爲之告，王曰

董珊先生〈上博四雜記〉讀爲「卜命尹爲之告。〔□〕曰」，以爲
「告」下可補一字。陳偉先生〈視日新推測〉讀爲「卜令尹爲之告。〔王〕
曰」，可從。

⑯ 虗(吾)不智(知)亓(其)尔(爾)蓋(墓)

原考釋以爲「蓋」即「葬」字。季師旭昇〈零拾〉、孟蓬生先生〈上
博四閒詁〉、劉樂賢先生〈上博四札記〉均以爲當即「墓」字。

⑰ 尔(爾)古(姑)須，袼(落)，安(焉)從事

原考釋隸「古須（鬚）」，謂即古稀。孟蓬生先生〈上博四閒詁〉以爲「古須」當讀爲「姑須（壻）」，義爲「姑且等待」。「安」，用同「焉」，表連接的副詞，乃。整句大意爲：你姑且等落成典禮之後再遷葬你父親的遺骨吧。

旭昇案：孟說可從，但全篇也有可能是把母親的遺骨遷來與父親合葬。

⑱ 王遉（徙）尸（處）於坪（平）漫（漫）

原考釋隸爲「王遉（徙）尸（居）於坪（平）漫（漫）」。董珊先生〈上博四雜記〉讀爲「王徙處於坪（旁）瀨」，陳偉先生〈視日新推測〉讀爲「王徙處於坪瀨」。

旭昇案：「瀨」義爲淺水，本句爲王移至平坦的水邊，舉行落禮，《詩·衛風·有狐》「在彼淇厲」，舊釋爲「水匡（涯）」，可從。

⑲ 因命至（致）俑（傭）毀室

原考釋隸「至俑」，謂當是人名或職官名。陳劍先生〈釋幸〉讀爲「因命至（致）俑（庸）毀室」；袁國華先生（昭王字詞）以爲「至」通「致」，給予之意，「俑」爲「偶人」、「木俑」。即信陽楚簡「纍僮」、望山楚簡「亡僮」。

繼凌案：就出土考古資料中，可知楚墓有用「木俑」殉葬的制度。俑葬在楚國早期只有上層貴族才有，如依袁說，則可證明「君子」的身分並不低。旭昇案：陳、袁二說皆可從，姑並存。


附錄：

〈景公路寢臺成逢于何願合葬晏子諫而許第二十〉：

　　景公成路寢之臺，逢于何遭喪，遇晏子于途，再拜乎馬前。晏子下車挹之，曰：「子何以命嬰也？」對曰：「于何之母死，兆在路寢之臺牖下，願請命合骨。」晏子曰：「嘻！難哉！雖然，嬰將為子復之，適為不得，子將若何？」對曰：「夫君子則有以，如我者儕小人，吾將左手擁格，右手梱心，立餓枯槁而死，以告四方之士曰：『于何不能葬其母者也。』」晏子曰：「諾。」遂入見公，曰：「有逢于何者，母死，兆在路寢，當如之何？願請合骨。」公作色不說，曰：「古之及今，子亦嘗聞請葬人主之宮者乎？」晏子對曰：「古之人君，其宮室節，不侵生民之居；臺榭儉，不殘死人之墓，故未嘗聞諸請葬人主之宮者也。今君侈為宮室，奪人之居；廣為臺榭，殘人之墓，是生者愁憂，不得安處；死者離易，不得合骨。豐樂侈遊，兼傲生死，非人君之行也。遂欲滿求，不顧細民，非存之道。且嬰聞之，生者不得安，命之曰蓄憂；死者不得葬，命之曰蓄哀。蓄憂者怨，蓄哀者危，君不如許之。」公曰：「諾。」晏子出，梁丘據曰：「自昔及今，未嘗聞求葬公宮者也，若何許之？」公曰：「削人之居，殘人之墓，凌人之喪，而禁其葬，是于生者無施，于死者無禮。詩云：『穀則異室，死則同穴。』吾敢不許乎？」逢于何遂葬其母路寢之牖下，解衰去絰，布衣縢履，元冠茈武，踊而不哭，躄而不拜，已乃涕洟而去。

〈景公臺成盆成适願合葬其母晏子諫而許第十一〉：

　　景公宿于路寢之宮，夜分，聞西方有男子哭者，公悲之。明日朝，問于晏子曰：「寡人夜者聞西方有男子哭者，聲甚哀，氣甚悲，是奚為者也？寡人哀之。」晏子對曰：「西郭徒居布衣之士盆成适也。父之孝子，兄之順弟也。又嘗為孔子門人。今其母不幸而死，衬柩未葬，家貧，身老，子孺，恐力不能合衬，是以悲也。」公曰：「子為寡人弔之，因問其偏柎何所在？」晏子奉命往弔，而問偏之所在。盆成适再拜，稽首而不起，曰：「偏柎寄于路寢，得為地下之臣，擁札摻筆，給事宮殿中右陛之下，願以某日送，未得君之意也。窮困無以圖之，布唇枯舌，焦心熱中，今君不辱而臨之，願君圖之。」晏子曰：「然。此人之甚重者也，而恐君不許也。」盆成适蹴然曰：「凡在君耳！且臣聞之，越王好勇，其民輕死；楚靈王好

細腰，其朝多餓死人；子胥忠其君，故天下皆願得以為子。今為人子臣，而離散其親戚，孝乎哉？足以為臣乎？若此而得祔，是生臣而安死母也；若此而不得，則臣請輓尸車而寄之于國門外宇雷之下，身不敢飲食，擁轅執輅，木乾鳥棲，袒肉暴骸，以望君愍之。賤臣雖愚，竊意明君哀而不忍也。」晏子入，復乎公，公忿然作色而怒曰：「子何必患若言而教寡人乎？」晏子對曰：「嬰聞之，忠不避危，愛無惡言。且嬰固以難之矣。今君營處為游觀，既奪人有，又禁其葬，非仁也；肆心傲聽，不恤民憂，非義也。若何勿聽？」因道盆成适之辭。公喟然太息曰：「悲乎哉！子勿復言。」迺使男子袒免，女子髮笄者以百數，為開凶門，以迎盆成适。适脫衰絰，冠條纓，墨緣，以見乎公。公曰：「吾聞之，五子不滿隅，一子可滿朝，非迺子耶！」盆成适于是臨事不敢哭，奉事以禮，畢，出門，然後舉聲焉。

# 貳·〈昭王與龔之脽〉譯釋

## 【題解】

　　原考釋謂本篇「敘述昭王爲珧寶之事，大尹遇見龔之脽，由其衣著疑是脽爲之，並告知昭王，於是昭王不願見龔之脽；而大尹瞭真情後又告知昭王，昭王遂見龔之脽」。陳劍先生〈昭柬讀後記〉以爲本篇敘述龔之脽爲昭王駕車，衣著單薄，大尹告知昭王之後，昭王賜袍龔之脽。其後大部分學者對本篇的看法，都認爲是贊美昭王聽了太尹的勸諫，就賞賜袍子給龔之脽。但是，對於爲什麼昭王先「命龔之脽毋見」，後來又過了三天才命令龔之脽見王，都無法有合理的解釋。其實本文說的是：死難良臣的後人龔之脽爲昭王駕車，在寒冷的多天卻只穿著單薄的近身衣。太尹向昭王報告之後，昭王就賞龔之脽一件舊袍子，但是這件舊袍子並不合身，以致

於在裡面的近身衣的衣襟都露出來了。昭王覺得很難看，於是不准龔之脾
公開露臉。在太尹二度勸諫之後，昭王從善如流，同意龔之脾公開露面三
天，讓臣下看到自己的疏失。全文彰顯昭王知錯能改的氣度，是為人君王
的好榜樣。

## 【釋文】

邵（昭）王迌（踐）【五】逃珤（寶）①，龏（龔）之脾②
馭王。牆（將）取車，大尹遇之，被襡＝（褐衣）③，大尹內（入）
告王：「僮（僕）遇脾牆（將）取車，被襡＝（褐衣），脾介趣（騶）
④君王，不【六】艭（獲）瞋（引）頸之皋（罪）〔於〕君王⑤，
至於定（正）备（冬）⑥而被襡＝（褐衣）。」王訋（召）而夯
（余／予）之裋（陳）祳（袍）⑦，龏（龔）之脾被之，亓（其）
裿（襟）視。㠀（望）逃珤，王命龏（龔）之脾【七】母（毋）
見（現）⑧。大尹昏（聞）之，自訟於王：「老臣為君王戰（守）
視之臣，皋（罪）亓（其）穸（容）於死，或（又）昏（昧）死
⑨言，僮（僕）見脾之倉（寒）⑩也，弖（以）告君王，今君王
或命【八】脾母（毋）見（現），此則僮（僕）之皋（罪）也。」
王曰：「大尹之言脾，可（何）詖〔羞〕又（有）安（焉）⑪？
天加禍於楚邦，息（霸）君吳王身至於郢⑫，楚邦之良臣所𢼒（燹）
【九】骨⑬。虗（吾）未又（有）弖（以）惡（憂）。亓（其）
子脾（睢）既與虗（吾）同車，或（又）窮無衣，凶（使）邦人
膚（皆）見之三日安（焉）⑭。」命龏（龔）之脾見（現）．【十】

## 【語譯】

昭王要到逃寶去，龔之脾替王駕車。

　　龔之脾將要取車時，太尹遇見了龔之脾，身上披著沒有絮著的夾衣。大尹入內稟告昭王說：「我剛遇見龔之脾，將要去取車，身上披著沒有絮著的夾衣，龔之脾一個人為昭王養馬、駕車，並沒有殺頸之罪，卻在隆冬而披著沒有絮著的夾衣。」昭王召龔之脾來，賜與他一件舊袍子，龔之脾披著這件舊袍子，裯衣的衣襟露了出來。快到逃寶，昭王就命令龔之脾不准公開露臉，以免讓人看見。太尹聽聞此事之後，親自到昭王面前爭辯說：「我身為君王的百工之官，罪或該死，又冒死諫言，我看見龔之脾很冷，就向君王您稟告。而現在君王下令龔之脾不准公開露臉，這是我個人的罪過啊！」

　　昭王說：「大尹為龔之脾講話，有什麼可羞的呢？上天降禍於楚國，暴君吳王率軍親自攻破郢都，楚國的良臣慘遭犧牲，暴骨荒野，我還沒有表達我的關切。現在死難忠臣之子龔之脾為我駕車，我又賜給他舊袍子，我應該使得全國人民都看見龔之脾三天，來彰顯我的過失啊！」於是下令龔之脾公開露臉。

## 【注釋】

### ① 逃珤（寶）

　　原考釋謂「逃」，假借為「珧」，蚌屬，即「江珧」。「珤」，為「寶」之古字。陳劍先生〈昭柬讀後記〉以為地名。劉樂賢先生〈上博四札記〉以為應讀為「盜寶」。周鳳五先生〈龔新探〉讀為「兆寶」，疑本篇係昭王復郢之後死於國難者所營建的葬地，且〈昭王毀室〉與本簡首尾連抄寫同一冊，其內容也與墓地有關，似亦可為此一假設提供旁證。

　　繼凌案：「珤」從玉、缶聲，釋「寶」可從，「逃寶」當為地名。

周說可參。

## ② 龏（龔）之脽

原考釋謂「脽」與鄂君啓節「大攻尹脽」之「脽」形義相合。

旭昇案：本簡「脽」字從肉、右從隹而於末筆加一分化符號（即「隼」字），釋爲「脽」可從。隼本從隹分化而出，故《說文》脽、脾實爲同字，鄂君節「大攻尹」名「脽」，右旁亦從「隼」。脽，《說文》異體作臋，今作臀。

## ③ 襠 =（裯衣）

原考釋讀爲「裯衣」，衣服之中部。孟蓬生先生〈上博四閒詁〉以爲是「裯衣」，作近身衣解。陳劍先生〈昭柬讀後記〉以爲「裯衣」爲複衣、夾衣：「《廣雅·釋器》：『複襂謂之裯。』王念孫《疏證》：『此《說文》所謂重衣也。襂與衫同。《方言》注以衫爲襌襦。其有裏者則謂之裯。裯，猶重也。』」裯衣雖有表有裏，但內無絮著，多衣之自不足以禦寒。」陳斯鵬先生〈上博四小記〉以爲爲從衣、膚聲，古「角」聲字與「殼」聲通，故疑此字爲「縠」異構，連合文符號讀爲「縠衣」。周鳳五先生〈龔新探〉釋「裯衣」爲「茵衣」，謂「以虎皮爲飾的上衣。……龔之隼爲楚王駕車而如此穿著，明顯違背封建禮制，是一種僭越的行爲」。

繼凌案：簡文作，從衣、從虍，剩餘部分，就字形結構而言，雖然有點像「角」，不過還是釋爲從「因」較合適。本篇寫昭王對良臣之後疏於照顧，「裯衣」以見其寒傖。「裯」，孟說釋爲近身衣、陳說釋爲有無絮著的來衣，皆可通。陳說有文獻例證，茲從陳說。

## ④ 介趣（驕）

原考釋謂「趣」通「趨」，「介趨」即「獨自駕車」。陳劍先生〈昭

束讀後記〉謂「介」字待考，「趣」作「騶」，指主管養馬並管駕車之人。楊澤生先生〈讀上博（四）劄記〉以為與《說文》「示」字古文Ⅲ相近，釋「示」，當示意或告知講。

繼凌案：原考釋釋「介」、陳讀「趣」為「騶」，可從。

⑤ 不䕶（獲）瞋（引）頸之辠（罪）〔於〕君王

「䕶」，原考釋隸「隻」，讀「獲」。陳劍先生〈昭束讀後記〉逕隸為「獲」。周鳳五先生〈莽新探〉以為讀作「赦」。

繼凌案：「䕶」簡文作⿱。亦見於《包》62、《上博三·周易》簡17、37、48、20，應隸定作「䕶」，讀為「獲」。

「瞋」，原考釋隸作「寅」，「寅」與「引」音近可通，「寅頸」讀為「引頸」或釋作「刎頸」。蘇建洲學長〈楚文字四則〉以為應隸定作「瞋」。周鳳五先生〈莽新探〉全句連上讀為「君不不赦淫侈之罪」，以為「瞋」字當為從月，寅聲，乃「寅」字異構，又見《秦公簋》，本篇假借為「淫」；「頸」，周釋為「饎」，以為此字象器物形，下面所從「壬」形，乃「皿」字之訛誤，字以器中的「釆」為聲符，即「饎」字，假借為「侈」。

繼凌案：依字形，蘇釋「瞋」可從。「瞋頸」讀為「引頸」較簡明直接。

⑥ 定（正）㚗（冬）

原考釋謂疑為地名。「定」。陳劍先生〈昭束讀後記〉隸定後括號注為「正」。周鳳五先生〈莽新探〉以為「冬至」。

繼凌案：《說苑·敬慎》：「正冬采榆葉。」一般釋為「冬季之正中」，即仲冬、隆冬。「定（定耕）」、「仲（澄冬）」，二字聲同，韻則耕冬旁轉，如《易·訟·象傳》以中（冬）韻成、正（耕）。

⑦ 王訋（召）而余（余／予）之袿（陳）褓（袍）

　　「袿」，原考釋隸「袵」，引《廣雅·釋器》謂「袖也」；「褓」假為「褓」，小兒衣也。

　　孟蓬生先生〈上博四閒詁〉釋「訋」為「召」，謂古音勻聲與召聲相通；釋「余」為「予」；又以為「袵褓」當為一合成詞，「褓」字當讀為「褒」，指寬大的衣服。陳劍先生〈昭柬讀後記〉以為「袵」字從衣「壬」（非天干字「壬」）聲，「褓」字從衣「呆」即「古文保」（即「保」省「人」）聲，以音近而讀為「領袍」。陳斯鵬先生〈文字小記〉以為原釋「袵」字實從「氐」，當隸為「袛」，疑讀若「綈」，二字皆古舌頭音脂部字。「袛褓」即「綈袍」。何有祖先生〈札記〉以為當從「衣」從「身」，是「袀」字。「袀袍」，疑指貼身衣袍。周鳳五先生〈龔新探〉以為「袵袍」讀為「絧袍」，昭王給龔之隼一件絧袍，是要他披在虎皮華服之上以示恭敬。

　　繼凌案：孟釋「訋」為「召」、釋「余」為「予」，皆可從。何說「念」從「身」，可從，「袀」可讀為「新」，昭王召見龔之脽時賜給他一件新的袍子。

　　旭昇案：以字形而言，「念」字釋為從「身」最好，然「袀袍」釋為「貼身衣袍」、「新袍」，於義皆有未安。「袀」當讀為「陳」，謂陳舊的袍子。昭王聽了太尹的勸諫，敷衍了事，隨便給龔之脽一件舊袍子。結果舊袍子又不是很合身，讓龔之脽的裯衣的衣襟露了出來，所以昭王就要龔之脽不要露臉。

⑧ 龏（龔）之脽被之，亓（其）袨（襟）視。羿（望）逃琿（寶），王命龏（龔）之脽母（毋）見（現）

　　「袨」，原考釋謂「衣襟也」；「羿」，疑「捆」之異文，舉也，全句讀為「龔之脽披之其袨，見羿（捆）逃（挑）琿（寶）」。

　　孟蓬生先生〈上博四閒詁〉斷作：「龏之脽被之，其裣見。」陳劍先生〈昭柬讀後記〉斷作「龏之脽被之，其衿視羿逃琟，王命龏之脽毋見」，並謂：「此句（編案：指「其衿視羿逃琟」一句）斷句讀法不明。後文『逃琟，王命龏之脽毋見……』云云決爲已經"至、到"逃琟以後之事，如"羿"字屬下讀，則此字即當爲"至、到"一類義；如此字當屬上讀，則"逃寶"上當脫漏一"至、到"一類義之字。」范常喜先生（昭龏簡8）以爲「羿」字見於包山簡130，學者釋爲「捆」、「枉」、「妄」、「斁」、「羅」等；又見於《容成氏》簡41「於是乎△（亡）宗鹿（戮）族」；應從大多數學者意見從「網」得聲，故在此據文意將其解爲「往」。周鳳五先生〈龏新探〉以爲可作三種解釋，一作「畢」，與「考」讀音通，「考兆寶」，指爲兆寶墓地落成而舉行祭祀。二作「罟」，從网，亝省聲，與「考」字音通。三作「拱」，從网，廾聲，音「拱」，讀爲「考」。

　　繼凌案：以及〈容成氏〉簡41的例子而言，此字釋爲從「网（明陽）」得聲，應屬合理，可讀爲「赴（滂屋）。與「网」聲近、韻爲旁對轉（陽、魚對轉，魚、屋有互通之例見《古音學發微》），「赴」，往也。

　　旭昇案：陳劍先生對「其衿視羿逃琟」一句提出兩種讀法，「羿」字屬下讀，而且有「至、到」義，這種讀法是對的。「羿」字應該讀爲「望」（二字上古聲韻畢同），《廣雅·釋詁·一》：「望，至也。」精確一點地說，「望」本來沒有「至」義，這個意義應該是由「望見」引伸而來，「望見」就快到了，《廣雅·釋詁》應釋爲「望，將至也」。

　　全句應斷爲「龏之脽被之，元（其）裣（襟）視。羿（望）逃琟，王命龏之脽毋見（現）」，謂昭王以舊袍賜龏之脽，龏之脽披上舊袍後，（由於尺寸不大合適），原來裥衣的衣襟露了出來，不太好看。所以快到逃寶的時候，就命令龏之脽不要露臉，以免讓人看見。見，被動用法，換成現在的習慣應用「現」，簡9首句同。

⑨ 昏（昧）死

「昏」，原考釋於釋文中括號注「聞」。陳劍先生〈昭柬讀後記〉
以爲「昏」讀作「昧」，聲音上關係密切。「昧死」猶「冒死」。

繼凌案：陳說可從。「昏」古音屬曉紐諄部，「昧」，古音屬明
紐沒部，聲紐喉、唇音有互通之例，如忽（曉沒）從勿（明沒）得聲，
韻部陽、入對轉。《左傳・宣公十二年》隨武子曰：「兼弱攻昧，武
之善經也。」杜預注：「昧，昏也。」

⑩ 倉（寒）

原考釋釋「倉」爲「怱遽貌」。陳劍先生〈昭柬讀後記〉以爲：「楚
文字已多見以“倉”或“蒼”、“滄”爲“寒”者，李零先生以爲是
“形近混用”，見李零：《郭店楚簡校讀記》，第23頁，北京大學出
版社，2002年3月。又李零：《古文字雜識（五則）》，《國學研究》
第三卷，第269頁，北京大學出版社，1995年12月。馮勝君先生認爲
也有可能是“義同換讀”的關係，見馮勝君：《論郭店簡〈唐虞之道〉、
〈忠信之道〉、〈語叢〉一～三以及上博簡〈緇衣〉爲具有齊系文字
特點的抄本》的附錄《郭店、上博以及今本〈緇衣〉對比研究》，第
236～238頁，北京大學博士後工作報告，2004年7月。馮先生文中對
有關例證列舉分析甚爲詳盡，此不具引。」

⑪ 可（何）諏（羞）又（有）安（焉）

「諏」，原考釋隸定作「訴」，又謂或釋「訓」。陳劍〈昭柬讀後記〉
以爲「訛」之誤字，「訛」正可讀爲「過」。侯乃鋒先生〈昭龔補說〉
以爲此字「从」，疑當讀爲「縱言」。何有祖先生〈札記〉據何琳儀
先生說，以爲此字右旁與《包牘》1「攸（攸）」字同形，當隸作「諏」，
與“羞”同在幽部心紐，音同可通。“何羞有焉”，指不必覺得羞辱。

繼凌案，「諏」字左從言，右旁所從有三種可能：「从」（但兩

人形一小一大，不太妥當）、「化」（但右旁訛爲「人」，也不太妥當）、「攸」（但省攴）。揆之文義，三種可能中以釋爲從「攸」省的可能性最大，據此，此字可隸爲「誠」讀爲「羞」。

⑫ 息（霸）君吳王身至於郢

「息」，原考釋謂同「怕」，語意不明。孟蓬生先生〈上博四閒詁〉以爲當讀爲「伯（霸）君」，陳劍先生〈昭柬讀後記〉以爲疑此字上半所從乃「夬」之省形。「快君」或可讀爲「獪君」，謂其狡獪也。侯乃鋒先生〈昭龔補說〉贊成釋爲「霸君」，以爲「霸君」並非褒稱。范常喜先生〈上博四四則〉以爲"思"之誤字。簡文中仍當讀爲"使"，楚文字中"思"通"使"常見。周鳳五先生（龔新探）以爲「暴君」，簡文從心，白聲，讀爲「暴」。

繼凌案：此字簡文作🉐，下從心，上部似「白」末筆不平、似「夬」而「又」形省略。因而學者或主從「白（並鐸）」而讀爲「霸（滂鐸）」、「暴（並藥）」；或主從「夬（見月）」而讀爲「獪（見月）」。釋爲「快」而省「又」形，似省略太多；釋爲「霸」、「暴」，則其上部「白」旁又不夠規範，諸說皆有理而又難爲定論，釋爲「霸」，聲韻最近，姑釋「霸」。

「身」，原考釋隸「廷」，孟蓬生先生〈上博四閒詁〉疑借爲「徎」，《說文》：「徑行也。」陳劍先生〈昭柬讀後記〉改隸「身」字，謂「吳王身至於郢」顯然是指西元前 506 年（楚昭王十年）吳王闔廬「五戰入郢」（《淮南子·泰族》）之事。周鳳五先生〈龔新探〉隸「身」爲「良」讀爲「狼」，讀「至」爲「戾」，釋「狼戾」爲「踐踏」、「蹂躪」。繼凌案：字當釋「身」，與本篇「身」字類似之寫法見《九店》M56.37。《上博四·昭王毀室》簡 1 有「廷」字，與此字寫法不同。

⑬ 楚邦之良臣所瞽（礬）骨

「聱」，原考釋謂假借讀爲慧或衛。陳劍先生（昭柬讀後記）以爲「聱」可讀爲「暴」：「〝聱〞字從日〝戔〞聲，〝戔〞又從戈〝爻〞聲，故可讀爲〝暴〞。〝暴〞字上古音或歸入宵部，或歸入藥部，與〝爻〞或同部或爲陰入對轉，從〝駁〞字從〝爻〞得聲可以看出其聲母也有密切關係。」周鳳五先生〈龔新探〉以爲是「察」字，讀作「荼」，「骨」讀作「毒」，作「荼毒」。秦樺林先生〈試說〉以爲「聱」字可能是歲字形體訛變，或由「教」的古文「𢾅」演變而來。

繼凌案：陳劍先生以爲本篇「聱」字，從「爻」（匣宵）聲，與「暴」（幫藥）音近，此字與楚簡他處所見讀爲「衛」的「戔」並非同字。筆者以二者仍可視爲同字。季師於《上博三讀本·周易》中以爲「『戔』字似可考慮爲從『歲』從『乂』會意，『歲』『乂』皆兼聲」。本篇的「聱」與「戔」若爲同字，則應讀同「衛」，於本篇則可讀爲「曓」，《說文》：「暴乾也。」「衛」、「曓」上古音同屬匣紐月部，「曓骨」意思同「暴骨」。旭昇案：陳說讀「聱骨」爲「暴骨」，較合典籍用例，然讀「聱」爲「暴」，字形缺少旁證。繼凌說讀爲「曓骨」，文獻未見用例，然與以往所見「戔」字讀音相合。二說各有利弊，姑釋「曓骨」。

⑭ 或窮無衣，囟（使）邦人膚（皆）見之三日安（焉）

「囟」，原考釋隸定作「由」，且屬上讀作「或□衣由，邦人皆見之三日焉」。

空格中的缺字，適在簡之中部折斷處，陳劍先生〈昭柬讀後記〉據文義補「舍之」二字，讀做「或〔舍之〕衣，囟（思）邦人皆見之。〞三日，焉命龔之脾見」。季師旭昇〈零拾〉亦主「由」字當釋「囟」；孟蓬生先生〈上博四閒詁〉、劉樂賢先生〈上博四札記〉皆隸爲「囟」（即「思」字所從），讀爲「使」。孟蓬生讀「或」爲「又」。

旭昇案：由於各家對「褣」字形義解釋的不同，所以大部分學者

對本篇的看法，都認爲是贊美昭王聽了太尹的勸諫，就賞賜袍子給龔之脾。但是，這樣的解釋，很難說明爲什麼昭王要「命龔之脾毋見」？竊以爲「裪」字當解爲「陳」，「裪袍」即「陳袍」，舊袍子。昭王的過錯有四個：一是疏於關心忠臣死難之事，二是對死難忠臣的後人沒有好好照顧，三是太尹提醒之後又隨便敷衍地賞個舊袍子應付了事，四是爲了不讓其他人看到龔之脾的貧寒（彰顯昭王沒有好好照顧）因而不要龔之脾公開露臉，讓人看見。在太尹二度勸諫之後，昭王從善如流，於是決定讓龔之脾公開露臉，讓臣民看到君王的疏失。

本簡中間殘斷，上簡末看得出「宀」部，陳劍先生補「舍之」，全句「或舍之衣（領袍）」，屬於正面意義，沒有彰顯出昭王有什麼過錯。昭王說「其子脾既與虘同車，又……」，「既」與「又」之間有對比關係，意思是「脾既與我同車，而我又沒有照顧他」，所以這是我的過錯，要讓臣下都看到，做爲我的檢討。基於這樣的理解，我們認爲此處可以補的字有「又窮無衣」、「又〔披裪〕衣」、「又〔披裪〕衣」。第三說的可能性不大，因爲本篇「裪衣」寫做合文，此處不應分書。第二說承簡文「裪」字，看似合理，但是簡文稱爲「裪袍」，不稱「裪衣」。所以可能第一說較好，「窮」字在戰國楚文字中寫作「」（《郭·老乙》14）、「」（《郭·唐》2）、「」（《郭·成》11）等，上部作「宀」形。「窮無衣」比較強烈地呈顯出龔之脾的窮困，相對地昭王未善盡照顧之責的疏失也就明顯地對比出來了。

「三日焉」，原考釋屬上讀，各家都主張改屬下讀，現在看來，還是屬上讀好，也就是昭王讓龔之脾穿著不合身的舊袍子三天，公開露臉，以彰顯自己的疏失。

# 柬大王泊旱譯釋

張繼凌　撰寫

季旭昇　改訂

## 【題解】

　　本篇由濮茅左先生原考釋。據原考釋說明，本篇原簡現狀十分完好，共二十三完簡，總 601 字，其中合文 3、重文 5。原無篇題，由原考釋取用簡文首句爲題。簡文所稱的「柬大王」，也見於《江陵望山沙塚楚墓竹簡》，即史書所稱的「楚簡王」，楚國第十七世君主。

　　原考釋以爲本篇記載了戰國早期有關楚國簡大王的兩件軼事：簡大王病疥和楚國大旱。旭昇案：本篇主要記載楚簡王因爲乾旱炙日導致燥病，因而卜問禳病的對象，卜後簡王要釐尹「速祭」，釐尹不肯，簡王雖然沒有堅持，但顯然不太高興。太宰因勢利導，誇獎簡王不堅持「速祭」，是尊重禮制，上帝鬼神會降福保佑，燥病自然就會好。後來令尹子林誘勸太宰提醒簡王，楚國正遭逢旱災，太宰於是利用爲簡王解夢的時機提醒簡王上帝藉著「旱母」降旱，處罰不能治國的國君，簡王接受了太宰的意見，誠心修郊行祭，上天於是下了大雨，讓楚國豐收。全文寫簡王能接納雅言，釐尹能堅守制度，太宰能順勢引導，全文既有語言表達的技巧，也有禮制尊重的探討。至於簡王後來有沒有祭名山名溪以禳病，顯然不是本文的重點。

　　陳偉先生〈昭三篇〉指出「柬（簡）大王」爲熊中去世後的諡號，楚簡王於西元前 408 年去世，本篇的寫作年代應在西元 408 年之後。

本篇的編聯有以下諸家（「→」表能連讀，「，」表不能連讀）：

陳劍〈昭柬讀後記〉：（一）1→2，（二）8，（三）3→4→5→7，（四）17→19→20→21→6→22→23→18，（五）9→10，（六）11→12→14，（七）13，（八）15→16

董珊〈上博四雜記〉：11→12→14→13→15→16

陳斯鵬〈柬編聯〉：1→2，8→3→4→5→7→19→20→21→6→22→23→17→18，9→10→11→12→14→13→15→16

張桂光〈柬略說〉：1→2→4→5→7→3→8→19→20→21→6→22→23→17→18→9→10→11→12→14→13→15→16

周鳳五〈柬重探〉：1→2→8→3→4→5→7→17→19→20→21→6→22→23→9→10→11→12→18→14→13→15→16

季旭昇（本文排序）：1→2→8→3→4→5→7→19→20→21→6→22→23→18→17，9→10→11→12→14→13→15→16

# 【釋文】

柬（簡）大王泊（敀／迫）游（旱）①，命龜尹羅貞於大顉（夏）。王自臨卜②。王向日而立，王滄（汗）至【一】繣（帶）③。龜尹智（知）王之庶（炙）於日而疠（病），芥（蓋）愁（儀／靳）愈送（夭）④。贅（鳌）尹智（知）王之疠（病），乘（承）龜尹速卜【二】高山深溪⑤。

王以訮（問）贅（鳌）尹高■：「不嗀（穀）瘵（燥）甚疠（病），驟夢高山深溪⑥，虐（吾）所夏（得）【八】地於膚（莒？）中者，無又（有）名山名溪。欲祭於楚邦者虖（乎）⑦，

佝（當）詖（蔽）而卜之於【三】大顕（夏），如廌（表／孚），將祭之⑧。」贅（鱉）尹許諾，詖（蔽）而卜之，廌（孚）。贅（鱉）尹至（致）命於君王：「既詖（蔽）【四】而卜之，廌（表／孚）。」王曰：「如廌（表／孚），速祭之，虞（吾）瘵（燥）鼠（一）疠（病）⑨。」贅（鱉）尹倉（答）曰：「楚邦又（有）棠（常）古（故），【五】安（焉）敢殺祭⑩？以君王之身殺祭，未佝（嘗）又（有）。」

王內（入），以告安君與陵尹、子高：「卿（向）為【七】厶（私）詖（便），人牰（將）笑君⑪。」陵尹、贅（鱉）尹皆絢（持）其言以告太剀（宰）⑫：「君聖人，虞（且）良長子，牰（將）正【一九】於君⑬。」太剀（宰）冑（謂）陵尹：「君內（入）而語僕之言於君 ＝王 ＝（君王，君王）之瘵（燥）從含（今）日以癃（瘥）⑭。」陵尹與【二十】贅（鱉）尹：「又（有）古（故）虐（乎）？恣（願）聝（聞）之⑮。」太剀（宰）言：「君王元君▬，不以汌（其）身叟（變）贅（鱉）尹之棠（常）古（故）⑯；贅（鱉）尹【二一】為楚邦之禗（鬼）神宝（主），不敢以君王之身叟（變）亂鬼神之棠（常）古（故）⑰。夫上帝 ＝（上帝）禗（鬼）神高明【六】甚，牰（將）必智（知）之。君王之疠（病）牰（將）從含（今）日呂（以）已▬。」

命（令）尹子林酮（問）於大（太）剀（宰）子㞢⑱：「為人【二二】臣者亦又（有）靜（靜／爭）虐（乎）⑲？」大（太）剀（宰）倉（答）曰：「君王元君 ＝（君，君）善，夫 ＝（大夫）可（何）兼（用）靜（靜／爭）⑳。」命（令）尹謂大（太）剀（宰）：「唯。【二三】必三軍又（有）大叟（事），邦冢（家）呂（以）軒（杌）輏（隍），社稷呂（以）迣（危）與（歟）㉑？邦家大滧（旱），牰（因）牘（資）智（智）於邦㉒。」【一八】牰（將）為客告。太剀（宰）迖（乃）而冑（謂）

之：「君皆楚邦之牀（將）軍，复（作）色而言於廷，王事可（何）㉓【一七】……」【缺簡】

王若（諾），牀（將）鼓而涉之，王夢厽（三）。闈未啓，王㠯（以）告梘（相）徙與中余：「今夕不穀（穀）【九】夢若此，何㉔？」梘（相）徙、中余畣（答）：「君王尙（當）㠯（以）詷（問）大（太）宰（宰）晉侯，彼聖人之孫=（子孫）。」「牀（將）必【十】鼓而涉之，此可（何）㉕？」大（太）宰（宰）進，畣（答）：「此所胃（謂）之『旱母』，帝牀（將）命之攸（修）者（諸）侯之君之不【一一】能詷（治）者，而斀（刑）之㠯（以）澙（旱）㉖。夫唯（雖）母（毋）澙（旱），而百眚（姓）迻（移）㠯（以）迲（去）邦豙（家），此爲君者之斀（刑）㉗。」【一二】

王屮（叫）而句（嗃），而泣胃（謂）大（太）宰（宰）㉘：「一人不能詷（治）正（政），而百眚（姓）以幽（絕）。」侯（候）大（太）宰（宰）遜，迖（返）進【一四】大（太）宰（宰）：「我可（何）爲，歲安（焉）簹（熟）㉙？」大（太）宰（宰）畣（答）：「女（如）君王攸（修）郢高（郊），方若狀（然）里㉚，君王毋敢戠（栽）害（介／大）【一三】矜（蓋）；梘（相）徙、中余與五連小子及龍（寵）臣皆逗（屬），毋敢執薻（藻）籔（筮）㉛。」王許諾，攸（修）四蒿（郊）【一五】厽（三）日，王又（有）埜（野）色，逗（屬）者又（有）欿（暍）人㉜。三日，大雨，邦蕙（賴）之。雙（發）駗（駔）迊（蹠）四＝疆＝（四疆，四疆）皆簹（熟）㉝■。【一六】

**【語譯】**

簡大王因爲乾旱日炙而致病，命令龜尹羅用大夏貞卜，王親自參與

貞卜的儀式。王向著太陽站立，王流汗流到腰帶。龜尹知道簡王被太陽曬得生病了，傘柄漸漸地傾向王。釐尹知道王生病，於是接著龜尹快速地卜問要祭那些高山深溪。

王問釐尹：「我病得很不舒服，我屢次夢到高山深溪，（應該要祭膚中的高山深溪），但是膚中並沒有名山名溪，我想要改祭楚國的名山名溪，應該要蔽卜於大夏。如果神明同意，我將要祭楚國的名山名溪。」釐尹答應了，於是蔽卜，結果神明同意了。釐尹於是報告簡王：「我蔽卜後，神明同意了。」簡王說：「如果神明同意了，那麼就快速地舉行祭典吧！我熱得生病，很嚴重了。」釐尹回答說：「楚國有一定的禮制，怎麼敢減省祭祀的規矩而快速地舉行祭祀？以君王的緣故而減省祭祀的規矩，這是楚國從來沒有過的。」

簡王進入宮內，告訴安君和陵尹、子高（釐尹）說：「之前你們也為了我私人的便利（改動正常程序快速地貞卜），別人也會譏笑你們。」陵尹、子高就把這話告訴太宰（，並且勸太宰）：「你是聖人，又是行為端正的長子，這件事應該可以由你來導正。」太宰告訴陵尹等人說：「你們進到裡面把我的話告訴君王，就說君王的燥病從今天起會漸漸痊癒。」陵尹和釐尹說：「有理由嗎？我們想聽聽這理由。」太宰說：「君王是個好國君，不以他自身的需求而強要釐尹改變楚國禮制的傳統規矩；釐尹是楚國鬼神的主持者，不敢以君王的需求而改變楚國禮制的傳統規矩。上帝鬼神是非常高明的，一定會知道，所以君王的燥病從今天起會漸漸痊癒。」

令尹子林問太宰子旨：「為人臣的，也有和君王抗爭的時候嗎？」太宰回答：「君王是個好國君，大夫何必抗爭？」令尹跟太宰說：「是啊！一定是三軍有大事，國家動盪，社稷因而危險不安，臣子才需要抗爭吧！現在國家遇到大旱，應該要向國中咨詢，取眾人之智以定應對措施。」於是將要去告訴客人。太宰起來說：「你們都是楚國的將軍，可以板起臉孔在朝廷上發言，王事⋯⋯。」【缺簡】

　　王許諾，將要打著鼓涉過，王夢到三次這樣的情況。閨門還沒開，王就把這個夢告訴相徙和中余：「今天晚上我做這樣的夢，這表示什麼？」相徙和中余說：「君王應該去問太宰晉侯，他是聖人的子孫。」（王於是去問太宰晉侯）：「一定要打著鼓涉過，這是為什麼？」太宰前進，回答道：「這就是『旱母』，上帝要藉著旱母來修治那些不能好好治理國家的君王，而以旱災來處罰他。縱然沒有旱災，而百姓遷移至其它國家，這也代表對國君的處罰。」王仰天而哭號，然後低聲哭著對太宰說：「一人不能治政，而讓百姓的生計斷絕。」等到太宰退下了，王又把太宰請進來，請教他：「我應該怎麼做？年成怎麼才能豐熟？」太宰告訴楚王說：「如果您能修祭郢都的四郊，大小像然里（？），整個行禮過程中君王不敢撐著大傘蓋；相徙、中余、五連小子，及寵臣們都跟著行禮，也不敢拿五采羽飾的大扇，（表示修祭的誠意。）」王答應修祭四郊三天，（開始修祭之後，）王有風塵之色，跟著修祭的近臣也有中暑的。三天之後，天上下了大雨，全國都得到大雨的滋潤。派出驛車到四疆去察看，四疆的農作物也都得到豐熟。

# 【注釋】

## ① 柬（簡）大王泊（敀／迫）濼（旱）

　　原考釋指出柬大王又見《江陵望山沙塚楚墓》（望山一號墓竹簡），即楚簡王，楚惠王之子熊中，西元前四三一年至前四〇八年在位。泊，止息也；或通「怕」。濼，讀為「旱」，或讀為「乾」。

　　孟蓬生先生〈上博四閒詁〉以為「泊」的「止」義、即「停泊」義較為後起，「怕」字上古也不用作「害怕」之「怕」，而是「澹泊名利」之「泊」。古音「白」聲、「父（甫從父聲）」相通，此處的「泊」當用為祭名，實即《周禮》的「酺」字，其法與雩祭或禜祭類似。本文祭（當為「記」之誤）楚簡王為請命，不惜在烈日下親自祭

祀與占卜，因而灼傷之事，簡文稱藉故事中人物之口稱「簡王」爲「元君」，良有以也。本文主旨似並不如濮先生所說是楚簡王因爲自己有病而舉行祭祀。本簡「泊」字訓釋至關重要，不但有助於我們理解本文的主旨，也有助於我們瞭解古代的酺祭之禮。董珊先生〈上博四雜記〉以爲「泊旱」之「泊」似當讀爲求雨雩祭之「雩」，引《說文》「屌（下瓦切，音畫）」字讀若「陌」、「雇」字或體作「鸖」（當看作從「雩」聲）爲證，主張「白（百）」聲系可以通「戶」聲系、「戶」聲系又可以通「雩」聲系，由此可見，「泊」確有可能就讀爲「雩」。周鳳五先生〈重編簡〉、〈柬重探〉則讀「泊」爲「祓」。

　　旭昇案：各家都把本篇的重點放在如何消除旱災，但都有一些問題。孟讀「泊（並鐸）」爲「酺（並魚）」，《周禮‧地官‧族師》「族師，各掌其族之戒令政事，月吉則屬民而讀邦灋，書其孝弟睦婣有學者。春秋祭酺亦如之」，鄭注：「酺者，爲人物菑害之神也。故書酺或爲步。……校人職又有冬祭馬步，則未知此世所云蝝螟之酺與？蓋亦爲壇位如雩禜云。」是「酺」祭可能主要祭與與馬有關或蝝螟之類的害神，連鄭玄都說得含含混混，如果是旱祭，應該是很常見的祭禮，不會連鄭玄都弄不清楚。董讀爲「雩」，於義可通，但聲韻較曲折。周讀「泊」爲「祓（並月）」，月鐸旁轉，先秦未之見，至東漢始通（陳師新雄《古音學發微》1057頁）。《周禮‧春官‧女巫》「女巫，掌歲時祓除釁浴，旱暵，則舞雩」，鄭注：「歲時祓除，如今三月上巳如水上之類。釁浴謂以香薰草藥沐浴。」是「祓」與「旱」無關。更重要的關鍵是：三家所說似乎都認定簡大王已確定對付旱災的方式（無論用酺、雩，或祓），細審本篇上半，重點都在簡王因乾旱日炙而致病，所以卜問要祭什麼名山名川，與禳旱完全無關。到文章後半太宰提出「旱母」降災，警告國君，文章重心才轉入旱災，最後由太宰提出「修郢郊」的方式禳旱。因此本篇前半的重點在似乎應該放在簡王因旱生病，想要祭禳以除病（原考釋及陳劍先生〈昭柬讀

後記〉均有此意，但沒有說得很肯定），我們似乎可以考慮「簡大王泊旱」並非簡大王要用「泊」這種方法來禳除旱災，而是簡大王爲旱所「泊」，如此義能成立，則「泊」似可讀爲「敀／迫」，「柬大王迫〔于〕旱」，謂簡王迫窘於旱災而致病。省略介詞「于」，古書多見，如《史記・淮陰侯列傳》「漢王……敗〔于〕滎陽、傷〔于〕成皋」。

② **命龜尹羅貞於大顕（夏），王自臨卜**

原考釋指出「龜尹」爲官名，掌卜大夫，名羅。「大顕」即「大夏」，見《淮南子・地形訓》：「西北方曰大夏，曰海澤。」又水名。劉信芳先生〈竹書《柬大王泊旱》試解五則〉以「大夏」爲龜名。周鳳五先生〈柬重探〉以大夏爲夏水，楚王禳祭的對象。

旭昇案：劉說可從。不過，已往所見楚簡中的龜卜，多以「某人以某龜爲某人貞」的句法表現（參宋華強先生〈新蔡簡所記卜龜考〉）。本句謂簡大王命令龜尹羅貞於大夏，看看要如何禳除簡大王的疾病。

③ **王向日而立，王滄（汗）至繻（帶）**

「向」字原作「」，原考釋以爲「嚮」之簡文多作此形。繼凌案：此字楚系文字多見（參李守奎《楚文字編》451 頁），舊時不識，張光裕先生〈萍廬藏公朱右官鼎跋〉據所見當時尚未公佈之楚簡釋爲「向」字。《郭店》出，裘錫圭先生以爲是「向」字（《郭店楚墓竹簡》120 頁注釋 28）。至其形構，湯餘惠、吳良寶〈郭店楚墓竹簡零釋（四篇）〉以爲此字爲「向」字之訛變，其過程爲：向—仚—仚—仚—仚。冀小軍〈釋楚簡中的皿字〉則以爲字當釋「皿」，讀爲「向」，猶甲骨「皿」字讀爲「鄉」，明紐與曉紐上古音時有通用之例。繼凌案：此字於楚簡讀作「向」，均無疑義，釋形則湯、吳說可從。

滄，原考釋引《說文》釋爲「寒也」，謂王憂病心寒，又謂或讀爲「蹌」，行有節奏貌。「繕」，疑讀爲「蹄」，引《漢書·匈奴傳》顏師古注：「蹄者，繞林木而祭也。」

孟蓬生先生〈上博四閒詁〉以爲「滄」當讀爲「創」，創傷；繕，當即腰帶之帶。因爲王向日而立，被日光灼傷，創傷直到腰部。陳劍先生〈昭柬讀後記〉以爲楚文字中「滄」可用爲「寒」，「寒」與「汗」古音相同。其時既發生旱災，自是驕陽當空，簡王迎日而立被陽光所炙烤，故簡文謂其汗出下流至腰間之帶。簡文此形水旁豎寫在「倉（寒）」的左旁，跟舊所見用爲「寒」的所謂「滄」字（水旁橫寫在倉下）可能並非一字。它以「水」爲意符、「倉（寒）」爲聲符，很可能本來就是「汗」字的異體。繼凌案：釋「汗」可從。

陳惠玲女棣據醫學文獻，謂熱病有兩種，其一爲中暑，臉色潮紅，汗排不出；其一爲熱衰竭，臉色發白，汗出如漿，簡王之病當爲熱衰竭。

④ **龜尹智（知）王之庶（炙）於日而疘（病），芥（蓋）愁（儀／幹）愈送（夭）**

原考釋以爲「庶」，《集韻》同「遮」。「疘」，從广，方聲，亦「病」字。「芥」，讀爲「疥」，疥瘡，屬脾經濕毒積熱類皮膚病。又釋「愁」爲「儀」；釋「送」爲「突」，引《類篇》「突，深也」，釋全句爲「病容益深」。

孟蓬生先生〈上博四閒詁〉引于省吾說「『庶』甲骨文作『灻』，本從火，石聲，炙烤之義」，因主「庶」讀爲「炙」，本句謂：龜尹知道簡王是因爲受了太陽的炙烤而得了疥病。陳劍先生〈昭柬讀後記〉隸「愈」爲「怨」。劉信芳先生〈柬五則〉以「介」字屬下讀，謂「逾」不得釋「怨」，釋「介儀愈突」云：「謂磐石般的儀表愈益顯示出深至內心，蓋誠心禱雨之故也。」又釋「病」爲「憂」。張桂

光先生〈柬略說〉讀爲「龜尹知王之炙於日而病疥，儀愈走」，謂「儀愈走」即「巴望快速完事以便快速離去的樣子」。周鳳五先生〈重編簡〉讀「卦列愈毅」，其後於〈簡重探〉中改讀「蓋幹愈夭」，指龜尹手執傘蓋爲簡王遮陽，傘柄隨著日影移動而漸傾斜。陳偉先生〈簡新研〉引《爾雅·釋詁》釋「毅」爲「榦」，謂「此句可能是說傘蓋益向簡王傾斜（大概原本還兼顧卜者）」。

旭昇案：劉說「疥」字屬下讀較合理，日曬與「疥」無關，簡文中楚王說自己的病是「燥病」。孟蓬生先生〈上博四閒詁續〉讀簡 15 之「疥」爲「蓋」，其說是。此義亦可用於本簡。周陳承之讀「傘榦愈夭」是也。「愈」字原簡作「▨（▨）」，恐不能釋「怨」。本句的意思是說：龜尹知道簡大王炙於日，已經生病了（而不是在這次占卜中曬了一點太陽就生病）。周、陳讀「疥毅愈送」爲「傘蓋愈夭」，於義可通，姑從之。

⑤ 贅（釐）尹智（知）王之疠（病），乘（承）龜尹速卜高山深溪

原考釋謂「贅尹」爲官名，據簡文意也司卜筮、祭祀，此官名亦見於《包山楚簡》第二十八簡、《曾侯乙墓竹簡》第一六五簡等。「乘」，讀爲「勝」。

陳劍先生〈昭柬讀後記〉以簡 2 下接簡 8，但以爲二簡不能連讀。劉信芳先生〈柬五則〉以爲可連讀，可從。周鳳五先生〈柬重探〉釋「承」爲「升也、登也」，謂釐尹促龜尹趕快登壇占卜。陳偉先生〈簡新研〉讀「乘」爲「承」，謂「龜尹去爲簡王掌傘，所以釐尹接替他司卜」。

旭昇案：簡 2 下接簡 8 連讀，可從；「乘」，陳讀「承」，亦可從。從底下簡王要釐尹「尚誃而卜之於大夏」，可知此時接著占卜的人是釐尹，而不是龜尹。不過，陳文以爲「龜尹去爲簡王掌傘，所以釐尹接替他司卜」，則似有可商。釐尹承著龜尹占卜，可能是楚王占

卜的既定程序，從甲骨文來看，一事多卜極為常見，因此龜尹羅貞於大夏為龜卜，之後鑿尹高承之再卜，可能是既定的程序。鑿尹高知道簡王因旱而得熱病，於是簡省手續進行「速卜」。

⑥ 王以酮（問）贄（鑿）尹高：「不穀（穀）瘃甚疠（病），聚（驟）夢高山深溪

原考釋隸為「不穀瘃甚疠（病）聚（驟）」，謂「瘃甚」與「疠（病）聚（驟）」對舉，「聚」通「驟」，為病急疾。又於第五簡注謂「瘃，同瘙，皮上起小癢瘡」。

劉信芳先生〈東五則〉讀「瘃」為「懆」，愁也。周鳳五先生〈重編簡〉、〈東重探〉均讀為「騷」，意為「憂愁」。陳偉先生〈簡新研〉從之，以為亦可讀「懆」。「聚」，陳劍先生〈昭東讀後記〉改屬下讀，釋為「多次」。

旭昇案：瘃，似當讀為燥，簡大王炙於日而燥熱過甚，因而生病，多次夢見要祭高山深溪以禳病。本篇前半都在談楚王生病禳祭之事，似不得釋為「懆（騷）」。聚讀為驟，驟、數也，見《左傳·文公十四年》注，即屢屢、多次。

⑦ 虛（吾）所旻（得）地於膚（莒？）中者，無又（有）名山名溪。欲祭於楚邦者唇（乎），尚（當）詘而卜之於大頤（夏）

本條的解釋甚為分歧，目前有六種讀法：

原考釋讀為「虛（吾）所旻（得）城於膚中者，無又（有）名山名溪。欲祭於楚邦者唇（乎），尚（當）詘而卜之於大頤（夏）」，讀「膚」為「盧」，地名，讀「詘」為「謐」，謂隱密之處。

陳劍先生〈昭東讀後記〉讀為「吾所得城於膚中者，無有名山名溪，欲祭於楚邦者唇，尚詘而卜之於大夏」，意謂楚王「所得城於膚

（宇？）中者」沒有與其所夢相合能夠作爲祭祀對象者，因此想要對楚國的「者（諸？）嚻」加以祭祀，希望（“尙”）鼇尹高就此占卜。

陳斯鵬先生〈柬編聯〉讀爲「吾所得城（成）於膚（莒）中者，無有名山名溪。欲祭於楚邦者乎，尙詖而卜之於大夏」，以爲「成於莒中」，可能即指《史記·楚世家》「簡王元年，北伐滅莒」之事，意謂在莒中這個地方發跡，成就功業。

劉信芳先生〈柬五則〉讀爲「吾所得城（誠）於膚（慮）中者，無有名山名溪欲祭於楚邦者乎？尙密而卜之於大夏」。讀「城」爲「誠」、讀「膚」爲「慮」，簡王「憂大旱究竟是得罪於何方神聖也。因憂而夢得高山深溪，又思慮是那座名山，那條名溪作祟」，於是匿其名而卜問於大夏」。

沈培先生〈蔽志〉引郭永秉先生意見改釋「城」爲「地」，全句讀爲「吾所得地於膚中者，無有名山名溪。欲祭于楚邦者乎？尙（當）詖（蔽）之於大夏」，謂「吾所得地於膚中者」的意思是「我此次占卜所得到的要進行祭祀的地點是在膚中這個地方」，由於「膚中」這個地方沒有名山名溪，因此，簡大王才問鼇尹高「欲祭於楚邦者乎，當蔽而卜之於大夏」。「蔽志」即斷志，先斷意，後用龜。

陳偉先生〈簡新研〉讀爲「吾所得地於莒中者，無有名山名溪欲祭于楚邦者乎？尙蔽而卜之於大夏」，謂「無有」可能相當於「得無有」，注10云：大概是說「我在莒國所得的地方，莫非有名山名溪想要得到楚邦的祭祀」。

旭昇案：原簡作「█（❧）」（字形不是很清楚，摹寫大約如此），郭永秉先生以爲「城」當隸爲「地」，應可從；陳斯鵬先生讀「膚中」爲「莒中」，其說可參；「詖」，蘇建洲學棣〈《上博（四）·柬大王泊旱》“詖”字考釋〉以爲可釋「謐」，「詖卜」相當於《

尙書·金縢》「穆卜」，謂「肅穆、虔誠地占卜」。沈培先生全面探
討甲骨、簡牘之占卜後讀爲「薇志」。沈說可從。全句的意思是：楚
簡王因旱而燥病，夢中得到指示要祭膚（莒？）地的「高山深溪」，
但是「膚中」無有名山名溪，要祭於楚邦名山名溪吧，則必需斷志卜
問。秦駰禱病玉版記秦君生病，禱於「華大山」，與本篇情形相類似
。

⑧ **如鷹（表／孚），將祭之**

原考釋謂「鷹」即「表」字，意卜兆明確，以爲與《上海博物館
藏戰國楚竹書（三）·》周易》簡6之「襄」同字（《上博三·周易》
頁145原考釋引《集韻》「襄，同褫」，《說文》「褫，古文表」，因而主
張「襄」讀爲「表」）。

陳劍先生疑可讀爲「孚」訓爲「信」，當係從「表」通讀。蘇建洲
學長〈楚文字四則〉分析爲從「鹿」「衣」聲，讀作「吉」。范常喜
先生〈上博四四則〉以爲此字可能是「慶」字的訛寫，《周易》「有
慶」一詞多見。沈培先生〈薇志〉進一步引甲骨文「⿰」字裘說釋爲
「孚」，以爲與「鷹」同義。周鳳五先生〈重探簡〉、〈柬重探〉均
讀「鷹」爲「食」，「食」爲上古占卜專用術語，引《尙書·洛誥》
傳「兆順食墨」，謂其意義似傾向於符合占卜者的意願。張桂光先生
〈柬略說〉讀爲「荐」。

旭昇案：《周易》之「襄」字中間有「爪（寫得像刀）」旁；本
簡則無，二字可以不必同解。陳、沈讀表（孚），沈說論證詳盡，可
從。

⑨ **虗（吾）瘷（燥）鼠（一）疠（病）**

「鼠」，原考釋隸「鼠」，通「癙」，憂病。劉信芳先生〈柬五則
〉釋「吾懆鼠（疫）病」爲「我被瘟疫所愁」。劉洪濤先生〈上博四

劄記〉指出原考釋所釋「鼠」字作「![字]」，從「鼠」從「一」，又見中山國銅器，當爲「一」之異體，「一」，甚也。旭昇案：劉洪濤先生之說可從。

⑩ 楚邦又（有）棠（常）古（故），安（焉）敢殺祭？以君王之身殺祭，未尚（嘗）又（有）

　　原考釋以「古（故）」字屬下讀，陳劍先生〈昭柬讀後記〉、劉樂賢先生〈上博四劄記〉改屬上讀，下文「常故」同。

　　季師旭昇〈柬三題〉謂「殺」當讀所拜切（shài），減省也（參《周禮·地官·廩人》鄭注），簡6云「速祭」，就是要減省祭祀的儀節，也就是「殺祭」。陳劍先生〈昭柬讀後記〉以爲此說可參，又謂「『殺祭』也可能是就簡王不祭『高山深溪』而轉而祭祀『楚邦者（諸？）嵒』而言的，指降殺祭祀對象的規格」。劉信芳先生〈柬五則〉以爲「簡文『殺』用其本義，『殺祭』字面義爲殺身以祭」。孟蓬生先生〈上博四閒詁續〉以爲楚柬王病重，正是需要神靈護佑之時，據上下文義及讀音求之，「殺」當讀爲「纍（shuò）」，義爲「數祭」，即頻繁地祭祀。周鳳五先生〈柬重探〉以爲指「觀尹的『以君王之身』乃『以君王的身體爲犧牲』的省略。觀尹指出，楚國祭祀鬼神有其禮制規範，簡王若要祓除旱災，應當用自己的『身體』爲犧牲向上帝悔過，而簡王竟打算祭祀夏水，這當然是降等、降格」。陳偉先生〈簡新研〉以爲「"殺祭"指不祭楚邦的"高山深溪"，而去祭莒中之"名山名溪"」。繼凌案：季師說較合全篇大義。

　　旭昇案：簡文楚王與觀尹都同意卜問神明，是否要祭楚邦的名山名溪，因此速祭不會是楚邦與莒中的選擇問題。既卜之後，神明同意可以祭楚邦的名山名溪，而楚王因爲熱病，希望祭楚邦名山名溪的過程能夠快一些，「速祭」應該是指這一部分。

⑪ 王內（入），以告安君與陵尹、子高：「卿（向）爲厶（私）詑（便

），人酒（將）笑君。」

原考釋以簡 7 與簡 8 相接續，隸作「王內（納）吕（以）告安（焉）。君與陵尹子高卿（饗），爲高山深溪」；陳劍先生〈昭柬讀後記〉以簡 7 下接簡 17＋簡 19，但以爲簡 7 與簡 17 不能連讀，簡 7 部分讀做「王入，以告安君與陵尹子高：“卿爲”，簡 17 與簡 19 部分讀作「王事何私？便人將笑君」；陳斯鵬先生〈柬編聯〉以簡 7 下接簡 19 連讀：「王入，以告安君與陵尹子高：“卿（向）爲私，辯（便）人將笑君。”」張桂光先生〈柬略說〉將簡 8 與簡 19 連讀爲「吾所得私，便人將笑君」。周鳳五先生〈柬重探〉將簡 17 與簡 19 連讀爲「王事可私變，人將笑君」，謂「私變」指「賫尹公開許諾“兆順食墨”將祭祀夏水，占卜後竟然當面反悔」。

旭昇案：簡 7 下接簡 19 連讀，可從。但陳斯鵬先生在注 9 說「大概子高等人曾經慫恿簡王殺祭，現在簡王意識到他們（包括王自己）從前的想法是『爲私』的，後悔了，便說：『身邊的人將會笑話您哪！』」說「子高等人曾經慫恿簡王殺祭」，把「爲私」的過錯完全歸到子高等人，似乎與簡文不完全吻合。竊以爲本篇的「便」應有二次，先是簡 2 賫尹體貼簡王而「速卜」；後來是簡 5 楚王要賫尹「速祭」，賫尹拒絕。楚王因此說：「向爲私便（速卜），人將笑君。」意思是：楚王說：「賫尹你前面也爲了體貼我私人的方便而速卜，別人也會笑你啊。」

詨，原考釋隸定括號注「辯」，可從。字從言、支（鞭之古文）聲，可視爲「辯」之異體。詨人，陳劍先生〈昭柬讀後記〉逕隸爲「便人」，注 19 云「謂君王左右便嬖之人」。旭昇案：譏笑簡王的，並不會只是「便人」，而是所有的人。「便人」當分屬上下二句，改讀爲「向爲私便（而速卜），人將笑君」，似較合理。

又，原考釋以「陵尹子高」爲一人，各家多從之。旭昇案：衡諸

簡文，似應視爲二人。簡王對安君、陵尹、子高三人講話，講完之後，「陵尹、釐尹皆志其言以告太宰（安君沒有跟著去）」，既用「皆」字，可見得「釐尹（依前簡 8，知其名高）」就是「子高」，與「陵尹」是不同人。

⑫ **陵尹、贅（釐）尹皆絇（持）其言以告太剀（宰）**

絇，原考釋隸「絧」，以爲同「紿」，意爲纏、疑、欺。陳劍先生〈昭柬讀後記〉隸「治（？）」。陳斯鵬先生〈柬編聯〉隸「志？」。張桂光先生〈柬略說〉讀爲「疑」。

旭昇案：簡王想要「速祭」，被釐尹拒絕，簡王並沒有再堅持，但是對釐尹說：「你也曾經爲我個人的私便而簡省貞卜的儀式。」陵尹、釐尹覺得簡王應該有微慍，又不知道怎麼處理，於是把簡王的話告訴太宰。陳斯鵬先生讀「志」，意思可從，但讀爲「持」，似更簡捷。

文成之後見周鳳五先生〈柬重探〉讀「飾」，謂陵尹與贅尹見了太宰，都把話說得很漂亮，要爭取太宰的支持。旭昇案：「絇其言」承上，「其言」應指簡王的話，而非「陵尹與贅尹」的話。又陳偉先生〈簡新研〉讀「絇」爲「辭」，釋爲「辯也」，謂「二人各執一詞，所以下面說 "將正於君"」。旭昇案：「私便」與「陵尹」沒有關係，似乎難有「二人各執一辭」的情況。

⑬ **君聖人，慮（且）良長子，牆（將）正於君**

原考釋讀爲「君聖人慮良，佷子牆正〔於君〕」，並釋「佷」爲「狂」、「失道兒」。陳劍先生〈昭柬讀後記〉讀爲「君聖人，且良長子，將正於君」。

旭昇案：陳說可從，二「君」字均指太宰。陵尹、釐尹二人認爲太宰是聖人，又是行爲端正的長子，這件事應該可以由太宰來導正。

⑭ **太剌（宰）胃（謂）陵尹：「君內（入）而語僕之言於君＝王＝（君王，君王）之瘵從含（今）日以瘻（瘥）。」**

原考釋以爲「瘻，亦瘧字」，「瘡痂甲也」，或讀爲「瘥」。學者均同意「或讀爲瘥」。

旭昇案：「謂陵尹」及「君入」包含「陵尹」與「釐尹高」二人，簡文從略，觀下文再問者爲「陵尹與釐尹」可知。太宰面對簡王的反應，能夠取大捨小，不理會簡王指責釐尹「速卜」的部分，而強調簡王尊重釐尹不肯「速祭」的部分。能尊重禮制，上帝鬼神就會降福給簡王，病就會好了。

釐尹「速卜」，固然不對；但接下來能夠拒絕「速祭」，總算知錯能改。簡王比照「速卜」而要求「速祭」，確實不對，但被拒絕之後，並沒有以威權強迫釐尹「速祭」，也值得表揚。

⑮ **陵尹與賚（釐）尹：「又（有）古（故）虐（乎）？忑（願）䎽（聞）之。」**

原考釋謂「忑」字或同「忨」，貪也；又或讀爲「願」。旭昇案：讀「願」爲是。陵尹、釐尹二人不懂太宰「因勢利導」的說話技巧，因而問說：「有理由嗎？我們想聽聽理由。」

⑯ **君王元君，不以丌（其）身𢒼（變）賚（釐）尹之棠（常）古（故）**

原考釋指出「元君」爲「賢德之君」，《國語．晉語》「抑人之有元君」韋注：「元，善也。」繼凌案：可從。原考釋以「古（故）」字屬下讀，陳劍、劉樂賢等學者均指出應屬上讀。

⑰ **賚（釐）尹爲楚邦之䰠（鬼）神宔（主），不敢以君王之身𢒼（變）亂鬼神之棠（常）古（故）**

原考釋以爲「宔」，同「主」；又謂字似也可釋爲「宗」，讀爲「示」。旭昇案：「示」、「主」甲骨文同形，但戰國已有分別，此字於楚系均釋「宔」，當無可疑。陳劍先生〈昭柬讀後記〉以簡21接簡6連讀，可從。

⑱ 命（令）尹子林䶎（問）於大（太）剉（宰）子歨

歨，從二止。陳斯鵬先生〈柬編聯〉釋「步」。繼凌案：此字有可能是「止」的繁體。

⑲ 爲人臣者亦有掙（靜／爭）虖（乎）

原考釋以「子歨爲人」，四字屬上簡。釋「掙」爲「靜」，意爲：審也，謀也，息也，寂也，定也，和也，澹也，澄也。陳劍先生〈昭柬讀後記〉隸定括號讀「爭」；劉樂賢先生〈讀上博（四）剳記〉讀「諍」，均可從。

⑳ 君王元君＝（君，君）善，夫＝（大夫）可（何）羕（用）掙（靜／爭）

原考釋以爲「羕」，通「永」，水長也。陳劍先生〈昭柬讀後記〉隸定括號讀「用？」。繼凌案：「羕（喻陽）」與「用（喻東）」聲同韻近，可以通假。

㉑ 唯。必三軍又（有）大叓（事），邦豪（家）吕（以）軒軬（杌隉），社稷吕（以）迬（危）與（歟）

原考釋以爲「軬」，疑是《說文》「輇」字，即「輕」字。「軒軬」，又作「軒輊」、「軒摯」、「軒輖」、「軒輖」。車輿前高後低（前輕後重）稱「軒」，前低後高（前重後輕）稱「輊」，引申爲輕重、高低、平衡、掌握等意。「迬」，讀爲「坐」，據守。或讀爲「侳」，安也。

陳劍先生〈昭柬讀後記〉以18簡上接23簡，讀「軒輊」爲「杌隉」：「杌隉，危而不安也。《尙書·秦誓》：『邦之杌隉，曰由一人。』『軒』之可與『杌』通，猶『元』之與『兀』本爲一字分化。『隉（隉）』之基本聲符實爲『日』字，從『執』得聲的『摯』、『贄』和『鷙』是章母脂部字（中古音『脂利切』，與『至』同音），與『日』聲韻皆近；『執』與『卒』本爲一字，《說文·卒部》云『卒』『讀若籋』，『籋』之聲符『爾』與『日』讀音更近。此皆可作爲『軒輊』之可讀爲『杌隉』之證。」又釋「迯」爲「危」：「迯」從「坐」聲，古代之「坐」本即「跪」，「危」應是「跪」之初文，「危」與「坐」形音義關係皆密切，很可能本爲一語一形之分化。周鳳五先生〈重編簡〉讀「與」爲「殆」。陳偉先生〈簡新研〉引服虔《通俗文》「後重曰軒，前重曰輊」，以爲「軒輊」可以有「失衡、傾覆」之意。

繼凌案：陳劍先生釋「杌隉」可從。「與（定魚）也可以讀爲「殆（定之），「危殆」與「杌隉」相對。旭昇案：「杌隉」當爲聯綿詞，聯綿詞書寫形式不固定，寫爲「軒輊」，讀「杌隉」於義較佳。

### ㉒ 邦家大旱（旱），䏶（因）膌（資）智（智）於邦

原考釋隸爲「痼（因）瘀（歉）智（知）於邦」，讀「痼」爲「因」，意爲「仍」；讀「瘀」爲「歉」，意爲「食不飽」；讀「智」爲「知」。

陳劍先生〈昭柬校讀記〉讀爲爲「因資智於邦」：「所謂『資』原形以『次』爲基本聲符，故可讀爲『資』。資，取也，古書常訓。『資智於邦』直譯爲『取智於邦』，意謂（國家發生大旱災後）向國中咨詢，取衆人之智以定應對措施。以上令尹與太宰討論爲人臣者與國君相爭的問題，當由前文釐尹不聽從昭王“殺祭”的命令之事（此即爲人臣者而與國君相爭）而引起。太宰意謂君善則無用爭，令尹意

謂雖說如此，但唯有在發生戰爭面臨滅國的危險時，雖君善臣亦必爭（謂出謀劃策雖與君意相左亦要堅持，要與君相爭），國家發生大旱災需要人臣出謀劃策時亦同。」陳偉先生〈簡新研〉讀爲「痀瘶智於邦」，謂「痀瘶，大概是指旱災帶來的疾病，待考」。周鳳五先生〈重編簡〉讀「因齊知於邦」。繼凌案：陳劍先生說簡捷可從。

　　旭昇案：本段突然寫到提出「爲人者亦有爭乎」的問題，看似沒頭沒腦，與前文不太連貫。其實是令尹子林看到在國家發生乾旱的時候，簡王只注意到自己的疾病，而沒有關心生民之苦，所以提醒太宰，現在國家發生乾旱，太宰應該要進諫了。

㉓ 牆（將）爲客告。太剌（宰）迅（乃）而胃（謂）之：「君皆楚邦之牆(將)軍，复（作）色而言於廷，王事可（何）

　　原考釋以爲與簡18文句相接續，讀做「君皆楚邦之牆（將）軍（軍），复（作）色而言於廷，王事可（何）必三軍（軍）又（有）大事……」。

　　陳劍先生〈昭柬讀後記〉以爲簡17與上簡文義不相承，但與下簡簡19相接作：

　　　　將爲客告。」太宰起而謂之：「君皆楚邦之將軍，作色而言於廷，王事何【17】私？便人將笑君。」陵尹、鼇尹皆治（？）其言以告太宰：「君聖人，且良長子，將正【19】於君。」

但太宰批評「楚邦之將軍……王事何私」，在上文並沒有出現，文義有點怪。陳斯鵬先生〈柬編聯〉把簡17調整到簡23與簡18中間，三簡連讀作：

　　　　令尹謂太宰："唯。【23】將爲客告。"太宰迅而謂之："君皆楚邦之將軍，作色而言於廷，王事何【17】必三軍有大事，邦

家以軒輊，社稷以逡歟？邦家大旱，痼瘝智於邦，【18】

但是，「王事何必三軍有大事，邦家以軒輊，社稷以逡歟」，這樣的句子也有點怪。我們認為：簡 17 的內容與「為人臣（將軍）爭」有關，因此應該放在簡 18 之後，應該可以連讀。意思是：令尹子林認為「三軍有大事，邦家有杌隉」，則大臣應該與君王「爭／諍」。現在國家遇到乾旱，所以令尹子林要去告訴「客」，請教他們的意見。太宰則告訴令尹子林說：「你們都是國家的將軍，可以板起臉孔在朝廷上發表自己的意見，王事何必〔推辭呢？〕」其後應有缺簡。作色，即變臉，見《禮記·哀公問》「孔子愀然作色而對」注。

原考釋釋「客」為「起兵伐人」。讀「记」為「起」。陳斯鵬先生〈束編聯〉以為原考釋「记」字「其字形實是一從辶從乃之字，其義待考。當然，也可能是"起"字的訛寫」。何有祖先生〈上博四劄記〉以為字當隸「迺」；宋華強先生〈乃而〉同意其說，引新蔡簡文例，謂「乃而」同「乃」，以為是表示順接關係的複合連詞；周鳳五先生〈束重探〉隸為「仍而」，釋為「因而」。旭昇案：何、宋、周說可從。

㉔ 王若（諾），牂（將）鼓而涉之，王夢厽（三）。閨未啟，王呂（以）告榳（相）徙與中余：「今夕不穀（穀）夢若此，何？」

原考釋以「王夢晶（三）閨（圭）未啟」為一句。並謂：「若」，或讀為「諾」；「晶閨」，即「三圭」、「三珪」、「三旄」，引《楚辭·大招》「三圭」王逸注，謂三圭即公、侯、伯；啟，教也。「榳」，同「相」，簡文或增「又」，官名。「屡」，人名，從尾，少聲，西周金文「彤沙」之「沙」多作「屡」，字亦見《江陵望山沙塚楚墓》竹簡，如「革屡」（第三十一簡）。

陳斯鵬先生〈束編聯〉以為「疑當在"三"字下斷讀，因為從下文看，王所夢者為"鼓而涉之"之事，而非"三閨未啟"之事。此句

應理解爲：王連續三次夢見"……鼓而涉之"那件事，於是一大早（閨門還未開）就跑去問相徙與中余。」又謂：「關於"徙"字的考證參看曾憲通師《楚文字釋叢》（《中山大學學報》1996 年第 3 期）。"相徙"疑讀爲"長沙"，爲楚縣名，包山簡作"長徙"，包山 61 有"長徙公"，這裏的"相徙"疑即"長沙公"之省稱。" "中余" 當是職官名，疑與包山簡"中酴 "（簡 18）、 "中酴 " （ 簡 145）爲同一職官。周鳳五先生認爲 "中酴 " 即 "中舍"，爲楚王宮中的舍人之官，其似說可從。周說見《包山楚簡〈集箸〉〈集箸〉言析論》（《中國文字》新21 期）。」

劉信芳先生〈柬五則〉指出 "相徙" 之執掌也許與占夢有關。 " 中余"包山簡作 "中酴"，有以下用例：「中酴誓適內之」（包山簡18）、「肉彔（祿）旦瀿（廢）之，無以歸之。 中酴戠歸之客」（包山簡 145）、「舍肉彔（祿）之酴人□□，歸客之彔（祿）金十兩又一兩」（包山簡 145 反）。上引包山簡 18 "酴"字或隸作從酉余聲之字。其字左旁似 "酉"，然依 "酉" 摹寫，便會發現筆勢不連貫。或隸作從害餘聲之字，與簡 121、122 "割" 字所從之 "害" 亦不類。按字又見簡 82、118、145 等。簡 132 "酴慶"，137 作 "舒慶"。 "舒" 古讀如 "舍"，古音同在魚部書紐。知 "酴" 亦可讀 "舍"。 "中舍" 是職官名，《周禮·地官·舍人》： "掌平宮中之政，分其財守，以瀿掌其出入。凡祭祀，共簠簋，實之陳之。賓客亦如之，共其禮，車米筥米芻禾。" 簡 145、145 反記 "中酴"、 "酴人" 負責分發各國來客之肉祿，知其職守與周官 "舍人" 相類。周鳳五先生〈柬重探〉讀「相徙」爲「相隨」。

陳偉先生〈簡新研〉謂「晶閨未啓，或許是旱母的形象」，又引《呂氏春秋》、《史記》、《韓非子》、《戰國策》，讀「中余」爲「中謝」或「中射」，以爲楚官。

繼凌案：從本篇來看，中余也似乎管占夢之事，陳讀爲「中射」

當可從。「相徙」與「長沙公」似不相涉。「閨門」,又見《上博四・昭王毀室》「曼廷將迈(蹟)閨」,當為楚王寢宮之門。

旭昇案:從下文王問「將必鼓而涉之,此何?」,而太宰答以「此所謂之『旱母』」來看,「鼓而涉之」似乎應該是簡王夢到的內容,與「旱母」有關。王夢的具體內容,因為簡9前面可能有殘簡,所以無法確知。

㉕ **君王尙(當)㠯(以)䎺(問)大(太)剚(宰)晉侯。彼聖人之孫=(子孫)。」「牺(將)必鼓而涉之,此可(何)?」**

以上二句,原考釋讀為一句。陳斯鵬先生〈柬編聯〉以為當作兩句讀:「"將必鼓而涉之,此何?"為簡王問太宰之語,所問內容正與上文記其所夢者相承。古記言之文,往往有略去主名者,趣簡故也。濮茅左先生本來就是以簡10和簡11相接續的,但誤以"將必鼓而涉之,此何?"為相徙、中余之語,以致上下扞格難通。」繼凌案:其說可從。

大宰晉侯,原考釋以「晉侯」屬下讀。劉樂賢先生〈讀上博(四)剳記〉以為「晉侯可能是大宰之名」,當連讀。劉信芳先生〈柬五則〉以為簡22大宰名「子止」,則「"晉侯"有可能是"太宰子止"的爵稱,稱"太宰晉侯"是官名加爵稱,如春平侯劍銘"相邦春平侯"例。楚或稱封君為"侯",《戰國策・楚策》有"州侯"、"夏侯"。"晉侯"是否以封地為名,"晉"為何地,則有待于進一步研究。」

㉖ **此所胃(謂)之「旱母」,帝牺(將)命之攸(修)者(諸)侯之君之不能詢(治)者,而劕(刑)之㠯(以)潩(旱)**

原考釋以為「旱母」,見《神異經》,即「旱魃」(見《詩・大雅・雲漢》)、「女魃」(《山海經・大荒經》),神鬼之屬。「攸」,通「修」

。「詞」，讀爲「祠」，又通「祀」。

陳劍先生〈昭柬讀後記〉讀爲「此所謂『之旱毋謫，將命之修』，諸侯之君之不能治者，而刑之以旱」，釋云：「“之旱毋謫，將命之修”意謂“那旱災沒有謫告，此是上天要君王反省而修其政”。」董珊先生〈上博四雜記〉隸作「之瀚毋適」；陳斯鵬先生〈柬編聯〉讀爲「此所謂之‘旱母’，帝將命之攸（修）。諸侯之君之不能治者，而刑之以旱」。

旭昇案：以上各家之說都不好講。疑可讀爲「此所胃（謂）之『旱母』，帝牆（將）命之攸（修）諸侯之君之不能治者，而刑之以旱」，意思是：這就是「旱母」，上帝要藉著旱母來修治那些不能好好治理國家的君王。本文一開始，簡王並沒有意識到旱已成災，直到此時，太宰才藉著解夢告訴簡王夢境是帝命「旱母」降災警君。又案：文成後，見周鳳五先生〈柬重探〉亦作一句讀，但詮釋不盡相同。

繼凌案：「旱母」一詞又見《梁書·列傳第十六·太祖五王傳》：「南浦侯推，……所臨必赤地大旱，吳人號『旱母』焉。」

㉗ 夫唯（雖）母（毋）澦（旱），而百眚（姓）迻（移）吕（以）法（去）邦豕（家），此爲君者之罰（刑）

劉樂賢先生〈讀上博四札記〉讀「唯」爲「雖」。旭昇案：可從。諸侯之君如果不能處理好國政的，就以旱災來處罰他。縱然沒有旱災，而百姓遷移至其它國家，這也代表對國君的處罰。

㉘ 王丩（叫）而句（嗊），而泣胃（謂）大（太）劅（宰）

原考釋隸爲「王印（仰）天，句（後）而洨（詨）胃（謂）大宰」，釋「詨」爲「叫呼」。季師旭昇〈柬三題〉以爲：

「王仰天後而洨謂太宰」，文句不太順暢，全句疑當隸爲

「王卬而啕，而泣謂太宰」。「而」與「天」字在楚簡中寫法相近，楚簡中也確實有訛亂的例子，但是本句「王卬天句而洨謂大宰」，一釋「天」、一釋「而」，從圖版來看，兩個字寫得一模一樣，都應該是「而」字，似不得一釋「天」、一釋「而」。

所謂「句」，細審原簡，字作「句」，從口、從勹，不得釋「句」，楚系「句」字均作「句」（如《郭店·語叢一.28》），從口、丩聲。「句」從口、勹聲，疑為「啕」之異體，「啕」從口、匋聲；「匋」從「勹」聲（金文鞄從革、陶聲，參《金文編》427 號。「陶」聲而可以讀「包」，正因為「陶」所從的「匋」字實從「勹」聲，這是眾所習知的）。「啕」字不見《說文》，一般以為是「咷」的後起字，其實可能戰國時代早已出現。《說文》：「楚謂兒泣不止曰噭咷。」

所謂「洨」，細審原簡作「泣」，當隸作「泣」，字從水、立聲。「立」形這麼寫，楚簡常見，其末筆如果寫成彎筆，弧形向上，就很容易與「交」形雷同。「泣」是無聲或低聲地哭，與「啕」不同，「啕」是比較大聲地哭。「王仰而啕，而泣謂太宰」是兩個動作，先是向天而哭號，表示對天的懺悔，然後低聲哭著對太宰說：「一人不能治政，而百姓以絕。」

陳劍先生〈昭柬讀後記〉以為：

"天"下之字其形前所未見，與本篇簡 23 "虖"字比較可知同於"虖"字之下半。戰國文字中常有出人意表的省略，頗疑此字即"虖"省去"虍"而成之省體，"虖"可讀為"呼"，"仰天而呼"、"仰天大呼"一類說法古書多見。

楊澤生先生〈讀《上博四》劄記〉以為：

　　　　「天」後之字整理者釋作「句」，讀為「後」，這無論從字形還是從文義來說都不妥。所以季旭昇先生在指出「不得釋『句』」是對的，但其疑為「啕」之異體，於字形也不合。我們認為應該釋作「吟」，它與同篇 20 號簡「含（今）日」之「今」作 ⿴ 相比，只是省去豎畫左側的兩個短橫而已。「吟」可當歎息講，如《戰國策·楚策一》：「晝吟宵哭。」簡文「王卬天吟而泣」是說王仰天歎息並哭泣。

田煒先生〈讀上博竹書（四）瑣記〉舉齊系文字「人」、「今」互用之例，贊成楊說。禤健聰先生〈楚簡文字補釋五則〉舉《包山》260「丩」字作「⿺」，以為原考釋「卬」字，實為「丩」字，讀為「叫」或「嗷」，《說文》引《春秋公羊傳》「魯昭公叫然而哭」，今本《公羊傳》作「嗷然而哭」，何休注：「嗷然，哭聲貌。」《禮記·曲禮》「毋嗷應」鄭注：「嗷，號呼之聲也。」又謂「句」字可能從「口」得聲，讀為「哭」，「丩而句」即典籍所謂「叫然而哭」。何有祖先生〈釋簡大王泊旱“臨”字〉舉《上博五·弟子問》簡 9「臨」字作「⿰」為證，主張「句」應為「臨」之省，《左傳·宣公十二年》「國人大臨」杜注：「哭也。」

　　繼凌案：原考釋「卬」字禤釋「丩」，可從。「句」字釋「訇」、「唇」、「哭」、「臨」，均優有可說，但都必需從省形來考慮，也都沒有直接證據。姑從師說。

㉙ 侯（候）大（太）割（宰）遜，迉（返）進大（太）割（宰）：「我可（何）為，歲安（焉）箮（熟）？」

　　原考釋以簡 14 下接簡 15，讀為「侯大宰遜迉（伴）進羿」，釋「矦」同「侯」，義為唯、乃、於是，發語辭。「遜」，太宰名。「迉」，讀為「伴」。「羿」，屬下簡首字，讀為「欦」，急氣皃。

　　陳劍先生〈昭柬讀後記〉以簡 14 下接簡 13，但未連讀。董珊先

生〈上博四雜記〉以爲二簡可以連讀，釋云：

> "侯太宰"應即 10 號簡之 "太宰晉侯"，"晉侯"是這位
> 太宰的名字。古有 "人名＋官名" 的稱謂方式。例如《戰國策·
> 趙策》有皮相國、張相國，有學者認為就是廉頗與虞卿，與此
> "侯太宰" 的稱謂同例，可以互證。連讀之後可斷句為 "侯太
> 宰遯，返進太宰，'我何為歲焉熟？'"。"遯"即"退"，
> 從"半"之字讀為"返"，"返進太宰"是王發出的動作，然
> 後王詢問太宰自己應該怎麼做。

陳斯鵬先生〈柬編聯〉贊成董珊簡 14 下接簡 13 連讀的意見，但是把
「侯」字屬上句，讀爲「『一人不能治政，而百姓以絕侯（後）。』太
宰遯。迒（返）進太宰」。周鳳五先生〈重編簡〉讀爲「侯太宰遯退
，進太宰」。

旭昇案：董珊簡 14 下接簡 13 可以連讀，所釋也大都可從，但是
把「侯大宰」說成「人名＋官名」，則有點勉強。「侯」字疑讀爲「候
」，「候太宰遯，返進太宰」的意思是：等到太宰退下了，又把太宰請
進來，請教他：「我應該怎麼做？年成怎麼才能豐熟？」「候」字和「
返」字相呼應，也表現出簡王是經過反省掙扎後，才做出正確的決定
。

「我可（何）爲」原考釋隸作「弗可爲」，陳劍先生〈昭柬讀後
記〉改隸「弗」爲「我」，並指出同類寫法的 "我" 見於包山楚簡 101
、楚帛書丙 98、丙 99 等之 "義" 字下半。繼凌案：其說可從。

㉚ 女（如）君王攸（修）郢高（郊），方若狀（然）里

原考釋釋「高」爲「遠」，又謂「戔」爲「裁」之省文。季師旭昇
以爲「高」字可以讀爲「蒿」，即「郊」，即簡 15「王許諾修四蒿」
之「蒿」。太宰告訴楚王說，如果您能修治郢都的四郊，大概就不會

有災害了。「方若然里」不好解，方可能是四方或平方的意思。周鳳五先生〈重編簡〉讀爲「方若干里」。旭昇案：然里，也有可能是某個地名，或某種建築，待考。

㉛ 君王毋敢戋（栽）害（介／大）芥（蓋）；楖（相）徙、中余與五連小子及龍（寵）臣皆逗（屬），毋敢執䈞（藻）籤（簀）

戋害，原考釋讀爲「災害」；「芥」字單獨爲句。各家多從之。陳劍先生〈昭柬讀後記〉則以「芥相徙」連讀。

旭昇案：「君王毋敢戋害芥」與下文「（寵臣）毋敢執藻簀」相對爲句，「戋」字當讀爲「栽」，植也，樹立也。「害」疑釋爲「大」，《孟子》「時日曷喪」注：「大也。」雖然朱駿聲《說文通訓定聲》以爲「大者盉之誤字」，其實「害（匣月）」與「介（疑月）」聲近韻同，「介」釋爲「大」，見《爾雅·釋詁》，則「害」釋爲「大」，應該也是沒有問題的。「芥」字，孟蓬生先生〈上博四閒詁續〉讀爲「蓋」，可從。

陳劍先生〈昭柬讀後記〉以簡 13 下接簡 15，但以爲中間有缺簡，陳斯鵬先生〈柬編聯〉以爲簡 13 與簡 15 可以連讀，但讀爲「君王毋敢災害；芥相徙、中余與五連小子及寵臣皆逗，毋敢執䈞籤」。旭昇案：應讀爲「君王毋敢栽害芥（蓋）；相徙、中余與五連小子及寵臣皆逗，毋敢執䈞籤」，意思是：簡王修四郊，爲了表示誠意，所以不敢豎起遮日的大蓋；相徙、中余與五連小子及寵臣跟隨著，也不敢拿五采羽飾的大扇。

「逗」，原考釋釋「止」。董珊先生〈上博四雜記〉於釋文中括號讀「屬」。劉信芳先生〈柬五則〉讀爲「瑞」，以爲「應是針對旱災採取的祭祀禮儀」。繼凌案：董說可從。

䈞籤，原考釋讀爲「操執」，「猶任事」。孟蓬生先生〈上博四閒

詁續〉讀爲「藻箑」:「"篊籟"爲"執"的賓語,其爲名詞無疑。"籟"從竹,執聲,義爲"竹名"。此字《集韻》有"脂利切"、"即入切"、"質入切"三個讀音,當以後二音(閉口音)爲近古。以音求之,"篊籟"當讀爲"藻箑",蓋"箑"以五采羽爲"藻"(此藻字特指旗旐或冕旒上成束的五采絲線,亦可泛指旒飾),故稱"藻箑"。……《說文·竹部》:"箑,扇也。從竹,疌聲。……"《小爾雅·廣服》:"大扇謂之翣。"從竹,其骨架蓋以竹制(當然也可以用其他材料),從羽,以五采羽爲藻(旒飾)也。古代用以遮陰納涼,或以障蔽風塵,後逐漸演變爲儀仗,既可用于生人,也可以用於死人,又或泛以爲裝飾之用。前人一般將生人所用者稱爲"箑",而將死人所用者稱爲翣,其實二者本爲一物。」旭昇案:其說可從。

文成後見周鳳五先生〈重編簡〉讀爲「君王毋敢戴喝蓋,相隨、中舍與五連小子及寵臣皆屬,毋敢執緇笠」,「喝」意爲「傷暑」。又陳偉先生〈簡新研〉讀爲「君王毋敢戴掩蓋,相隨、中謝與五連小子及寵臣皆屬,毋敢執操箑」,操箑蓋指可以操持的小扇。旭昇案:意思均近是,但「蓋」字不宜用「戴」。

㉜ **王又(有)埜(野)色,逗(屬)者有欮(喝)人**

原考釋隸爲「晶(三)日,王又(有)埜(野),色逗者(睹)又(有)欮人」,謂本句意「三日,王去四郊之外,驚愕地看著饑荒者」。

陳劍先生〈昭柬讀後記〉以爲「野」與「豫」古音相同。"豫"古常訓爲喜、悅、樂等。孟蓬生先生〈上博四閒詁續〉以爲「此簡緊承上文而言,記柬王雩祭三日之事。時柬王暴露於烈日之中,又不知甘霖能否降下,說柬王有豫色,似與事理不合。其實不破字,即可以讀通本簡。『埜色』疑指『風塵之色』,蓋柬王三日風餐露宿,又無『篊籟(藻箑)』之障蔽,故有『埜色』。『欮』字簡文分明從日,

原書隸定爲㷡，非是，今予改正。頗疑此字結構當分析爲從欠，炅聲。炅即熱字，……當讀爲『暍』，義爲『中暑』。《說文·日部》：『暍，傷暑也。』古音執聲、曷聲古音相通。古文字材料中『執』字多用作『設』，裘錫圭先生曾多次論及，而曷聲亦與設聲相通。……此簡大意是說，經過三日雩祭，楚柬王面有風塵之色，而隨從柬王留在郊外的侍從及寵臣中也有因此而中暑的人。」旭昇案：孟說可從。

㉝ 三日，大雨，邦蒮（賴）之。雙（發）駤（駰）迈（蹠）四＝彊＝（四彊，四彊）皆篅（熟）

原考釋讀「蒮」爲「瀝」，隸「雙」爲「癹」讀爲「發」，讀「駤」爲「駤」，讀「迈」爲「蹠」。

陳劍先生〈昭柬讀後記〉讀「蒮」爲「賴」，利也。季師旭昇〈上博四零拾〉、陳劍先生〈昭柬讀後記〉、孟蓬生先生〈上博四閒詁〉、劉樂賢先生〈讀上博（四）劄記〉同指出「駤」應隸爲「駤」，即「駰」，驛車也。

孟蓬生先生〈上博四閒詁〉以爲「迈」當讀爲「適」，本書《昭王毀室·昭王與龔之脾》有「迈閨」之語，陳佩芬先生讀爲「迈」（案：當係讀爲蹠、適），甚是。劉樂賢先生〈讀上博（四）劄記〉以爲「蹠」字原從「辵」從「石」，讀爲「蹠」，是「至」的意思。繼凌案：「迈」讀「蹠」、訓爲「適」，參〈昭王毀室譯釋〉注6。

# 內豊譯釋

陳思婷　撰寫

李旭昇　訂改

## 【題解】

　　本篇是《上博四》的第五篇，根據原考釋者李朝遠先生的說明，全篇現存完簡四支，由二支斷簡拼接的整簡三支，殘簡三支，共378字，含重文10字、合文2字；另有一支附簡，存22字。第一簡背有篇題「內豊（禮）」，全篇內容與《大戴禮記·曾子立孝》等篇有關。

　　有關本篇的簡序，最早董珊先生〈上博四雜記〉提出〈內〉6之後應接〈內〉8，曹建敦先生〈內豊札記〉、魏宜輝先生〈讀上博楚簡四札記〉也提出同樣的意見。林素清先生〈釋匵〉則提出〈昔者君老〉簡三與〈內豊〉應可聯綴的看法，他的主要意見有四點：

（一）　上博四〈內豊〉可以分成兩篇。簡七「諫而不從，亦不成孝」以上爲一篇，其內容與今本《大戴禮記·曾子立孝》、〈曾子事父母〉大體相同，另有部分內容見於今本《儀禮·士相見禮》。

（二）　「𣁦」字應釋爲「匵」。因而改釋原考釋之「君子孝子，不飲」爲「君子【曰】：孝子不匵」，由本句以下至簡十是由「君子曰」帶出幾段關於孝道的禮簡，不同於前篇文字大段合於《大戴禮記》的形式，因此與前篇可能各有出處，應分別爲兩篇看待。

（三）　上博二〈昔者君老〉簡三可以編在上博四〈內禮〉簡八之後，文意連讀。

（四）〈內禮〉簡九與附簡可以合併爲一，接於〈昔者君老〉簡三
後。

井上亘先生〈內豊編聯〉詳細比對〈內豊〉與〈昔者君老〉的竹簡形
式、文字風格後，主張兩篇應該可以聯綴爲一篇。

其後林素清先生〈內禮重探〉又在〈釋匵〉的基礎之上把〈昔〉1、2、
4聯綴在〈內豊〉簡10之後。

福田哲之先生〈內豊歸屬〉經過字體的詳細比對之後，以爲〈內豊〉
與〈昔者君老〉相關，而〈內豊・附簡〉與〈內豊〉不是同一書手之作，
依字體及內容應屬《上博四・季康子問於孔子》。福田哲之先生〈內禮歸
屬〉

以上各家的編聯意見如下：

李朝遠原考釋：1→2→3→4→5→6→8→7，9，10，附

董珊〈上博四雜記〉：6→8

曹建敦〈內豊札記〉：1→2→3→4→5→6→8→7，9，10，附

魏宜輝〈讀上博楚簡四札記〉：6→8

林素清〈釋匵〉：1→2→3→4→5→6→7→8→昔3→9→附→10，昔1
→昔2，昔4

井上亘〈內豊編聯〉：1→2→3→4→5→6→7→昔3→?9，8，昔1→昔
2，昔4

我們以爲〈內豊〉1至9均可連讀。原考釋簡6、7、8的次序並沒有
明顯的缺點，可以不必改動。〈昔者君老〉與〈內豊〉是同一書手書寫的
作品，應該可以成立，但內容並不密切相關，具體的編聯，還有待討論。

至於林文的第一點認為〈內禮〉篇可以分成兩篇，其實是由於林文對「匿」字錯誤的分析所產生的結論，恐難成立。「君子孝子不匿」，其實是緊接著上文「諫而不從」而來的論述，主張孝子要巧變，使父母於無形中接受自己的勸諫。因此並不存在著分成兩篇，各有出處的問題。〈內豊·附簡〉與〈內豊〉不是同一書手之作，可信，應歸入《上博四·季康子問於孔子》則是值得重視的看法。

今本《大戴禮記·曾子立孝》有與竹簡類似的記載，但並不完全相同。《大戴禮記·曾子立孝》原文如下：

曾子曰：「君子立孝，其忠之用，禮之貴。故為人子而不能孝其父者，不敢言人父不畜其子者；為人弟而不能承其兄者，不敢言人兄不能順其弟者；為人臣而不能事其君者，不敢言人君不能使其臣者也。故與父言，言畜子；與子言，言孝父；與兄言，言順弟；與弟言，言承兄；與君言，言使臣；與臣言，言事君。

君子之孝也，忠愛以敬；反是，亂也。盡力而有禮，莊敬而安之；微諫不倦，聽從而不怠，懽欣忠信，咎故不生，可謂孝矣。

盡力無禮，則小人也；致敬而不忠，則不入也。是故禮以將其力，敬以入其忠；飲食移味，居處溫愉，著心於此，濟其志也。

子曰：「可人也，吾任其過；不可人也，吾辭其罪。」詩云「有子七人，莫慰母心」，子之辭也。「夙興夜寐，無忝爾所生」，言不自舍也。不恥其親，君子之孝也。

是故未有君，而忠臣可知者，孝子之謂也；未有長，而順下可知者，弟弟之謂也；未有治，而能仕可知者，先脩之謂也。」

故曰：「孝子善事君，弟弟善事長，君子一孝一弟，可謂知終矣。」

此外，《大戴禮記·曾子事父母》也有一部分內容與本篇相關，可以

互參。

## 【釋文】

內豊【一背】

君子之立孝，炁（愛）是甬（用），豊（禮）是貴①，古（故）爲人君者，言人之君之不能叟（使）丌（其）臣者，不與言人之臣之不能事【一正】丌（其）君者②；古（故）爲人臣者，言人之臣之不能事丌（其）君者，不與言人之君之不能叟（使）丌（其）臣者③。故（故）爲人父者，言人之【二】父之不能畜子者，不與言人之子之不孝者；古（故）爲人子者，言人之子之不孝者，不與言人之父之不能畜子者。【三】古（故）爲人倪（兄）者言人之倪（兄）之不能戀（慈）俤（弟）者，不與言人之俤（弟）之不能永（承）倪（兄）者④；古（故）爲人俤（弟）者，言人之俤（弟）之不能永（承）倪（兄）【四】者，不與言人之兄之不能慈其弟者⑤。故曰：與君言＝（言，言）叟（使）臣；與臣言＝（言，言）事君。與父言＝（言，言）畜子；與子言＝（言，言）孝父。與倪（兄）言＝（言，言）戀（慈）俤（弟），【五】與俤（弟）言＝（言，言）永（承）倪（兄）。反此，關（亂）也。⑥

君子事父母，亡（無）厶（私）邈（樂），亡（無）厶（私）悥（憂）。父母所樂＝（樂樂）之，父母所悥＝（憂憂）之⑦。善則쏘（從）之，不善則圥＝之＝（止之；止之）而不可，惡（隱）而任【六】不可，唯（雖）至於死，從之⑧。孝而不諫，不成孝；諫而不從，亦不城（成）孝⑨；君子孝子不匶（負），若（匿）才（在）腹中攷（巧）叟（變），古（故）父母安【七】之，如쏘（從）㠯（己）记（起）⑩。

君子曰：「考（孝）子，父母又（有）疾，晃（冠）不佖（奐

／縮），行不頌（容／翔），不夈（萃）立，不庶語⑪，時昧祂（攻）、
絭（禜），行祝於五祀，劊（劌）必又（有）益，君子㠯（以）
城（成）亓（其）考（孝）。【八】是胃（謂）君＝子＝（君子）。
⑫

（君子）曰：「考（孝）子事父母，㠯（以）飤（食），亞（惡）
兇（嬈）？下之⑬□□□□□□□□□□□□□□□□□□□□□□
□□□□【九】

君子曰：「俤，民之經也。才（在）少（小）不靜（爭），才
（在）大不𨝵（亂）。古（故）爲㝈（少）必聖（聽）長之命，
爲戔（賤）必聖（聽）貴之命。從人觀（勸），肰（然）則孨（免）
於戾⑭。【十】

亡（無）戁（難）。母（毋）忘姑姊妹而遠敬之，則民又（有）
豊（禮），肰（然）句（後）奉之㠯中�（庸）⑮。【附簡】


## 【語譯】

　　君子建立孝道，要用衷心的誠懇，重視行為的規範。因此做人國君的，
應談論人君不能領導臣子的情況，不去談論臣子無法為國君謀事的情況；
做人臣子的，應談論人臣無法為國君謀事的情況，不去談論國君無法領導
臣子的情況。因此做人父親的，應談論父親不能蓄養兒子的情況，不去談
論兒子不孝敬父親的情況；做人兒子的，應談論兒子不能孝敬父親的情
況，不去談論父親不蓄養兒子的情況。因此做人兄長的，應談論哥哥不能
慈愛弟弟的情況，不去談論弟弟不承奉哥哥的情況；做人弟弟的，應談論
弟弟不能承奉哥哥的情況，不去談論哥哥不慈愛弟弟的情況。所以說，和
做國君的人說話，說領導臣下的事；和做臣子的人說話，說侍奉國君的事。
和做父親的人說話，說蓄養子女的事；和做兒子的人說話，說孝敬父親的

事。和做哥哥的人說話，說慈愛弟弟的事；和做弟弟的人說話，說承奉哥哥的事。若違反以上的做法，就會產生悖亂。

君子事奉父母，沒有私自的快樂，沒有私自的憂愁。以父母所憂愁的為憂愁，以父母所快樂的為快樂。父母的行為如果是好的，就隨從他們；如果是不好的，就勸止他們；勸止他們了但不被父母所採用，則為雙親隱諱其「不可」之行為，而任憑父母去做。一直到父母去世，都聽從他們的話。一味的孝順父母而不去勸諫，不是真正的孝；勸諫父母無效而不再聽從父母，也不是真正的孝。君子作為一個孝子不會當面違背父母的意思，君子會把自己的意見放在腹中，用各種巧妙的方法改變父母，所以父母安然地改變了行為，而卻以為是他們自己的意思（不會感覺到被子女所改變）。

君子曰：「孝子在父母有疾病的時候，因為憂心而顧不上縮髮戴冠，走路沒有禮容，不和眾人群立，不多話。時在昧爽之際舉行攻、禜之祭，舉行五祀的祭禮，難道一定對父母之疾有所助益嗎？君子是以此來盡孝親之情，以期能事奉他的雙親，這就是君子。」

君子曰：「孝子若只是能做到奉養父母，有什麼值得稱美的呢？這只是孝父母的最低表現罷了。……」

君子曰：「『悌』是人民所應遵循的法則，居小位而不爭，居大位而不亂。因此小輩必聽從長輩的命令，地位低賤的人必聽從地位高貴的人的命令。聽從別人的勸諫，如此就可免於災戾。」

……不以為難。不要忘記父親的姊妹，即使不住在一起也要尊敬他們，那麼人民就有禮節，尊奉此道以求合於規矩。

## 【注釋】

① 君子之立孝，忞（愛）是甬（用），豐（禮）是貴

今本《大戴禮記·曾子立孝》作「君子立孝，其忠之用，禮之貴」，原考釋云：「簡文『愛是用，禮是貴』的『是』同於『忠之用，禮之貴』的『之』字。竹書『忞』（愛）和『忠』在字形上有近似處，『忞』或誤摹爲『忠』。」廖名春先生〈內豐劄記一〉認爲「愛」、「忠」應是同義換讀。如《呂氏春秋·慎大覽·權勳》：「故豎陽穀之進酒也，非以醉子反也，其心以忠也。」高誘注：「忠，愛也」、《大戴禮記·文王官人》：「誠忠必有可親之色。」王聘珍：「忠，愛也。」曹建敦先生〈內豐雜記〉謂「古書中多有忠訓愛或二者連用之例」，並謂「忠者，指人內心之誠敬，……簡文中的愛也是指內心具有的真情。豐，爲外在的符合禮的行爲。竹簡《內豐》篇多有孝子應恪守之禮的文字，參下。簡文強調君子立孝須發自內心的真情和外在行爲符合禮的規範，愛和豐二者具備，則孝道立。」旭昇案：秦漢以後大一統，君權思想高張，「忠」、「忞」形義俱近而致誤，以義理而言，自以簡本作「忞」爲是。《廣雅·釋詁》：「立，成也。」立孝，成孝道。

② 古（故）爲人君者，言人之君之不能叀（使）亓（其）臣者，不與言人之臣之不能事亓（其）君者

原考釋指出今本《大戴禮記·曾子立孝》本句失載。

③ 古（故）爲人臣者，言人之臣之不能事亓（其）君者，不與言人之君之不能叀（使）亓（其）臣者

今本《大戴禮記·曾子立孝》作「爲人臣而不能事其君者，不敢言人君不能使其臣者也」。

原考釋指出「簡文的『人臣』所涵括的是所有的人臣，文獻中所指

僅為『不能事其君』的人臣。文獻所記著重於對未盡子、弟、臣之道的戒告，簡文所論則是君臣、父子、兄弟之道的通則。簡文是一種規定，具有法則的意義，文獻中的『不敢』，仍屬於道德的範疇，而且僅限於人子、人弟和人臣，未涉及人君、人父和人兄，頗有『為尊者諱』的意涵。」旭昇案：秦漢以後大一統，君父思想高張，因此今本《大戴禮記·曾子立孝》僅要求臣子弟，自有其時代因素。

④ 古（故）為人侃（兄）者言人之侃（兄）之不能戀（慈）俤（弟）者，不與言人之俤（弟）之不能丞（承）侃（兄）者

　　原考釋指出：「『戀』，從茲、從心，與『慈』通。『丞』，『承』的初文。《集韻》：『承，奉也，受也，或作丞。』甲骨文『承』字亦作『丞』。」思婷案：「茲」字從絲（茲的古字）聲、又從才聲，是一個兩聲字，因此「戀」字與「慈」字相同，應該就是「慈」的異體字。「承」甲骨文作「　」，從廾奉卩，奉承之義，今字作「承」、作「丞」，僅有筆畫繁簡之不同。

⑤ 古（故）為人俤（弟）者，言人之俤（弟）之不能丞（承）侃（兄）者，不與言人之兄之不能慈其弟者

　　缺字由原考據《大戴禮記·曾子立孝》補。可從。

⑥ 故曰：與君言＝（言，言）叟（使）臣；與臣言＝（言，言）事君。與父言＝（言，言）畜子；與子言＝（言，言）孝父。與侃（兄）言＝（言，言）戀（慈）俤（弟），與俤（弟）言＝（言，言）丞（承）侃（兄）。反此，關（亂）也

　　《大戴禮記·曾子立孝》以父子兄弟君臣為次，與本篇次序及內容稍異，又無「反此，亂也」一句。「故」字，原考釋補，學者皆從之。馮時先生在「簡帛文哲研讀會」報告中補為「君子曰」。思婷案：本段敘述文義承上，補「故」字較合理，「君子曰」往往為另起一節。

⑦ 君子事父母，亡（無）厶（私）邌（樂），亡（無）厶（私）慁（憂）。父母所樂 =（樂樂）之，父母所慁 =（憂憂）之

　　《大戴禮記・曾子事父母》作「孝子無私樂，父母所憂憂之，父母所樂樂之。」曹建敦先生〈內豐校讀〉謂：「對於《曾子事父母》此句，清代諸儒即懷疑當有闕文，至於闕脫何字，難以定論。……今由竹簡文字正可校補《大戴禮記》該篇之脫文，當作『孝子無私憂，無私樂，父母所憂憂之，父母所樂樂之。』」思婷案：其說可從。「邌」字前所未見，對照《大戴禮記・曾子事父母》的內容，原考釋釋此字爲「樂」字，可從。「辵」旁應爲「樂」字部件替換爲有意偏旁。楚系文字「彳」皆爲三撇，而此字只有兩撇，較爲罕見。

⑧ 善則𨑢（從）之，不善則𣥺 =之 =（止之；止之）而不可，𢡺（隱）而任不可，唯（雖）至於死，從之

　　《大戴禮記・曾子事父母》：「父母之行，若中道則從，若不中道則諫，諫而不用，行之如由己。」原考釋據《馬王堆・老子乙本》「毚（鄰）國相望」，釋「𢡺」爲「憐」，又釋「任」爲「聽憑」，以爲「憐而任」與文獻「行之如由己也」意相近。《上博（一）・孔子詩論》簡一「詩亡𢡺志，樂亡𢡺情，文亡𢡺言」之「𢡺」字，李學勤裘錫圭先生讀爲「隱」，廖名春先生〈內豐劄記〉據此讀「𢡺」爲「隱」，並引《論語・子路》「子爲父隱」之語，謂「止之而不可，隱而任不可」，即「君子以諫言止父母之不善而不被父母所接受，就當隱忍而任憑父母所行」。曹建敦先生〈內豐雜記〉引《大戴禮記・曾子立孝》：「吾任其過。」王聘珍《大戴禮記解詁》：「任，當也。」認爲「任」應釋爲「擔當」之意，謂「此簡謂隱忍而當父母之過」。馮時先生在「簡帛文哲研讀會」報告則將「𢡺而任不可」，讀爲「憐而仍，不可」。按：子女爲父母隱諱其過，並承擔過錯的觀念，在古籍中常見，「𢡺」釋爲「隱」有書證可循，比釋爲「憐」更具意義。思婷案：廖、曹說皆可從，但簡文謂「任不可」，釋爲「當父母之過」，似嫌太重。茲從廖說。

⑨ 孝而不諫，不成 孝 ；諫而不從，亦 不城（成）孝

　　《大戴禮記·曾子事父母》作「從而不諫，非孝也；諫而不從，亦非孝也」。本簡原由二殘簡聯綴，原考釋謂「孝而不諫，不成」後所缺的六個字，聯繫上下簡文並參考文獻，或可補爲：「孝；諫而不從，亦」。思婷案：可從。

⑩ 君子孝子不匵（負），若（匿）才（在）腹中攷（巧）叀（變），古（故）父母安之，如㳬（從）㠯（己）记（起）

　　原考釋讀爲「君子孝子，不飤（食）若才（災），腹中攷（巧）叀（變）」，謂：「如父母固執己見，孝子採取不食的方式則如生命之災。本句講述君子孝子事父母的助化策略，反對採用消極的『不食』手段，主張採用積極靈活、得宜、有效的方法。」曹建敦、董珊、黃人二、房振三等先生均有一些意見，林素清先生〈釋匵〉對此句有較詳細的討論：

　　　　原考釋釋讀與理解雖引《論語》爲證，然而所謂消極的「不食」手段，是相當獨特的，既不見於儒家典籍，也不見於其他先秦文獻資料，因此頗有商榷的餘地。……曹建敦〈讀上博藏楚竹書《內禮》篇札記〉逕釋讀爲「食」且將簡八移至簡七前，即以簡八、簡七、下接殘簡九爲序，讀本句爲：「君子孝子，不食若在腹中，[唯]。巧變·故父母安。」曹建敦雖補「唯」字，以求通讀，但仍無法說明「不食若在腹中」究竟何指？其實簡九另有「事父親（思婷案：「親」當爲「母」之誤）以食」句「食」字作𩜹，寫法與簡七此字明顯不同，可見此字釋「飤」或「食」都是不恰當的。董珊〈讀上博藏戰國楚竹書(四)劄記〉一文亦讀此字爲「食」，讀「變」爲「辯」並將簡八與簡七對調，全句如下：「君子孝子，不食若在腹中，巧變（辯），故父母安。」董珊的解釋是：「裝作好像吃了飯一樣，用巧辯使父母相信自己吃過飯。」按，儒家一向主張君子必須「言忠信，行篤敬」，豈能以如此不誠實的態度對待父母？再說：君子無故「不食」，

卻利用巧辯來使父母相信自己「已食」，不但無必要，也不合於孝子之行為準則。因此，這也不是理想的讀法。黃人二〈讀上博藏簡第四冊內禮書後〉一文，將此字釋為「良」，讀簡文如下：「君子[曰]：『孝子，不良若才（哉）。腹中巧變，故父母安之。』」所謂「孝子不良」，黃人二的理解是：「謂孝子不會『從而不諫』、『諫而不從』，不會若此『不良』。」按，此字與「良」字的形構略近，但戰國楚簡「良」字作𢀡、𢀡、𢀡等形，分別見於包山楚簡、信陽楚簡、天星觀楚簡等，與此字仍有一定的差異，不能混為一談。房振三〈上傳館藏楚竹書（四）釋字二則〉一文，分析此字為從匚從負，讀為「負」，又讀「若」為「匿」，將簡文讀作：「君子孝子不負，匿在腹中。巧變，故父母安。」其說明如下：「君子孝子不違恩忘德，應該把與父母不同的觀點埋藏在心理，自始至終。」按，此說與儒家所主張的「事父母幾諫」(見《論語・里仁》)、「微諫不倦」(見《禮記・坊記》)等思想不符，字形上的證據也不夠充分，且對「巧變」也沒有合理的說明。因此，讀此字為「負」，仍然無法通讀簡文。……首先，此字應釋為「匱」，而「君子」下應依黃人二的意見補「曰」字。簡七與簡八連讀如下：「君子[曰]：「孝子不匱，若在腹中巧變，故父母安之。」按，原簡「君子孝子」連讀，明顯不詞，應在「君子」下補「曰」字，作「君子曰：孝子(云云)」，如此不僅讀來較為通順，且能與下文數段由「君子曰」發端的議論相配合，成為形式一致，主旨與《禮記》相近的一篇文章。其次，關於此字釋「匱」的理由說明如下。第一，此字從匚，而開口向左，似與一般常見字形不同，但古文字左向、右向往往無別，第二，匚內所從為「貴」，與三晉系朱文吉語印「貴身(信)」印的「貴」近似，惟三晉「貝」字多省作「目」形，簡文則不省。至於簡文上半的筆畫，雖較三晉「貴」字稍有減省，但仍可看出是「𠀎」形之省。因此，此字釋「匱」，從字形分析，應可以成立。……可以確認簡七至簡八應連讀為：「君子[曰]：『孝子不匱，若在腹中巧變，父母安之，如從己起』。」按，簡文……云云，又見《大戴禮記・曾子事

父母》：「孝子無私樂，父母所憂憂之；父母所樂樂之，孝子唯巧變，故父母安之。」

旭昇案：林說在字形上很難成立，楚系文字有「匱」字作「匱」（包 13），匚中所從「貴」旁爲「貴」字標準寫法，林文所稱晉璽「貴身」的「貴」字也是這麼寫（見《古璽彙編》4675、4676號，只是下半的「貝」旁簡化爲「目」旁而已），其實璽文 4675 作「貴」、4676 作「貴」，與楚系文字「貴」字標準寫法作「貴」（信 1.26）者相近，與本簡此字作「匿」者截然不同。此字應從房振三釋「匱」，字從匚、從負，「匚」形左右可通，中間所從爲「負」，下從「見」，上所從「人」形作「人」，爲戰國文字所常見。因此此字可直接隸作「匱」，字從匚、從負，「負」當有聲符功能，則此確實可以逕讀爲「負」，違背也。不過，房振三先生把此字釋爲「違恩忘德」，全句釋爲「君子孝子不違恩忘德，應該把與父母不同的觀點埋藏在心理，自始至終」，拙意稍有不同，全句當釋爲「君子作爲一個孝子不會當面違背父母的意思，君子會把自己的意見放在腹中，用各種巧妙的方法改變父母，所以父母安然地改變了行爲，而卻以爲是他們自己的意思（不會感覺到被子女所改變）」。若，當讀爲「匿」。

「君子孝子」之間，黃人二、林素清、井上亘先生皆補「曰」字。旭昇案：「君子孝子」中間加不加「曰」字，都說得通。但不加「曰」字，與上文的文義銜接較緊密。「如從已起」，廖名春先生〈內豊劄記一〉謂：「如從已起」猶「如從己作」或「如從己出」。此是說「君子孝子」以「父母安之」爲自己「安之」，也就是上文所謂「君子事父母，無私樂，無私憂。父母所樂，樂之；父母所憂，憂之」。林素清先生〈釋匱〉釋爲「孝子體察父母的舉止行爲，應如同發自父母己身一般。」

⑪ 考（孝）子，父母又（有）疾，晃（冠）不侐（奐／縮），行不頌（容／翔），不丧（萃）立，不庶語

「考」，原考釋逕作「孝」，陳斯鵬先生〈文字小記〉、孟蓬生先生〈閒詁續〉皆指出簡七、八之「孝」字當隸定爲「考」。思婷案：「考」、「孝」二者並不同字，此字從老、下從「丂」，宜隸作「考」，讀爲「孝」。

「昆」，原考釋以爲上從曰、下從元，即「冠」之古體。可從。「侂」，原考釋隸「力」，謂「不力」即「不得力」，其義與「不櫛（不束髮）」相近。魏宜輝先生〈上博四劄記〉亦釋爲「力」，但讀作「飭」，謂「冠不飭」即「冠不正」。曹建敦先生〈內豐札記〉則釋「介」，讀爲「紒」，引《儀禮·士冠禮》：「采衣，紒」，鄭玄注：「紒，結髮。古文紒通結。」謂「不紒」即「顧不上結髮爲髻」。田煒先生〈上博四瑣記〉謂「侯馬盟書『奐』字作𤇾、𤉣等形，『換』字作𤉣、𤉩等形，『侂』字作𤉩，所從之『奐』與𣎽形同」，並謂「完」（曉元）、「奐」（匣元）上古音近，故「奐」可以讀爲「綄（縮）」，「冠不奐」指的是成年的男子因父母有疾而不縮髮，不縮髮就不能戴冠。思婷案：楚系「力」字作𦰩（郭·緇19），「介」字作𠆎（信2.13），燕系「介」字或作𠆎（忦，璽彙1289），加橫筆爲飾，但皆與簡文𣎽字形體有所差距。田說釋此字爲「侂」，讀爲「縮」，形義俱洽，可從，《禮記·曲禮上》曰：「父母有疾，冠者不櫛，行不翔，言不惰。」與簡文意近。

「行不頌」，《禮記·曲禮上》作「行不翔」。原考釋提出二說：一說謂「頌」與「翔」通。「頌」（邪東）、「翔」（邪陽），二字雙聲，韻爲旁轉。鄭玄注《禮記·曲禮上》「室中不翔」曰：「行而張拱曰翔。」「行不翔」即謂行走時不可張開雙臂；二說謂「頌亦爲儀容」，引《說文·頁部》：「頌，皃也。」段玉裁注：「古作頌皃，今作容皃，古今字之異也」、鄭注：「不櫛、不翔，憂不爲容也。」爲證。

廖名春先生〈內豐劄記一〉認爲「頌」與「翔」當爲同義換讀，「頌」通「容」，《字彙·宀部》：「容，飛揚貌。」《漢書·禮樂志》：「神之行，旌容容。」顏師古注：「容容，飛揚之貌。」故「行不頌」即「行不容」，也就是行走時不可一副飛揚的樣子，與行走時不可張開雙臂，意義相同。

曹建敦先生〈內豊札記〉認爲「頌」通「容」，而「容」，禮書多指禮容。古代行禮，多講求動作、儀態等與禮節相互協調。並引《儀禮·士冠禮》：「賓右手執項，左手執前，進容，乃祝。」鄭注：「進容者，行翔而前鶬」、《儀禮·聘禮》：「衆介北面蹌焉。」鄭注：「容貌有節」，認爲簡文「行不頌」即指孝子因父母有疾，憂致使行無禮容，此容正可以按「進容」之「容」理解，不必另解爲和翔相通。

旭昇按：原考釋之第一說有《禮記》「父母有疾，行不翔」之書證，聲韻亦可通。曹說釋「頌」爲「容」，引《儀禮·士冠禮》「進容」鄭注「進容者，行翔而前鶬」爲證。旭昇案：賈疏云：「〈曲禮〉云：『堂上不趨，室中不翔』，則堂下固得翔矣。」是鄭注、賈疏實讀「容」爲「翔」。「容」字多指「禮容」，少指行貌。曹說釋「行無禮容」，太泛。

「不衰立」，衰，原考釋釋「裘」，從爪，從衣，似爲「依」的異體。《說文·人部》：「依，倚也。」不倚立即要有站相。

廖名春先生〈內豊劄記一〉從原考釋釋「依」，但謂「依」即「扆」，爲戶牖之間的屏風。簡文之「依立」即「扆立」，也就是文獻中的「負依（扆）南面」「而立」。「負依（扆）」「而立」是稱尊的表現。「孝子」在「父母有疾」之時，當謹言慎行，以示憂心，不能南面稱尊，負依（扆）而立，所以說「不依（扆）立」。

曹建敦先生〈內豊札記〉認爲此字從爪、從衣，見於隨縣衣箱、包山楚簡 197、201，用作「卒」。「卒」有衆意，《玉篇·衣部》：「卒，衆也」；或「卒」通「萃」，也表示聚集之意。《禮記·曲禮上》：「有憂者側席而坐，有喪者專席而坐。」鄭玄注：「憂不在接人故。」《禮記□曾子問》：「三年之喪，練不群立，不旅行。」父母患疾，孝子因心憂而不願交接衆人，簡文「不卒立」和「不群立」意思相同，指不和

眾人一起站立。馮時先生在「簡帛文哲研讀會」報告主張隸爲「夲」，釋爲「促」，意爲「緊迫不安」。

　　思婷案：「卒」字從「衣」字分化，故古文字「衣」、「卒」或混用不分。楚簡「卒」字作✦（郭·緇16）、✦（郭·緇40）、✦（郭·窮3）；另有「夲」字作✦（包197）、✦（郭·緇7）、✦（郭·緇9），李守奎先生《楚文字編》頁512謂：「楚簡之卒，大多讀衣，當是衣字異體。夲字皆讀爲卒，當即楚之卒字。」其說可從。據此，楚系文字「衣」字或作「卒」，其衣下之橫筆可視爲飾筆；「卒」字則多作「夲」，二者似有意區別。

　　《大戴禮記·曾子事父母》：「坐如尸，立如齊（齋）。」〈曲禮〉鄭玄注：「坐如尸，視貌正。立如齊，磬且聽也。」平時的站相、坐相，都得做到莊嚴恭敬，這必須要隨時保持自制力和注意力。但父母有疾之時，所有的心思都在煩憂父母的病，再對照「冠不力、行不頌、不庶語」等句，此處的「不卒立」應該不是要求孝子必須站有站相，因此原考釋可商。廖名春先生釋此句爲「不負依（扆）而立」，「負扆」常見於古籍，如《荀子·儒效》：「周公屛成王而及武王，履天子之籍，負扆而立，諸侯趨走堂下。」《淮南子·齊俗訓》：「周公踐東宮，履乘石，攝天子之位，負扆而朝諸侯。」《史記·平津侯主父傳》：「南面負扆攝袂而揖王公。」然而「負扆而立」、「南面稱尊」，乃指天子而言，故此說與簡文文意不合。由上下簡文來看，父母有疾，子女憂心如焚，連服裝儀容都無暇講究，若依馮時先生所釋，父母有疾，做子女的反而要不「緊迫不安」，似不符合簡文內容。曹說較合孝子侍親之要求，釋爲「卒」，讀爲「萃」，應可從。

　　不庶語，原考釋謂：「『庶』，眾，多。本句意謂不多說話。」旭昇案：疑解爲「不與眾庶語」，《說文》：「庶，屋下眾也。」《禮記·雜記·下》：「三年之喪，言而不語，對而不問。」

⑫ 時昧祉（攻）、縈 **(禜)** ，行祝於五祀，劃（劊）必又（有）盆，君子呂（以）城（成）元（其）孝，是胃（謂）君子

「時昧祉（攻）、縈（禜），行祝於五祀」，原考釋讀爲「時昧，攻、禜、行，祝於五祀」：

> 「時昧」，即「時在昧爽」之意。「祉」，通「攻」。……爲祭名，《周禮·春官·大祝》：「掌六祈，以同鬼神示。……五曰攻。」賈公彥疏：「攻，……日食伐鼓之屬。」「縈」，即「縈」字，音假爲「禜」。「禜」亦爲祭名，《周禮·春官·大祝》：「掌六祈……四曰禜。」鄭玄注：「禜，日月星辰山川之祭也。」《周禮》中是「禜」、「攻」相接，簡文中則是「攻」、「禜」相連。「行」，祭主道路行作之神的祀名。《禮記·祭法》說「王七祀」、「諸侯五祀」、「大夫三祀」、「適士二祀」，皆有「行」。「祝」，祭祀時司祭禮的工作。……「五祀」，文獻中有多種記載：（一）據《國語·魯語上》，謂禘、郊、宗、祖、報五種祭禮；（二）祭祀五行之神，《太平御覽》卷五二九引《漢書議》：「祠五祀，謂五行金木水火土也。」（三）祭祀住宅內外的五種神。《禮記·月令》：「臘先祖五祀。」鄭玄注：「五祀，門、戶、中霤、竈、行也。」簡文中的五祀，是否包括「祉（攻）」、「縈（禜）」、「行」在內，待考。

董珊先生〈上博四雜記〉先生認爲「縈」是「勞」的誤字，此句當讀爲「時昧功〈縈〉（勞），行祝於五祀」，意謂：「父母有疾，則不時地隱沒自己的功勞，且對五祀舉行祝禱祭祀」。「時昧功勞」的用意乃是積陰德。

廖名春先生認爲簡文「時」義當爲依時、按時。「昧」義疑爲割。「大割」是祭祀社神及城門、閭里時大殺群牲，可引申用來指代社祭，也可算是祭名。由《禮記·祭法》、《禮記·月令》可知「大夫以下」「至庶人」也可祭祀社神。故斷句爲「時昧、攻、縈、行，祝於五祀」，並認

為簡文所謂「五祀」為「門、戶、井、竈、中霤」,「祉（攻）」、「縈（祭）」、「行」不應包括在內。

曹建敦先生〈內豐札記〉謂「五祀所指,包山楚墓五祀木牌、湖北雲夢睡虎地《日書》乙種（簡 31 貳—40 貳）皆有記錄,為戶、竈、中留、門、行,和鄭玄所言符合若節」,將此句讀為:「時昧攻縈,行祝於五祀。」行祝連讀,《儀禮·既夕》說人染疾之後,「乃行禱於五祀」。此句意即「以時早起舉行攻縈之祭,行祝於五祀。」

思婷按:中國人對於疾病原因及治療方式的看法,清楚地呈現在傳世和出土文獻中。商代的甲骨文,就有許多占卜疾病的內容,《尚書·金縢》記載了周武王有疾,周公因而請禱之事。《論語·述而》亦有:「孔子有疾,子路請禱。」《韓非子　外儲說右下》:「秦昭王有病,百姓買牛而家為王禱。」在望山、包山楚簡中,也可見到為了治療疾病而進行祝禱的記錄。因此〈內豐〉第八簡關於孝子乃為父母之疾而進行祭禱,自是毫無疑問。

根據原考釋,五祀可分為三大類。依簡文內容來看,此段文字在說孝子為「父母有疾」而進行祭祀。第一類的五種祭祀中,乃帝王所行之祭,是國家的重大典禮,一般人不太可能為了父母之疾而去進行「禘、郊、祖、宗、報」五祀,且這五祀的祭祀目的和對象皆和疾病無關,故第一類的可能性較小。而第二類的「五行」、「五官」、「五色」之神,其地位尊貴,也不可能管理人間小事。因此本篇的「五祀」自然是第三類「祭祀住宅內外的五種神」,即為「門、戶、中霤、竈、行」。故「五祀」即古人在一年之間必須要對五種神祇舉行的五次祭祀,「戶、灶、中霤、門、行」即是這五種祭祀的對象。主出入的「門、戶」,主飲食的「灶」,主宮室居處的「中霤」,主道路的「行」,都是人之所處出入,所飲食,故為神而祭之,這當然是源自古人對原始自然的崇拜,但同時也可以看出古人祈求居家平安的用心。

此外，關於「社」（攻）和「縈」（禜），原考釋引《周禮·春官·大祝》：「掌六祈，以同鬼神示，一曰類，二曰造，三曰禬，四曰禜，五曰攻，六曰說」之語，將「攻、禜」釋爲兩種祭祀名稱，這是廣爲學者所接受的。上述〈大祝〉這段文字，鄭注曰：「祈，嘄也，謂爲有災變，號呼告神以求福。天神、人鬼、地祇不和，則六癘作見，故以祈禮同之。……禬、禜告之以時有災變也；攻、說則以辭責之。」因此，攻和禜都是人在受到苦難時，對鬼神所發出的祝告、辭責，與本篇內容相合。孝子在父母有疾之時，心中自然是傷痛萬分，故舉行攻禱和禜禱，以求免去父母之疾。另一方面，由於生病並不是常態，也不是吉祥的事，正和六祈中的攻、禜是屬於凶禮，不是常禮的性質相符合。

至於「昧」字，廖名春先生的看法，有兩個問題。首先，「昧」若釋爲「社祭」之「割」，則是指祭土神，與父母之疾無關；其次，「時」若釋爲「按時」，則「攻」、「禜」這兩種「非常禮」的祭祀，又如何能「按時」舉行？因此，仍是以原考釋較佳。

故「時昧攻縈行祝於五祀」可斷句爲「時昧攻、縈，行祝於五祀」，意爲「時在昧爽之際舉行攻、禜之祭，舉行五祀的祭禮」。「時昧」，意爲「時在昧爽」。攻與禜是兩種求福去禍的祝禱，而「五祀」是指對「戶、灶、中霤、門、行」所行的祭祀，同樣是爲了求家居平安。那麼「時昧攻縈行祝於五祀」中的「行」字，就不應是五祀中的「行」，因爲「五祀」已包括了「行」。本句「行」字，不應是祭名，應當動詞，爲「舉行」之意。

剴（剴／豈）必又（有）益，君子㠯（以）城（成）亓（其）孝。原考釋釋「剴」爲「剴」。孟蓬生先生〈上博竹書閒詁續〉讀爲「豈」，全句謂「（父母有病時舉行，兒子舉行各種祭祀祈禱活動）難道一定對事情有所補益嗎，君子是借此來成全他的孝道呀」，可從。

　　林素清先生〈釋匱〉以爲〈昔者君老〉簡三的竹簡形式與〈內豊〉完全一致，應該可以合併。並以〈內豊〉簡 8 下接〈昔者君老〉簡 3，以〈內豊〉附簡接簡 9，全文作（ABC 的分段是我們爲了方便討論加上的）：

　　　　(A)君子曰：「孝子父母有疾，冠不介（櫛），行不頌（容），不衺（悴）立，不庶（惰）語。時（造）、昧（類）、功（攻）、縈 (禜)，行祝於五祀，豈必有益，君子以成其孝，【8】能事其親。」

　　　　(B)君子曰：「子眚（姓）割（曷）？喜於內不見於外，喜於外不見於內；慍於外，不見於內 =（內；內）言不以出，外言不呂入。舉美廢惡，【昔 3】是謂君子。

　　　　(C)君子曰：「孝子事父母，以食惡美，下之，□□【9】無難。毋忘姑姊妹而遠敬之，則民有禮。然後奉之呂中庸。【附簡】

　從形式上來看，這樣的合併好像很合理。但是，從內容來看，A、C 段談的是孝子事父母之事，而 B 段則看不出有孝子事父母的內容，是則這樣的拼合似乎有點勉強。附簡的文字與〈內豊〉不是同一書手之作，也不宜和簡 9 拼合。

⑬ **孝子事父母，呂（以）飤（食），亞（惡）旡（嫩）？下之……**

　　原考釋讀爲「孝子事父母，以食惡，嫩下之」，意爲「孝子事父母，自己要食以粗糧，不求美味」。廖名春先生〈內豊劄記二〉則讀爲「孝子事父母，以食惡美，下之。」意爲「孝子事父母，飲食的好壞，是次要的」。曹建敦先生〈內豊札記〉讀爲「孝子事父母以食，惡嫩下之」。井上亘先生〈內豊編聯〉讀爲「孝子事父母，以食惡美下之」。

　　思婷按：原考釋之說偏重在「子女自己的飲食」，但是子女自己吃得好不好，這和孝順父母似乎沒有必然的關係。廖文謂「孝子事父母，

飲食的好壞，是次要的」，這樣的說法在文意上較直接切合事奉父母之道。本文贊成廖說，但「以食惡嬓」一句，似可斷讀爲「孝子事父母以食，惡嬓？下之。」「惡」讀爲 wu，作疑問指稱詞「怎麼（能）、哪裡（能）」，有反詰之意。「孝子事父母以食，惡嬓？下之。」意爲「只是能做到奉養父母，有什麼值得稱美的呢？這只是孝順父母最基本的表現罷了。」廖文引《禮記‧祭義》：「曾子曰：『孝有三：大孝尊親，其次弗辱，其下能養。』」等書證，已將子女奉養父母的層次說明得十分詳細，《論語‧爲政》亦云：

> 子游問孝。子曰：「今之孝者，是謂能養。至於犬馬，皆能有養；不敬，何以別乎？」

> 子夏問孝。子曰：「色難。有事弟子服其勞，有酒食先生饌，曾是以為孝乎？」

可見對父母只有做到口體之養，而沒有恭敬的心，並不足以稱道。子女若只做到「事父母以食」，因此〈內豊〉的「君子」給予「下之」的評論。

本簡下殘，應該還有文字。林素清先生〈釋匱〉以本篇附接接簡9，中間補兩個缺字空格。全句謂爲「君子曰：『孝子事父母，以食美惡，下之。□□無難，毋忘姑姊妹而遠敬之，則民有禮，然後奉之以中庸。』」思婷案：姑不論這兩簡所論內容實不相類似，不宜拼接，即以文字而言，這兩簡的書寫習慣其實是不同的。福田哲之先生〈內豊歸屬〉指出：

> 儘管附簡與《內禮》在書寫風格上有許多相似性，但附簡中「亡（無）」、「母（毋）」、「而」、「敬」、「則」、「民」、「豊（禮）」、「中」等字與《內禮》《昔者君老》中的相應字在字形方面間有許多不同。而這些字與上博五《季康子問於孔子》的字形剛好吻合。因此我們可以指出《內禮》附簡應歸於《季康子問於孔子》。

福田說可從。最明顯的例子是「而」字，〈內豐〉「而」字作「![而字形]」、「![而字形]」二形，而附簡則作「![而字形]」，字形風格明顯不同。而附簡與〈季康子問於孔子〉的確最爲接近。因此我們傾向附簡不應放在〈內豐〉篇。本篇將之附於篇末，僅作簡單的注釋。

⑭ 古（故）爲季（少）必聖（聽）長之命，爲戔（賤）必聖（聽）貴之命。從人觀（勸），狀（然）則孕（免）於戾

原考釋讀「聖」爲「聽」，讀「戔」字爲「賤」。均可從。聖、聽古本一字。「觀」，原考釋讀爲「勸」，全句斷讀爲「從人勸，然則免於戾」。林素清先生〈釋匱〉、井上亘先生〈內豐編聯〉讀爲「從人歡（懽）然，則免於戾。」。

思婷案：「觀、勸、歡、懽」皆从「雚」得聲，均可通假。細思本節文意，少聽長、賤聽貴，似以釋爲「勸」較合適。勸，教也，參《故訓匯纂》257頁。「然則」一般多用於轉則複句，但是也有用於順接的複句，相當於白話「那麼、如此」之意，如《荀子·王霸》「彼持國者，必不可以獨也，然則彊固榮辱在於取相矣。」。

「孕」，从丌、从子，楚簡多見，即「娩」字古體，參李零〈讀《楚系簡帛文字編》〉，《出土文獻研究》第5輯139-162頁、〈郭店楚簡校讀記〉，《道家文化研究》第十七輯，455-542頁；李家浩先生《九店楚簡》146頁。

戾，罪惡。《爾雅·釋詁上》：「戾，辠也。」辠，古罪字。因此「從人勸，然則免於戾」，意即「聽從別人的教導，如此就可免於過錯。」

⑮ 亡（無）戁（難）。母（毋）忘姑姊妹而遠敬之，則民又（有）豐（禮），狀（然）句（後）奉之昌（以）中臺（準）

　　福田哲之先生以爲本簡字體與《上博五・季康子問於孔子》字體、內容相近，不應置於本篇。其說有理，姑且略注於此。「姊」，原考釋隸「婡」括號「姊」。旭昇案：此字即「姊」可從，但隸定稍有可商。此字右旁即「朿」字，並不從來從子（楚簡從來從子即「李」字）。

　　「姑姊妹」，原考釋謂「即父親的姊姊，姑母」。林素清先生〈釋匰〉認爲「姑、姊、妹」是三種不同身份的親屬。思婷案：《禮記・曲禮上》：「姑姊妹女子子，已嫁而反，兄弟弗與同席而坐，弗與同器而食。」與簡文意近。古籍中常見「姑姊妹」一詞，指父親的姊妹，如《公羊傳・莊三年》：「請後五廟，以存姑姊妹」、《禮記・雜記下》：「妻視叔父母，姑姊妹視兄弟，長、中、下殤視成人。」又由「遠敬之」來看，「敬」應是對於長輩的態度，原考釋之說應可從。

　　中臺，即「中庸」。原考釋以爲「或孳乳爲『敦』字，或孳乳爲『錞於』之『錞』。此處爲『錞』字，與『準』通」。李銳先生〈讀上博四札記(二)〉以爲「疑當視爲『塘』字古文而讀爲『庸』，其上下文是『然後奉之以中庸』，也就是說『以中庸奉之』」。思婷案：庸、臺二形在戰國楚簡中已有混同現象，參本書〈曹沫之陳譯釋〉第六章注 11，此姑讀爲「準」。

　　旭昇案：此處談「毋忘姑姊妹而遠敬之」，屬家族禮儀類，讀「中庸」，似求之太深；而且本簡果真不屬〈內豊〉，其上下又有闕文，下文接何詞句不可知，姑從原考釋爲是。若讀「中準」，則「中準」不必是複詞，中，適合，《論語・微子》：「言中倫，行中慮。」即此義。準，準繩、標準。

# 相邦之道譯釋

陳思婷　撰寫

季旭昇　訂改

## 【題解】

　　本篇爲《上海博物館藏・戰國楚竹書（四）》第六篇，僅存殘簡四支，第四支簡句末有終結符號，並留餘白，當爲全篇最後一簡，餘三簡皆殘斷。現共存 107 字，其中合文 5，重文 1。原考釋者張光裕先生說明：「由於四簡字體相同，內容亦差相配合，故歸併爲一組。簡文原無篇題，今因末簡記孔子與子貢答問，涉及相邦之道，故以名篇。」

　　簡文內容可分爲兩部分，第一部分爲第一簡至第三簡，乃魯哀公與孔子對於「相邦之道」及「民事」二個問題的問答。哀公向孔子詢問「相邦」之道，孔子認爲相邦應以民之所欲爲先，收服強者、體察民患，處理政時則不得急躁，應待最佳時機始處理。民事方面，則需做到農人勤耕、工人勤事、庶人勤兵。第二部分則爲第四簡，乃孔子退出宮廷後與子貢之間的談話，孔子認爲哀公不問有邦之道，而問相邦之道，顯爲失問。

【釋文】

「……先其欲①，備（服）其弜（強）②，牧其惥（患）③，青（靜）已（以）寺（待）④，時＝（待時）出⑤，古（故）此事＝（事事）出政＝（政，政）毋忘所旬（治）事⑥，……【一】……□□□□人，可胃（謂）敻（相）邦⑦矣。」

公曰：「敢昏（問）民事⑧？」孔＝（孔子）……【二】……農夫勸於耕，以實官蒼（倉）⑨；百攻（工）慮（勸）於事⑩，已（以）實寶（府）庫；尿（庶）民⑪憧（勸）於四枳（肢）之褻（藝），已（以）備軍旅……【三】者（？）⑫。」

孔＝（孔子）退，告子贛（貢）曰：「虗（吾）見於君⑬，不昏（問）又（有邦）之道，而昏（問）敻（相）邦之道，不亦墊（愆）虖（乎）⑭？」子贛（貢）曰：「虗（吾）子之答也可（何）女（如）？」孔（孔子）曰：「女誻（汝思）⑮。」【四】

【語譯】

「……人民之所欲，相邦者應該先想到、先做到；人民（以及豪族）的強者，要讓他們悅服；人民的戚患要仔細察知；遇事勿急躁，宜靜而待之，謀定而後動，到最適當的時候才處理；勤於職守以出政令。政毋忘所治事，即毋忘所治理之事，…………人，可以稱得上是『相邦』了。」

魯哀公說：「請問民事方面的事？」孔子：「…………農民勉力於農耕，以充實官倉；百工勉力於器械製作，以充實府庫；庶民勉力於強身健體之技藝，用來準備軍事……者。」

　　孔子告退後，告訴子貢說：「我去面見國君，國君不詢問我治理邦國的道理，反而問我輔助邦國的道理，不是有所過失嗎？」子貢說：「夫子您的回答是什麼呢？」孔子說：「你想想吧。」

## 【注釋】

### ① 先其欲

　　原考釋謂：「凡謀事首需確知意欲所在，應有所爲而爲，故云『先其欲也』。」淺野裕一先生〈相結構〉以爲「其」當指「人民」，釋本句爲「巧妙引導人民的慾望」。

　　旭昇案：本篇開頭三句的「其」字都應該指人民。「先其欲」，謂人民之所欲，相邦者應該先想到、先做到。

### ② 備（服）其弱（強）

　　原考釋謂：「備，具也。……『備其強』當言厚儲實力，或亦隱含『陰陽備，物化變乃生』（馬王堆漢墓帛書《十六經·果童》）之意，與『君子強行，以待名之至也』（《上海博物館藏戰國楚竹書（二）·從政》）意亦相若。」

　　淺野裕一先生〈相結構〉釋本句爲「設法使人民精進努力於生計」。旭昇案：「相邦之道」是指已爲相邦之人，輔助國君治國之道；而不是未爲相邦之人，儲備相邦之能力。因此，本句的「其」字也應該指「人民」，「備」應該讀爲「服」（楚文字「備」多讀爲「服」），「服其強」意思是：人民（以及豪族）的強者，要讓他們悅服。

### ③ 牧其慸（患）

原考釋謂：「牧，於此固有引領、護牧之意，而《周易·謙卦》：『謙謙君子，卑以自牧也。』『自牧』，則又與修養攸關。『惓（倦）』字亦見《上海博物館藏戰國楚竹書（一）·孔子詩論》第四簡『民之又罷惓（倦）也』、又《性情論》第三十一簡『凡憂惓（倦）之事欲任，樂事欲後』，而『凡憂惓（倦）之事』於《郭店·性自命出》第62簡則書作『凡憂患之事』，『憂患』猶言憂慮，……《玉篇》：『倦，悶也。』《說文》：『悶，懣也。』又『懣』下云：『煩也。』……本簡『牧其惓（倦）』蓋指『如有煩悶憂慮則宜加以疏導及調息抒解』。」淺野裕一先生〈相結構〉釋本句爲「消解人民的倦怠」。

旭昇按：本簡「惓」字應讀爲「患」，意義較清朗；「牧」，察也，見《方言》卷十二。牧其患，謂人民的戚患要仔細察知。

④ 青（靜）㠯（以）寺（待）

原考釋謂「青」讀爲「靜」，郭店楚簡《性自命出》第62簡：「身谷青而毋欨。」「靜」，實爲上乘之修養功夫，「靜以待」，亦謀定而後動之前奏。

旭昇按：靜以待，謂相邦者遇事勿急躁，宜靜而待之，謀定而後動。此爲處事態度，與〈性自命出〉之「修養功夫」似無關係。

⑤ 時 =（待時）出

原簡作「🜯」，原考釋釋爲「寺 =」，認爲此乃「寺」字左下方附加合文符號，謂「寺寺」即「待時」之合文。……「待時出」云者，蓋深明「窮達以時」之至理，並已清楚表達欲爲君相邦者之心聲。

陳斯鵬先生〈初讀上博竹書（四）文字小記〉以爲此字包含「日」和「又」兩個部件，應隸爲「時 =」，仍讀爲「待時」淺野裕一先生〈相結構〉釋本句爲「時機到來後就發佈政令」。

思婷按：由簡文墨跡來看，此當爲「時＝」字，其合文符號位於右下方，陳讀「時＝」爲「待時」可從，釋義則仍從張光裕先生，「待時」之語常見於先秦典籍，如《左傳·莊公八年：「姑務修德，以待時乎！」旭昇案：待時出，謂「到最適當的時候才處理」。

⑥ 古（故）此事＝（事事）出政（政，政）毋忘所旬（治）事

本句學者皆未解釋。旭昇案：故此，疑釋「因此」。事事出政，首一「事」字疑當釋爲「勤」（見《爾雅·釋詁·下》）；次一「事」字釋爲「職守」（見《荀子·大略》「臣道知事」楊倞注），全句謂：勤於職守以出政令。政毋忘所治事，即毋忘所治理之事。末一「事」字原缺，據殘餘字形，似爲「事」字。

⑦ 叟（相）邦

原考釋謂「叟（相）邦」一辭，先秦文獻未見稱述，於金文則見於《中山王嚳方壺》、《二年相邦春平侯劍》，……皆只用作名詞。」

思婷按：青銅器銘文之職官名「相邦」多見，然《相邦之道》將「相邦」與「有邦」對舉，由語法來看，顯然是將「相邦」作爲動名詞組，而非作爲官職之名。「相」即「輔佐、扶助」之意，《易·泰》：「輔相天地之宜。」孔穎達疏：「相，助也。」故知「相邦」即「輔佐助治理國家」之意。旭昇案：「相邦」，先秦多作「相國」，《戰國策》多見，《左傳·僖公廿三年》「吾觀晉公子之從者，皆足以相國」，用法與本篇類似。

⑧ 民事

原考釋謂「民事」素爲明君所重視。思婷案：「民事」一詞或指農事，如《左傳·襄公四年》「修民事，田以時」；或指「政事、民政」，如《國語·魯語下》：「天子及諸候合民事於外朝，合神事於內朝」；或

指「人民服徭役之事」，如《書・太甲》：「無輕民事，爲難。」此處應泛指人民之事。

⑨ 農夫勸於耕，以實官蒼（倉）

本簡簡首殘，淺野裕一先生〈相結構〉補「農夫勸於耕，以」，可從。

⑩ 百攻（工）懃（勸）於事

原考釋釋「懃」爲「勸」，「百工勸於事」，猶言百工勉力於事也。

⑪ 尿（庶）民

原考釋謂「首字疑乃『尿（庶）』字之殘，其下或爲民字。『尿（庶）民』一辭於《上海博物館藏戰國楚竹書（二）魯邦大旱》第二及第六簡中兩見，可取與本簡字形參對。若然，『庶民』正可與上文『百工（攻）』對言，於義亦合也」。

思婷案：楚系「庶」字多作 （包258）、 （包簽），然《上博（二）・魯邦大旱》「庶」字則作 ，蘇建洲學長《上博二校釋》484頁認爲其下从「眾」者，乃「庶民」之專用字。本簡此處雖殘泐，其詳不可知，但由「石」旁下方殘存筆畫來看，原考釋之說十分合理。

⑫ 懽（勸）於四枳（肢）之褺（藝），以實軍旅……者（？）

懽，原考釋讀爲「觀」。范常喜先生〈上博四四則〉、淺野裕一先生〈相結構〉讀爲「勸」，乃努力從事之意。思婷案：讀「勸」較合適，即「鼓勵」、「勸誘」之意。

「四枳」，原考釋讀爲「四肢」，謂又見《郭店楚墓竹簡・唐虞之道》第26簡：「四枳倦惰。」「枳」亦讀爲「肢」，「只、支」古音皆在照紐支部，故可通假。其說可從。

原簡末字僅存上半作「」，原考釋隸作「俀」，謂：「『四肢之藝』，所指應爲強身健體之技藝，且與軍事攸關，故下文云：『以備軍……』」。范常喜先生〈上博四四則〉則依據包山楚簡之（包4）改隸爲「旅」，並引《韓非子·顯學》「征賦錢粟以實倉庫，且以救饑饉備軍旅也，而以上爲貪」之語，謂「『四肢之藝』也可能是泛指農事而言。『藝』在先秦多指農業種植，如《尙書·禹貢》：『淮沂其乂，蒙羽其藝。』孔傳：『二水已治，二山已可種藝。』《詩經·唐風·鴇羽》：『王事靡盬，不能藝稷黍。』」

思婷案：范隸爲「旅」字，可從。但以爲本句「『四肢之藝』也可能是泛指農事而言」，則恐不恰當。上文已分別針對農工之事加以論述，此處再次重申農事，繮複無理。就「以實軍旅」來看，本句係針對軍事方面而言，故「勸於四肢之藝」應如原考釋所說，在強調「強身健體之技藝」。

第四簡簡首一字字跡模糊，原考釋釋「者」，待考。

⑬ 虗（吾）見於君

原考釋謂：「『君』雖未明指爲何君，然揆諸先秦文獻，多有魯哀公問於孔子之記載，且問答之間，孔子亦有逕稱『哀公』爲『君』者，如《荀子·哀公》：『魯哀公問於孔子曰：「寡人生於深宮之中，長於婦人之手，寡人未嘗知哀也，未嘗知憂也，未嘗知勞也，未嘗知危也。」孔子曰：「君之所問，聖君之問也。」』因疑本篇所稱『公』、『君』，或當指魯哀公而言。」

思婷按：魯哀公問政於孔子的記載頗多，可參詳《禮記·哀公問》、馬驌《繹史·孔子類記一·哀公問》、《上博（一）·魯邦大旱》等文獻。

⑭ 不亦墊（怨）虖（乎）

「𢦏」，原考釋隸「𢦏」，從「歆」得聲，可讀爲「欽」，文獻中相同語例多於「不亦」下綴以「可」、「宜」、「異」、「善」等字。「不亦欽乎？」備見讚許之意。

孟蓬生先生〈上博四閒詁〉則讀爲「謙」，謂「歆」字古音在侵部，「謙」字古音在談部，且兩者皆爲喉牙音，故得相通。問話者爲一國之君，不問有國（統治國家）的道術，卻問幫助治理國家的道術，有降低身份的意思，故孔子稱之爲「謙」。董珊先生〈上博四雜記〉則讀作「愆」，意即孔子認爲哀公失問：

> 「不亦」之下的字從整體結構來看，可相當於曾侯乙編鐘所見之「遣」字。我們認爲，孔子說「吾見於君，不問有邦之道，而問相邦之道」含有責備之意，據此，該字可讀爲「愆」，訓爲「失」，「不亦愆乎」的意思是說：哀公他不向我詢問有邦之君道，卻跟我問做相邦這種臣道，這不是失問了麼？孔子實際是在跟子贛說魯哀公詢問不當。

思婷按：董說以爲可相當於曾侯乙編鐘所見之「遣」字。其說可從，而言之未盡。曾侯乙墓之樂律銘文有（1）🈁（下·一·1等）、（2）🈁（中·一·11等）、（3）🈁（磬下7等）等字，裘錫圭先生認爲「甲骨文和西周金文的『書』都作『𦥑』，上引（2）與（3）的左旁應是『書』的異體。『ᐁ』即《說文》『讀若愆』的『辛』字省體。『愆』、『遣』讀音極近，所以『書』字加注『辛』聲。古文字裡常見由同音或音近的兩個字合成的字，……🈁也屬於這一類。（1）的左旁與此顯然是一個字，它省去了『書』所從的『臼』而加注『辛』聲。」由字形而言，🈁（🈁）左上部件應爲「書」之省體並加注「辛」聲，郭店《語叢四》第十九簡：「善事其上者，若齒之事舌，而終弗🈁（齰）」。「齰」即讀作「愆」。遣、愆古音皆在溪紐元部，《說文·心部》：「愆，過也。」義爲差錯之意。「不亦愆乎」即孔子對哀公失問之評語。文獻中「不亦……乎」之語例十分常見，句意有褒有貶。哀公不問「有邦之道」，只問「相邦之

道」，疏於留意領導者所應注意的，卻越俎代庖，關心相邦之道，並不
是很恰當的行爲。

何有祖先生〈上博簡試讀三則〉以爲此字當隸作「墊」，疑讀作
「戀」，愚也。

旭昇案：此字作「🔲」，左上方字形「辛」下的部件不夠完整，很
難確定是什麼偏旁。董說讀「愆」、何說讀「戀」都有可能。依董說，
類似的旁證還可參《郭店・性自命出》簡62「身欲靜而毋欽」，「欽」
字作「🔲」，舊以爲從「言」、從「欠」；與「身欲靜而毋欽」同樣的
句子也見《上博一・性情論》簡27，但是相當於「欽」字的地方卻作
「🔲」，隸定可作「童」。「童」字應分析爲從「止」、「啻」聲，「啻」
爲「啻」之省，「啻」又見曾侯乙墓編鐘銘文，裘錫圭、李家浩先生〈曾
侯乙墓鐘、磬銘文釋文與考釋〉以爲此一偏旁應是「書」的異體（以
上討論可參《上博三讀本・彭祖》注18）。可見得「啻」可能省作「啻」、
也可能省作類似「言」形。〈相邦之道〉此字左上從「辛」聲，「辛」
下爲「自」省，並不從「口」，右旁從「欠」，全字當隸定作「墊」（從
「書」聲），讀爲「愆」；不得隸定作「墊」（從「欽」聲），讀「欽」、
讀「謙」，均非。依何說，則本簡即有「贛」字，左旁的「章」形很完
整，「🔲」字「辛」下方似殘缺稍多。兩說於文理均可通，究爲何字，
可以再討論。不過，以義理而言，孔子評哀公失問，謂之「愆」，即過
失，尙稱合理；評之「愚」，則稍嫌過當。茲從董說。

⑮ **女（汝）誯（思）**

「誯」，原考釋謂「『誯』，從言、從卤，卤形與《說文》古文『西』
近同，故字可隸作『誯』。『誯』，字書未見，字既從言，應與語辭相關。
『女誯』，於此疑或讀『如斯』。」

孟蓬生先生〈上博(四)閒詁〉則指出「誯」字自古已有，並謂「誯」
即「訊」字：「《說文・言部》：『訊，問也。從言，卂聲。🔲，古文訊

從卥。』古音西聲與卂聲同屬心紐，而韻部真文相近，故得相通。《字彙》以後，《康熙字典》、《漢語大字典》皆以「詴」為「哂」的俗字，非古義也。『如詴（訊）』的意思是說，君問我以相邦之道，我即以相邦之道來回答他。」董珊先生〈上博四雜記〉謂：「『詴』可能讀為『哂笑』之『哂』，孔子是說：就像哂笑一樣回答了他。其諷刺之語如何，從殘餘簡文已經難以看出。」淺野裕一先生〈相結構〉以為「西」與「察」音近，因而「詴」可以讀為「察」，釋為「汝察（讓你想吧）」。何有祖先生〈上博簡試讀三則〉同意董釋，謂「如哂」即「如哂笑哀公之戀愚般回答了哀公」。

思婷案：原考釋張光裕先生釋「如詴」為「如斯」，即作為指示辭，其義同於「如此」，換言之，孔子回答子貢說：「像這樣。」「如斯」雖常見於儒家典籍，但張光裕先生已云「『如斯』作為動賓結構且以答問形式單獨出現者，則僅此一見」，且子貢在哀公與孔子問答之時並未在場，即使孔子回答「像這樣」，子貢還是無法理解孔子應答的內容。孟蓬生先生釋「詴」為「訊」與《說文》合，「詴」亦出現於上博（五）《姑成家父》簡一，沈培先生〈上博簡《姑成家父》一個編聯組位置的調整〉據孟說釋為「迅」。不過，把本句釋為「『如詴（訊）』的意思是說，君問我以相邦之道，我即以相邦之道來回答他」，好像添加了太多字，單從「如訊」二字似乎不容易體會出這麼複雜的意義。

於此，我們另提出一個想法，由於第四簡文末有結束符號，因此也不可能在「女詴」之後又另有補述之語，「女詴」或可讀為「汝思」，即孔子讓子貢自行思索平日所學之意。「女」通「汝」，「詴」字，從言、從西，隸定作「詴」是沒問題的。「西」字來源有二，其一羅振玉以為象鳥巢形；其二則為「卥」之假借，「卥」為心紐真部，「西」為心紐脂部，二字上古聲同，韻為陰陽對轉（參張玉金先生〈釋甲骨金文中的「西」和「卥」字〉，《中國文字》新 25 期，頁 59~74。）簡文「詴」所從之「西」，應是第二種來源。《說文·心部》：「思，從心、囟聲。」

「思」與「諰」聲同韻近，可以通用，故「女諰」可釋爲「汝思」，即「你好好想想吧」。《荀子‧子道》篇中亦有一段記載，其內容同樣是孔子在回答哀公之問後，和子貢討論的情形：

> 魯哀公問於孔子曰：「子從父命，孝乎？臣從君命，貞乎？」三問，孔子不對。孔子趨出以語子貢曰：「鄉者，君問丘也，曰：『子從父命，孝乎？臣從君命，貞乎？』三問而丘不對，賜以為何如？」子貢曰：「子從父命，孝之國，有爭臣四人，則封疆不削；千乘之國，有爭臣三人，則社稷不危；百乘矣。臣從君命，貞矣，夫子有奚對焉？」孔子曰：「小人哉！賜不識也！昔萬乘之家，有爭臣二人，則宗廟不毀。父有爭子，不行無禮；士有爭友，不為不義。故子從父，奚子孝？臣從君，奚臣貞？審其所以從之之謂孝、之謂貞也。」

此段文字與〈相邦之道〉相同在記載孔子向子貢轉述哀公所提的問題之後，師生之間的討論。在《荀子‧天道》中，孔子直接問子貢：「賜以爲何如？」在〈相邦之道〉中，孔子則是回答子貢：「汝思。」可見孔子非常鼓勵學生發表、思考自己的看法，關於這一點，我們從《論語》即可窺見中孔子與門人之間的相處情形，例如〈先進〉篇中孔子與子路、曾晳、冉有、公西華等四位弟子的談話，從子路的「率爾而對」與其餘三位弟子的回答，以及〈公冶長〉孔子讓顏淵、子路「各言爾志」後，子路又再請教「願聞子之志」的記載，可以知道孔子和學生的師生關係是平等而和諧的，老師可詢問學生的看法，學生也可以請教老師的意見。孔子對學生因材施教、循循善誘的教學方法，使他獲得門人的愛戴與親近。

在《論語》的記載中，常見孔子對門人談論爲政之道；另一方面，孔子亦常因材施材，甚至有「不教之教」的方式。《論語‧爲政》：「子曰：『學而不思則罔，思而不學則殆。』」孔子主張學思並重，故〈相邦之道〉中，子貢詢問孔子與魯哀公是如何談論「相邦之道」的內容

時，孔子只是簡短回答：「汝思。」即是要子貢從孔子平日的言論去思索理解，而不作立即之回應，正如《論語　子罕篇第九》：「子曰：『吾有知乎哉？無知也！有鄙夫問於我；空空如也，我扣其兩端而竭焉。』」啟發學生主動反省的能力與精神，即是一位良師所能給學生的最佳教育。

　　旭昇案：孟說讀「誩」為「訊」，可通，但感覺上孔子這樣的回答意義不太大。董、何釋為「如哂」，細查全篇殘存的內容，哀公雖然不詢問「有邦之道」，反而問「相邦之道」，但孔子仍然平實地回答，似未有如哂笑般的回答內容。陳說在師生對答上較有意義，茲從陳說。

# 〈曹沫之陳〉譯釋

高佑仁 執筆　朱賜麟 協撰

季旭昇　改訂

## 【題解】

　　〈曹沫之陳〉是《上海博物館藏戰國楚竹書（四）》的第七篇，據原考釋者李零先生〈說明〉，全篇共有 65 支簡，完簡最長 47.5 釐米，全篇共 1788 字，含合文 10 字、重文 4 字。第 2 簡背有篇題「敔（曹）蔑之戰（陣）」。內容是記魯莊公、曹沫問對，開頭是論政，後面是論兵，篇題主於論兵，蓋視之爲兵書。

　　本篇由曹沫諫魯莊公鑄大鐘開始，曹沫先舉堯舜「貧於美而富於德」，以「富德」爲全篇綱領，其次提出「修政善民」以爲保國勝敵之本。接著莊公問戰陳守邊，曹沫答以固謀克政，修城繕甲厲兵，勿先作怨於鄰邦；和邦、和豫、和陳三者之中，和陳爲最末，以下分別展開解釋。繼論用兵之機、復戰之道、攻守之要，歸其要於「爲親、爲和、爲義」，最後提出三代興亡之關鍵在「恭儉以得之，驕泰以失之」。是一篇典型的春秋兵戰思想的作品。

　　朱賜麟學長〈曹劌思想〉以爲本簡所稱「莊公將鑄大鐘」的時間，應在莊公十一年夏五月再敗宋師於鄑之後（西元前 683 年）；曹劌對魯莊公問最可能的發生時間，應該在莊公十二年至十三年之間。

　　本篇簡序，學者有很多不同的意見，本文無法一一討論。以下，我

們把各家的簡序列出來，以便看出各家的改進之處。

### 《曹劌之陣》各家簡序編聯（依發表時間序排列）

| | 李零 原考釋 | 陳劍 曹沫釋文 | 陳斯鵬 曹沫校理 | 李銳1 曹沫新編 | 白于藍 曹沫新編 | 李銳2 曹沫重編 | 邴尙白 曹沫注釋 | 高佑仁 曹沫研究 | 朱賜麟 曹沫思想 | 季旭昇 讀本 |
|---|---|---|---|---|---|---|---|---|---|---|
| 1. | 1 | 1 | 1 | 1 | 1 | 1 | 1 | 1 | 1 | 1 |
| 2. | 2 | 2 | 2 | 2 | 2 | 2 | 2 | 2 | 2 | 2 |
| 3. | 3 | 3 | 3 | 3 | 3 | 3 | 3 | 3 | 3 | 3 |
| 4. | 4 | 41 | 41 | 7下 | 41 | 41 | 41 | 41 | 41 | 41 |
| 5. | 5 | 4 | 4 | 8上 | 4 | 4 | 4 | 4 | 4 | 4 |
| 6. | 6 | 5 | 5 | 41 | 5 | 5 | 5 | 5 | 5 | 5 |
| 7. | 7 | 6 | 6 | 4 | 6 | 6 | 6 | 6 | 6 | 6 |
| 8. | 8 | 7 | 7 | 5 | 7上 | 7上 | 7上 | 7上 | 7上 | 7上 |
| 9. | 9 | 8 | 8 | 6 | 8下 | 8下 | 8下 | 8下 | 8下 | 8下 |
| 10. | 10 | 9 | 9 | 7上 | 9 | 9 | 9 | 9 | 9 | 9 |
| 11. | 11 | 10 | 10 | 8下 | 10 | 10 | 10 | 10 | 10 | 10 |
| 12. | 12 | 11 | 11上 | 9 | 11 | 11 | 11 | 11 | 11 | 11 |
| 13. | 13 | 12 | 12 | 10 | 12 | 12 | 12 | 12 | 12 | 12 |
| 14. | 14 | 13 | 13 | 11 | 13 | 13 | 13 | 13 | 13 | 13 |
| 15. | 15 | 14 | 14 | 12 | 14 | 14 | 14 | 14 | 14 | 14 |
| 16. | 16 | 17 | 17 | 13 | 17上 | 17 | 17 | 17 | 17 | 17 |
| 17. | 17 | 18 | 18 | 14 | 17下 | 18 | 18 | 18 | 18 | 18 |
| 18. | 18 | 19 | 19 | 17 | 18 | 19 | 19 | 19 | 19 | 19 |
| 19. | 19 | 20 | 20 | 18 | 19 | 20 | 20 | 20 | 20 | 20 |
| 20. | 20 | 21 | 21 | 19 | 20 | 21 | 21 | 21 | 21 | 21 |

| | 李零原考釋 | 陳劍曹沫釋文 | 陳斯鵬曹沫校理 | 李銳1曹沫新編 | 白于藍曹沫新編 | 李銳2曹沫重編 | 邴尚白曹沫注釋 | 高佑仁曹沫研究 | 朱賜麟曹沫思想 | 季旭昇讀本 |
|---|---|---|---|---|---|---|---|---|---|---|
| 21. | 21 | 22 | 22 | 20 | 21 | 22 | 22 | 22 | 22 | 22 |
| 22. | 22 | 23 | 23 | 21 | 22 | 29 | 23 下 | 29 | 25 | 25 |
| 23. | 23 | 24 | 24 上 | 22 | 29 | 23 下 | 24 上 | 24 下 | 58 | 23 下 |
| 24. | 24 | 25 | 30 | 23 | 24 下 | 24 | 30 | 25 | 23 下 | 24 上 |
| 25. | 25 | 26 | 37 上 | 24 | 25 | 25 | 29 | 23 下 | 24 上 | 30 |
| 26. | 26 | 62 | 31 | 25 | 23 下 | 26 | 24 下 | 24 上 | 26 | 26 |
| 27. | 27 | 58 | 32 | 26 | 24 上 | 62 | 25 | 30 | 62 | 62 |
| 28. | 28 | 37 下 | 33 | 62 | 26 | 58 | 26 | 26 | 33 | 58 |
| 29. | 29 | 38 | 34 | 58 | 62 | 49 | 62 | 62 | 34 | 37 下 |
| 30. | 30 | 39 | 35 | 49 | 58 | 33 | 58 | 58 | 35 | 38 |
| 31. | 31 | 40 | 36 | 33 | 37 下 | 34 | 37 下 | 59 | 36 | 39 |
| 32. | 32 | 42 | 28 | 34 | 38 | 35 | 38 | 60 上 | 28 | 40 |
| 33. | 33 | 43 | 29 | 35 | 39 | 36 | 39 | 37 下 | 37 上 | 42 |
| 34. | 34 | 44 | 24 下 | 36 | 40 | 28 | 40 | 38 | 49 | 43 |
| 35. | 35 | 45 | 25 | 28 | 42 | 37 上 | 42 | 39 | 48 | 44 |
| 36. | 36 | 46 上 | 26 | 37 上 | 43 | 63 下 | 43 | 40 | 46 下 | 45 |
| 37. | 37 | 47 | 37 下 | 63 下 | 44 | 48 | 44 | 42 | 59 | 46 上 |
| 38. | 38 | 63 上 | 38 | 48 | 45 | 59 | 45 | 43 | 60 上 | 47 |
| 39. | 39 | 27 | 39 | 59 | 46 上 | 60 上 | 46 上 | 44 | 37 下 | 63 上 |
| 40. | 40 | 29 | 40 | 60 上 | 47 | 37 下 | 47 | 45 | 38 | 27 |

| | 李零<br>原考釋 | 陳劍<br>曹沫釋文 | 陳斯鵬<br>曹沫校理 | 李銳1<br>曹沫新編 | 白于藍<br>曹沫新編 | 李銳2<br>曹沫重編 | 邴尚白<br>曹沫注釋 | 高佑仁<br>曹沫研究 | 朱賜麟<br>曹沫思想 | 季旭昇<br>讀本 |
|---|---|---|---|---|---|---|---|---|---|---|
| 41. | 41 | 31 | 42 | 37 下 | 63 上 | 38 | 63 上 | 46 上 | 39 | 23 上 |
| 42. | 42 | 32 上 | 43 | 38 | 27 | 39 | 27 | 47 | 40 | 51 下 |
| 43. | 43 | 51 下 | 44 | 39 | 23 上 | 40 | 23 上 | 63 上 | 42 | 29 |
| 44. | 44 | 50 | 45 | 40 | 51 下 | 42 | 51 下 | 27 | 43 | 24 下 |
| 45. | 45 | 51 上 | 46 | 42 | 50 | 43 | 50 | 23 上 | 44 | 50 |
| 46. | 46 | 30 | 47 | 43 | 51 上 | 44 | 51 上 | 51 下 | 45 | 51 上 |
| 47. | 47 | 52 | 48 | 44 | 32 上 | 45 | 31 | 50 | 46 上 | 31 |
| 48. | 48 | 53 上 | 49 | 45 | 30 | 46 上 | 32 | 51 上 | 47 | 32 |
| 49. | 49 | 32 下 | 50 | 46 上 | 52 | 47 | 52 | 31 | 63 上 | 52 |
| 50. | 50 | 61 | 51 上 | 47 | 53 上 | 63 上 | 53 上 | 32 | 27 | 53 上 |
| 51. | 51 | 53 下 | 27 | 63 上 | 32 下 | 27 | 60 下 | 52 | 23 上 | 60 下 |
| 52. | 52 | 54 | 52 | 27 | 61 | 23 上 | 61 | 53 上 | 51 下 | 61 |
| 53. | 53 | 55 | 53 上 | 29 | 53 下 | 51 下 | 53 下 | 60 下 | 29 | 53 下 |
| 54. | 54 | 56 | 51 下 | 32 下 | 54 | 50 | 54 | 61 | 24 下 | 54 |
| 55. | 55 | 57 | 58 | 61 | 55 | 51 上 | 55 | 53 下 | 31 | 55 |
| 56. | 56 | 15 | 62 | 31 | 56 上 | 30 | 56 | 54 | 32 | 56 |
| 57. | 57 | 16 | 53 下 | 32 上 | 56 下 | 32 上 | 57 | 55 | 50 | 57 |
| 58. | 58 | 46 下 | 54 | 51 下 | 57 | 31 | 15 | 56 | 51 上 | 15 |
| 59. | 59 | 33 | 55 | 50 | 15 | 52 | 16 | 57 | 30 | 16 |
| 60. | 60 | 34 | 56 | 51 上 | 16 | 53 上 | 46 下 | 15 | 52 | 46 下 |
| 61. | 61 | 35 | 57 | 30 | 59 | 60 下 | 33 | 16 | 53 上 | 33 |
| 62. | 62 | 36 | 15 | 52 | 60 | 32 下 | 34 | 33 | 60 下 | 34 |

| | 李零原考釋 | 陳劍曹沫釋文 | 陳斯鵬曹沫校理 | 李銳1曹沫新編 | 白于藍曹沫新編 | 李銳2曹沫重編 | 邴尚白曹沫注釋 | 高佑仁曹沫研究 | 朱賜麟曹沫思想 | 季旭昇讀本 |
|---|---|---|---|---|---|---|---|---|---|---|
| 63. | 63 | 28 | 16 | 53 上 | 46 下 | 61 | 35 | 34 | 61 | 35 |
| 64. | 64 | 48 | 59 | 60 下 | 33 | 53 下 | 36 | 35 | 53 下 | 36 |
| 65. | 65 | 49 | 60 | 53 下 | 34 | 54 | 28 | 36 | 54 | 28 |
| 66. | | 37 上 | 61 | 54 | 35 | 55 | 48 | 28 | 55 | 37 上 |
| 67. | | 59 | 63 | 55 | 36 | 56 | 49 | 37 上 | 56 | 49 |
| 68. | | 60 | 64 | 56 | 37 上 | 57 | 59 | 49 | 57 | 48 |
| 69. | | 63 下 | 65 | 57 | 49 | 15 | 60 上 | 48 | 15 | 59 |
| 70. | | 64 | | 15 | 63 下 | 16 | 37 上 | 46 下 | 16 | 60 上 |
| 71. | | 65 | | 16 | 65 上 | 46 下 | 63 下 | 63 下 | 63 下 | 63 下 |
| 72. | | | | 46 下 | 7 下 | 64 | 64 | 64 | 64 | 64 |
| 73. | | | | 64 | 8 上 | 65 上 | 65 上 | 65 上 | 65 上 | 65 上 |
| 74. | | | | 65 | 65 下 | 7 下 | 7 下 | 7 下 | 7 下 | 7 下 |
| 75. | | | | | | 8 上 | 8 上 | 8 上 | 8 上 | 8 上 |
| 76. | | | | | | 65 下 | 65 下 | 65 下 | 65 下 | 65 下 |

　　以下先列全篇釋文、語譯，再分章注釋。釋文用嚴式隸定，簡號用「【　】」表示，簡號後加「△」，表示僅存上段殘簡；「▽」表示僅存下段殘簡。簡號後加「上」、「下」表示原考釋拼為一簡，學者以為不當拼合而拆分者。

## 【釋文】

### 第一章　曹沫諫鑄鐘、論修政

敓（曹）蔑之戟（陣）【二背】

魯臧（莊）公牆（將）爲大鐘①，型既城（成）矣，敓（曹）蔑（沫）內（入）見曰②：「昔周室之邦（封）魯ㄑ，東西七百，南北五百③，非【一】山非澤，亡又（有）不民④ㄑ。今邦慇（彌）少（小）而鐘愈大，君亓（其）煮（圖）之⑤。昔黊（堯）之鄉（饗）坴（舜）也，飯於土鋽（簋），欲於土型（鉶）⑥，【二】而伐（撫）又（有）天下⑦，此不貧於敳（美）而福（富）於惪（德）與（歟）⑧？昔周室⑨□□□□□□□□□□□□□□□□【三△】□□競必勅（勝），可吕（以）又（有）悆（治）邦⑩，周等（志）是鷹（存）⑪。」

臧（莊）公曰【四一△】：「今天下之君子既可智（知）已⑫，篤（孰）能并（併）兼人【四▽】才（哉）？」

敓（曹）蔓（沫）曰：「君亓（其）毋員（慎）⑬，臣餰（聞）之曰：『忞（鄰）邦之君明，則不可吕（以）不攸（修）政而善於民，不肰（然）忎（恐）亡安（焉）⑭；【五】忨（鄰）邦之君亡（無）道，則亦不可吕（以）不攸（修）政而善於民，不肰（然）亡（無）以取之。』」

臧（莊）公曰：「昔池（施）胉（伯）⑮語募（寡）人曰：【六】『君子旻（得）之遊（失）之，天命ㄑ。』今異於而（爾）言ㄑ。」

敓（曹）蔓（沫）曰【七上】：「亡吕（以）異於臣之言，君弗聿（盡）⑯。ㄑ臣餰（聞）之曰：『君【八下】子以臤（賢）受（稱）而遊（失）之，天命ㄑ；吕（以）亡道受（稱）而殳（沒）身逑（就）莤（世）⑰，亦天命。不肰（然）君子以臤（賢）受（稱）害（曷）又（有）弗【九】旻（得）？以亡（無）道受（稱）害（曷）又（有）弗遊（失）？ㄑ』」

臧（莊）公曰：「曼（趦／慢）才（哉）！虗（吾）餌（聞）此言⑱ㄴ。」乃命毀（毀）鐘型而聖（聽）邦政，不畫【十】痝（寢）、不歓＝（飲酒）、不聖（聽）樂、居不褻曼（文）⑲，飤（食）不誐（貳）盥（菜）⑳【一一】，兼悉（愛）蔓（萬）民而亡（無）又（有）厶（私）也。【一二】～

## 第二章　論問陣、守邊城

還年而餌（問）於敆（曹）【一二】赦（沫）曰①：「虗（吾）欲與齊戰，餌（問）戠（陣）奚（奚）女（如）？獸（守）鄝（邊）城奚（奚）女（如）②？」

敆（曹）薉（沫）舍（答）曰：「臣餌（聞）之：『又（有）固愄（謀）而亡（無）固城，【一三】又（有）克正（政）而亡（無）克戠（陣）③』。三弋（代）之戠（陣）皆鷹（存），或呂（以）克，或呂（以）亡。且臣餌（聞）之：『少（小）邦尻（居）大邦之閟（間）④，啻（敵）邦【一四】交墨（地），不可呂（以）先夂（作）惰（怨）⑤，疆墨（地）母（毋）先而必取□安（焉），所呂（以）佢（拒）鄝（邊）⑥ㄴ；母（毋）悉（愛）貨資、子女，呂（以）事【一七】亓（其）俊（便）逤（嬖），所呂（以）佢（拒）內⑦；城章（郭）必攸（修），纏（繕）麿（甲）利（厲）兵⑧，必又（有）戰（戰）心呂（以）獸（守），所呂（以）爲倀（長）也⑨。」叡（且）臣之餌（聞）之：『不和【一八】於邦，不可呂（以）出豫⑩。不和於豫（舍），不可呂（以）出戠（陣）。不和於戠（陣），不可呂（以）戰（戰）。』是古（故）夫戠（陣）者，三嗸（教）之【一九】末⑪。君必不已，則緐（由）亓（其）杲（本）虖（乎）⑫？」【二十】～

## 第三章　論三教

臧（莊）公曰：「爲和於邦女（如）之可（何）？」

敄（曹）敫（沫）仓（答）曰：「母（毋）穫（獲）民皆（時）①，母（毋）敚民利，【二十】繡（紳／陳）攻（功）而飤（食）②，坙（刑）罰又（有）辠（罪），而賞箓（爵）又（有）悳（德）③。凡畜羣（群）臣，貴戔（賤）同坒（等）④，彔（祿）母（毋）賥（倍／背）⑤。《詩》於（固）又（有）之⑥曰：『幾（豈）【二一】犀（弟）君子，民之父母⑦。』此所呂（以）爲和於邦ٺ。」

臧（莊）公曰：「爲和於豫（舍）女（如）可（何）？」

敄（曹）敫（沫）曰：「三軍出，君自衒（率），【二二】必又（有）二衉（將）軍，母（每）衉（將）軍必又（有）礜（數）辟（嬖）夫＝（大夫），母（每）俾（嬖）夫＝（大夫）必又（有）礜（數）大官之帀（師）、公孫（孫）公子，凡又（有）司衒（率）㠱（長）【二五】□□□□□□□□□□□□□□□□□□□□，其（期）會之不難，所呂（以）爲和於豫⑧。」

衉（莊）公或（又）酳（問）【二三下】：「爲和於戠（陣）女（如）可（何）？」

仓（答）曰：「車閒（間）宍（容）伍（伍），伍（伍）閒（間）宍（容）兵⑨，貴【二四上】立（位）、砫（重）飤（食），思（使）爲前行。三行之邉（後），句（後）見耑（短）兵⑩，攴（什）【三十▽】五（伍）之閒（間）必又（有）公孫公子，是胃（謂）軍紀⑪。五人呂（以）敆（伍），＝（一人）【二六△】又（有）多，四人皆賞，所呂（以）爲剚（斷）⑫。毋上（尙）穫（獲）而上（尙）酳（聞）命，【六二▽】所呂（以）

爲母（毋）退⑬。銜（率）車吕（以）車，銜（率）徒吕（以）徒，所吕（以）同死。【五八】又戒言曰：『犇（奔），介（爾）正（定）祉（訌）⑭；不犇（奔），而（爾）或罌（興）或康（康）以【三七下】會。』古（故）銜（帥／率）不可思（使）犇＝（犇，犇）則不行⑮。戩（戰）又（有）聶（顯）道，勿兵吕（以）克⑯。」

臧（莊）公曰：「勿兵吕（以）克糸（奚）女（如）？」

畲（答）曰：「人之兵【三八】不砥礪（礪），我兵必砥礪（礪）。人之麞（甲）不緊，我麞（甲）必緊。人事（使）士，我事（使）夫＝（大夫）；人事（使）夫＝（大夫），我事（使）牆（將）軍；人【三九】事（使）牆（將）軍，我君身進。此戩（戰）之聶（顯）道。」【四十】～

## 第四章　論用兵之機

牆（莊）公曰：「既成（承）寄（教）矣，出帀（師）又（有）幾（機）①虖（乎）？」

畲（答）曰：「又（有）。臣餌（聞）之：三軍出，【四十】丌（其）逞（將）逞（卑）、父踓（兄）不廌（薦）、緜（由）邦卿（御）之②，此出帀（師）之幾（機）。」

臧（莊）公或（又）餌（問）曰：「三軍鷟（散）果③又（有）幾（機）虖（乎）？」

畲（答）曰：「又（有）。臣餌（聞）【四二】之：三軍未成戜（陣）、未豫（舍）④、行堅（阪）淒（濟）墜（障）⑤，此雙（散）果之幾（機）。」

臧（莊）公或（又）酮（問）曰：「戰（戰）又（有）幾（機）
虖（乎）？」

倉（答）曰：「又（有）。亓（其）厽（去）之【四三】不
遬（速），其遷（就）之不專（傅）⑥，亓（其）坒（啓）節不
疾⑦，此戰（戰）之幾（機）。是古（故）矣（疑）陳（陣）敗，
矣（疑）戰死⑧。」

臧（莊）公或（又）酮（問）曰：「既戰（戰）又（有）幾
（機）虖（乎）？」【四四】

倉（答）曰：「又（有）。亓（其）賞讖（鮮）虘（且）不
中⑨，亓（其）誣（誅）砫（重）虘（且）不訣（察）⑩，死者
弗收⑪，剔（傷）者弗酮（問），既戰（戰）而又（有）怠＝（怠
心）⑫，此既戰（戰）之幾（機）𠦒。」【四五】～

## 第五章　論復戰之道

臧（莊）【四五】公或（又）酮（問）曰：「『遉（復）敗
（敗）戰（戰）』又（有）道虖（乎）①？」

倉（答）曰：「又（有）。三軍大敗（敗）【四六上】，
死者收之，剔（傷）者酮（問）之②，善於死者爲生者③。君【四
七▽】乃自怠（過）㠯（以）敓（悅）於蔓（萬）民，弗琗（狋）
危墜（地），毋（毋）火猷（食）④【六三上】，毋誣（誅）
而賞，毋（毋）皋（罪）百眚（姓），而改亓（其）迣（將）⑤。
君女（如）親（親）𨔲（率），【二七▽】必聚群又（有）司
而告之：『二厽（三）子孚（勉）之，迣（過）不才（在）子，
才（在）【二三上】募（寡）人⑥。虗（吾）戰（戰）啇（適）

不訓（順）於天命」⑦，反（返）帀（師）將遑（復）戩（戰）⑧【五一下】；必訋（召）邦之貴人及邦之可（奇）士⑨炋（旅／御）卒事（使）兵⑩，母（毋）遑（復）岃（前）【二九△】棠（常）⑪。凡貴人，囟（使）処（處）前立（位）一行，遂（後）則見亡⑫。進【二四下】則彔（祿）篝（爵）又（有）棠（常）⑬，幾（機）莫之當⑭。」

戕（莊）公又䬯（問）曰：「『遑（復）盤戩（戰）⑮』又（有）道虖（乎）？」

倉（答）曰：「又（有）。既戩（戰）遑（復）豫（舍）⑯，虖（號）命（令）⑰於軍中【五十】曰：『纏（繕）犀（甲）利兵，明日牆（將）戩（戰）。』則𢍰（廏）厇（徒）剔（煬）⑱，㠯（以）盤遷（就）行⑱，【五一上】遊（失）車犀（甲），命之母（毋）行⑲，盟＝（盟〔明〕日）⑳牆（將）戩（戰），思（使）爲前行。牒（諜）人㉑【三一▽】坴（來）告曰：『亓（其）遥（將）衒（帥）聿（盡）剔（傷），載（車）連（輦）皆㦸（戈）㉒。』曰牆（將）早行㉓。乃 命 白徒：『早飤（食）戗（釐）兵，各載尒（爾）贊（藏）㉔。』既戩（戰）牆（將）敳（量），爲之【三二】母（毋）怣（怠），母（毋）思（使）民矣（疑）㉕，迖（及）尔龜篝（筮）㉖，皆曰『剩（勝）之』，改縶（冒）尒（爾）鼓㉗，乃遊（秩）亓（其）備㉘。明日遑（復）戝（陣），必迊（過）亓（其）所㉙，此『遑（復）【五二】盤戩（戰）』之道。」

戕（莊）公或（又）䬯（問）曰：「『遑（復）甘（酣）戩（戰）㉚』又（有）道虖（乎）？」

倉（答）曰：「又（有）。必【五三上】慭（慎）㠯（以）戒㉛，客（焉）牆（將）弗克㉜？母（毋）冒㠯（以）逜（陷），

必迡（過）前攻㉝。【六十下】賞䐿（獲）詥（飭）挙（葸）㉞，
已（以）懽（勸）亓（其）志。埇（勇）者憙（憙／喜）之，宄
（惶）者愻（悔）之㉟；蔓（萬）民【六一△】贛（貢）首，皆
欲或（克）之㊱，此『遉（復）甘戲（戰）』之道。」

　　臧（莊）公或（又）䛡（問）【五三下】曰：「『遉（復）
故（苦）戲（戰）㊲』又（有）道虖（乎）？」

　　畣（答）曰：「又（有）。收而聚之，䋣（束）而厚之㊳，
賍（重）賞泊（薄）荦（刑），思（使）忘亓（其）死而見（獻）
亓（其）生㊴，思（使）良【五四】車、良士往取之餌㊵，思（使）
亓（其）志迉（起）；龯（勇）者思（使）憙（喜），挙（葸）
者思（使）昬（悔）㊶，狀（然）句（後）改訋（始）㊷，此『遉
（復）故（苦）戲（戰）』之道。」【五五】〜

## 第六章　論善攻、善守者

　　臧（莊）公或（又）䛡（問）曰：【五五】「善攻者系（奚）
女（如）？」

　　畣（答）曰：「民又（有）寶（寶）：曰城、曰固、曰𢿾（阻）
①。三者書（盡）甬（用）不皆（棄）②，邦豪（家）已（以）
恟（宏）。善攻者必已（以）亓（其）【五六】所又（有），已
（以）攻人之所亡又（有）。」

　　臧（莊）公曰：「善獸（守）者系（奚）女（如）③？」

　　畣（答）曰：【五七△】「亓（其）飤（食）足已（以）飤
（食）之，亓（其）兵足已（以）利之，其城固【一五▽】足已
（以）戈（捍）之，卡＝（上下）和叡（且）祝（篤）④，緯（繙）

紀於大＝戔＝（大國，大國）斬（親）之⑤，天下【一六△】不
勑（勝）⑥。卆（卒）谷（欲）少弖（以）多⑦，少則惥（易）
軗（察）⑧，圪（迄）成則惕（易）【四六下】怠（治）⑨乚。
果勑（勝）矣乚，䖄（親）率勑（勝）⑩。吏（使）人，不親
（親）則不縳（綧／敦）⑪，不和則不祝（篤）⑫，不悆（義）
則不備（服）。」【三三】～

## 第七章　論爲親、爲和、爲義

　　臧（莊）公曰：「爲親（親）女（如）【三三】可（何）？」

　　含（答）曰：「君母（毋）懸（憚）自裻（勞）①，弖（以）
觀卡＝（上下）之靑（情）僞；佖（匹）夫㝔（寡）婦之獄詞（訟），
君必身聖（聽）之②。又（有）智（智）不足，亡（無）所【三
四】不中，則民斬（親）之。」

　　臧（莊）公或（又）酹（問）：「爲和女（如）可（何）？」

　　含（答）曰：「母（毋）辟（嬖）於佻（便）俾（嬖）③，
母（毋）倀（長）於父躉（兄），賞均（均）聲（聽）中④，則
民【三五】和之。」

　　臧（莊）公或（又）酹（問）：「爲義女（如）可（何）⑤？」

　　含（答）曰：「紳（陳）攻（功）赱（尙）臤（賢）⑥。能
緒（治）百人，事（使）倀（長）百人；能緒（治）三軍，思（使）
銜（帥）⑦。受（授）【三六】又（有）智，舍（予）又（有）
能⑧，則民宜（義）之。盡（且）臣酹（聞）之：『卆（卒）又
（有）倀（長）、三軍又（有）銜（帥）、邦又（有）君，此三
者所以戰（戰）乚。』是古（故）倀（長）【二八】民者毋図（攝）

簬（爵），母（毋）衆（御）軍，母（毋）辟（避）辠（罪），甬（用）都䰝（教）於邦【三七上】於民⑨。」

臧（莊）公曰：「此三者足呂（以）戰（戰）虖（乎）⑩？」

含（答）曰：「戒╹！勅（勝）【四九▽】不可不憖（慎）⑪╹。不夆（卒）則不互（恒）⑫，不和則不蔬（篤）⑬，不兼（謙）畏【四八△】……□丌（其）志者，募（寡）矣⑭【五九▽】～

## 第八章 論三代之所

臧（莊）公或（又）訇（問）曰：「虗（吾）又（有）所訇（聞）之：『一【五九▽】出言三軍皆懽（勸），一出言三軍皆逃（往）。』又（有）之虖（乎）？」

含（答）曰：「又（有）。明（盟）【六十上】䰍（詛）鬼神，勅（忽）武，非所以䰝（教）民①□君其智（知）之②。此【六三下】先王之至道。」

臧（莊）公曰：「歲（沬），虗（吾）言氏（寔）不，而女（毋）或（惑）者（諸）少（小）道與（歟）③？虗（吾）一谷（欲）訇（聞）三弋（代）斋＝（之所）④。」

敳（曹）歲（沬）含（答）曰：「臣訇（聞）之：『昔之明王之记（起）【六四】於天下者，各呂（以）亓（其）殜（世），以及亓（其）身⑤。』今與古亦列（間）【六五上】不同矣⑥，臣是古（故）不敢呂（以）古含（答）⑦。肰（然）而古╹亦【七下】又（有）大道安（焉）⑧，必共（恭）僉（儉）以尋（得）之，而喬（驕）大（泰）呂（以）遊（失）之。君丌（其）【八

上】亦隹（唯）䎽（聞）夫塁（禹）、康（湯）、傑（桀）、受
（紂）矣⑨。【六五下】」

## 【語譯】

### 第一章　曹沫諫鑄鐘、論修政

　　魯莊公將要鑄大鐘，鐘型已經做好了，曹沫進諫道：「從前周室
封魯邦，東西七百里，南北五百里，無論山野或水澤，都沒有不歸順
的人民。現在國家越來越小，而鐘卻越做越大，（人民將不服，）您
要好好考慮。從前堯饗舜，用土簋吃飯，用土鈃喝水，而擁有天下，
這不是對物質之美的追求很簡單，而對道德的修爲很講求嗎？從前周
室……。□□競必勝，可以有安定的邦國，這在周代典籍中仍有記載。」

　　莊公說：「如今天下的君子都很清楚地可以知道，那一位可以兼
併其它人呢？」

　　曹沫說：「您不要擔憂，我聽說：『鄰邦的國君英明，我們不可
以不修明政治善待人民，不然就會被滅亡；鄰邦的國君無道，我們也
不能不修明政治善待人民，不然就無法攻取他。』」

　　莊公說：「從前施伯曾跟寡人說：『君子得或失，都是天命。』
跟你說的不一樣。」

　　曹沫說：「跟我說的沒有什麼不同，只是您沒有把話想透。我聽
說：『君子被稱爲賢明而失位，這是天命；被稱爲無道卻能安然活到
壽終正寢，這也是天命。』不然，被稱贊賢明的人爲什麼有的不能得
位？被批評無道的人爲什麼有的卻長久保有？」

　　莊公說：「我這麼慢才聽到你這些話。」於是命令人把鐘型毀掉，

認真的處理國政，白天不睡覺、不喝酒、不聽音樂、居室不設置華麗的文彩、每餐只烹煮一樣菜式、兼愛萬民而沒有私心。

## 第二章　論問陣、守邊城

過了一年，莊公問曹沬說：「我想要跟齊國作戰，要怎樣佈置陣式？要怎樣守邊？」

曹沬說：「我聽說：『有堅固難破的謀畫，而沒有堅固不破的城牆；有絕對足以勝人的政治，而沒有絕對足以勝人的陣式。』三代的陣式現在都還留存著，有人以此勝敵，也有人以此滅亡。我聽說：『小邦居於大邦之間，國壤交接，不可以先挑起爭端。疆界地區不要先急著佔有，但是一定要取得安全防衛，這就是從邊防保衛的方法；不要捨不得貨財美女，要把貨財美女送給敵國的寵臣，這就是從敵人內部取得防衛的方法。城郭一定要修整好，修補好鎧甲，磨利兵器，要有必戰之心來防守，這是最好的防守之道。』我又聽說：『不和於邦，不可以出軍；不和於軍，不可以出陣；不和於陣，不可以出戰。』因此陣只是三教的最後階段。您一定要談，我們就由本開始談好嗎？」

## 第三章　論三教

莊公問：「為和於邦要怎麼做？」

曹沬說：「不要誤了人民耕種的時候，不要奪取人民的利益，計量臣子的功績而給予適當的報酬，對有罪的要給予刑罰，對有德的要給予爵賞。對待群臣，貴賤要用同一個標準，給予的報酬不要違背這個標準。《詩》早已說過：『愷悌君子，是人民的父母。』這就是為和於邦的做法。」

莊公問：「爲和於豫要怎麼做？」

曹沫說：「三軍出，國君要親自領導，一定要有二將軍，每位將軍之下一定要有幾位嬖大夫，每位嬖大夫之下一定要有大官之師、公孫公子。凡是有司領導……，軍隊的期會就不難了，這就是爲和於豫的做法。」

莊公又問：「爲和於陣要怎麼做？」

曹沫回答：「戰車之間要容納士卒伍，伍間要放置兵器，地位比較高的，俸祿比較多的排在前面。三行士卒之後，才是拿短兵的士卒。每什伍之間，一定要有公孫公子，這就叫軍紀。五人成爲一伍，其人一個人有功勞，另外四個也要一起獎賞，做爲裁定功過賞罰的標準。要求士卒不要只重視獲敵，而要重視聽從命令，這樣士卒就不會私自後退。率領戰車的人要跟戰車在一起，率領徒兵的人要跟徒兵在一起，這樣才能上下生死同命。又警戒道：「奔跑，你們的作戰隊形一定會亂掉；不奔跑，你們才能保持作戰隊形奮起、順利地依戰法聚合。」所以將帥不可以讓軍隊肆意奔跑，肆意奔跑就會不成陣式。戰爭有更明白的道理，那就是：不靠戰爭手段來求取勝利。」

莊公問：「不靠戰爭手段來求取勝利，要怎麼做？」

曹沫回答：「敵人的兵器不夠銳利，我兵器一定要銳利。敵人的鎧甲不夠堅固，我的鎧甲一定要銳利。敵人派遣士，我就派遣大夫；敵人派遣大夫，我就派遣將軍；敵人派遣將軍，我們就國君親自上任。這就是戰爭的顯道。」

## 第四章　論用兵之機

莊公問：「我已承教了，出師有關鍵的時機嗎？」

答：「有。臣聽說：敵方三軍出，他的將軍地位卑下、父兄都不推薦、戰爭又由朝廷指揮，這就是我方出師的關鍵時機。」

莊公又問：「三軍散果有關鍵的時機嗎？」

答：「有。臣聽說：敵方三軍還沒有排好陣形時、未完成安寨紮營時、正在爬斜坡過水岸時，就是我方散果的關鍵時機。」

莊公又問：「戰鬥有關鍵的時機嗎？」

答：「有。敵方離去的動作不夠快速，趨前不敢迫近，發動攻擊的時間點不夠迅速果決，這就是我方發動戰鬥的關鍵時機。因此佈陳遲疑必敗，戰鬥遲疑必死。」

莊公又問：「兩軍已經開戰了，有致勝的關鍵嗎？」

答：「有。敵方的獎賞淺少而不公平，誅殺苛重而不明察，戰死的沒有人收殮，受傷的沒有人恤問，已經開戰了而有懈怠之心，這就是我方致勝的關鍵。」


## 第五章　論復戰之道

莊公又問：「敗戰之後再戰，有方法嗎？」

答：「有。三軍大敗，死的要派人收殮，傷的要派人恤問，善待死傷者示好是為了安撫、鼓舞存活者。國君要自我認錯來取悅萬民，不要去田獵之類的危地，不吃熱食，以示自我處罰。不要責罰士卒的過錯，要獎賞他們的辛勞，也不要改換將軍。國君如果親自率領軍隊，一定要聚集相關的領導人，告訴他們：『你們要勉力，前次的戰敗，過錯不在你們，而在寡人。我們前次的戰役剛好不順天命，現在（我們反省檢討之後）將要回師再戰。』一定要召集國內的貴人及奇士，讓他們率領士

卒，不要再依照之前的隊形編排。所有的貴人都要讓他們排在軍隊的前面一行，如果排在後面，就會被滅亡；大家併力向前，那麼就可以依照戰功給予應有的賞賜，這樣進攻，就是最好的致勝關鍵時機。」

莊公又問：「戰況膠著之後再戰，有方法嗎？」

答：「有。已經交戰過後，重新紮營盤整，命令軍中：『修繕鎧甲、磨利兵器，明天要再戰。』命令廝徒準備好豐盛的食糧，以安頓已歸入編好戰鬥行列的戰士；失去車甲的戰士，命令他們不要再歸入戰車的行列，明天將要戰鬥，讓他們處在軍隊的前面。又安排我方的間諜來告訴我方將士說：『敵人的將帥都受傷了，車輦也都壞了，我們要早點進攻。』於是命令沒有受過戰鬥訓練的白徒：『一早吃飽飯，載運兵器，各自運好你們的緇重糧秣。』開戰之後要量其功過，不要懈怠，而使民疑；還要利用龜筮都說會勝利的占卜結果，鼓舞將士，改換鼓面所蒙的皮（所以欺敵），整理好軍備。明日回師再戰，一定會越過前日盤戰膠著的地點。這就是戰況膠著之後再戰的方法。」

莊公又問：「節奏沈滯的戰鬥之後再戰，有方法嗎？」

答：「有。一定要謹慎小心，那怎麼會不能打勝呢？不要過於冒進而陷於危險，穩紮穩打，一定能超越前次戰役所攻擊的地方。獎勵有斬獲的人、飭戒畏懼的人，以鼓舞他們的鬥志。讓勇攻的人歡喜，畏懼的人後悔；所有的百姓都願意獻出生命，要戰勝敵人。這就是節奏沈滯的戰鬥之後再戰的方法。」

莊公又問：「節奏快速的戰鬥之後再戰，有方法嗎？」

答：「有。把散失的戰士聚集起來，重新組織而厚待他們，有功的要重賞，有過的要輕罰，使戰士都忘記死亡的恐懼，而願意獻出他們的生命。讓好的車隊、好的士卒去攻取敵人的餌軍，讓他們的鬥志高昂。

讓勇敢的人歡喜，讓畏懼的人後悔，這就能改變前一次戰爭的情況，而能獲得更好的戰果。這就是節奏快速的戰鬥之後再戰的方法」

## 第六章　論善攻、善守者

莊公又問：「善攻者要怎麼做？」

答：「（保護人）民有三寶，就是城、固、阻，三者完全用到而沒有疏忽，邦家就會壯大。善攻者一定以他所擁有的（保護人民的善政），去攻擊敵人所沒有的。」

莊公問：「善守者要怎麼做？」

答：「他的糧食可以讓人民吃飽，他的軍隊可以應付戰爭，他的城牆堅固可以防衛敵人，上下和諧而親愛，結交於大國，大國愛護他，就不會被其它的國家打敗了。士卒寧可要少而精，能發揮多的功能，少就容易察知，等到成功的時候也好處理。如果戰勝，國君要親自處理勝利後的事務（獎賞之類）。人民不親長上就不會敦勉，不和睦相處就不會親愛長上，不認爲長上合於道義就不會服從。

## 第七章　論爲親、爲和、爲義

莊公問：「要怎麼做才能讓人民親近？」

答：「國君不要怕親自操勞，這才能看得出官吏上下的真僞；匹夫寡婦的獄訟，君君一定要親自聽審。國君所知或許有所不足，但是不會不公正。那麼人民就會親近長上。」

莊公又問：「要怎麼做才能讓人民與長上和睦相處？」

答：「不要偏私親信近臣，不要凌越諸父兄長，獎賞要公平，要聽公正的言語，那麼人民就會與長上和睦相處。」

莊公又問：「要怎麼做才能讓人民認為長上是正確的？」

答：「衡量功績時要推崇有能力的人。有能力治理百人的人，讓他當百人的領袖；有能力治理三軍的人，讓他率領三軍。官職要交給有知識、有能力的人。那麼人民就會認為長上是正確的。而且我聽說：『士卒有長、三軍有帥、國家有君，這三者是作戰的領導者。』因此領導人民的國君，不要捨不得把爵位賜給別人，不要干涉軍隊的作戰，不要逃避自己的過錯，要用這種態度來領導對國家人民的教化。」

莊公問：「做到親、和、義這三者，就足以與敵邦作戰（戰勝敵邦）了嗎？」

答：「要警惕！要求戰勝不可不謹慎。國君「為親、為和、為義」不卒，則事不恆久；不親和，則事不篤厚；不謙畏則………其志者，是很少的。」

## 第八章　論三代之所

莊公又問：「我聽說：『一句話可以讓三軍都振奮，一句話可以讓三軍都勇往直前。』有這種話嗎？」

答：「有。『只注意祭祀鬼神，而輕忽武事，不是教民之道。』希望國君您知道，這是先王傳下來最高的道理。」

莊公說：「沫，我先前所說的實在是不對的，應該是惑於小道吧。我很想聽聽三代成功的原因。」

　　曹沫說：「我聽說：『從前明王的興起，由於他們所處的世代，以及他們自身的修爲。』現代與古代容或有所不同，臣因此不敢以古代的情況來答覆您。但是古代的情況也有很好的道理，那就是：一定是以恭敬節儉得到天下，而以驕傲安逸失去天下。您應該要好好地聽聽禹、湯、桀、紂所以興亡的道理。」

# 分章注釋

## 第一章　曹沫諫鑄鐘、論修政

【釋文】

　　敓（曹）蔑之戟（陣）【二背】

　　魯臧（莊）公牆（將）爲大鐘①，型既城（成）矣，敓（曹）蘇（沫）內（入）見曰②：「昔周室之邦（封）魯ㄑ，東西七百，南北五百③，非【一】山非澤，亡又（有）不民④ㄑ。今邦愿（彌）少（小）而鐘愈大，君亓（其）者（圖）之⑤。昔堯（堯）之鄉（饗）坴（舜）也，飯於土輯（簋），欲於土型（鉶）⑥，【二】而戈（撫）又（有）天下⑦，此不貪於敓（美）而福（富）於悳（德）與（歟）⑧？昔周室⑨□□□□□□□□□□□□□□□□□□【三△】□□竸必勅（勝），可吕（以）又（有）怠（治）邦⑩，周等（志）是鳸（存）⑪。」

　　臧（莊）公曰【四一△】：「今天下之君子既可智（知）已⑫，篙（孰）能并（併）兼人【四▽】才（哉）？」

　　敓（曹）蘯（沫）曰：「君亓（其）毋員（惕）⑬，臣韻（聞）

之曰：『惌（鄰）邦之君明，則不可弖（以）不攸（修）政而善於民，不肰（然）忎（恐）亡安（焉）⑭；【五】叟（鄰）邦之君亡（無）道，則亦不可弖（以）不攸（修）政而善於民，不肰（然）亡（無）以取之。』」

臧（莊）公曰：「昔池（施）胉（伯）⑮語募（寡）人曰：【六】『君子曼（得）之遊（失）之，天命𠃊。』今異於而（爾）言𠃊。」

敨（曹）蠚（沬）曰【七上】：「[亡]弖（以）異於臣之言，君弗聿（盡）⑯。𠃊臣䎽（聞）之曰：『君【八下】子以臤（賢）叟（稱）而遊（失）之，天命𠃊；弖（以）亡道叟（稱）而殳（沒）身遼（就）葊（世）⑰，亦天命。不肰（然）君子以臤（賢）叟（稱）害（曷）又（有）弗【九】曼（得）？以亡（無）道叟（稱）害（曷）又（有）弗遊（失）？𠃊』」

臧（莊）公曰：「曼（趨／慢）才（哉）！虗（吾）䎽（聞）此言⑱𠃊。」乃命毇（毀）鐘型而聖（聽）邦政，不晝【十】痝（寢）、不歓＝（飲酒）、不聖（聽）樂、居不褻曼（文）⑲，飤（食）不戴（貳）䀂（菜）⑳【一一】，兼恖（愛）𡈼（萬）民而亡（無）又（有）厶（私）也。【一二】～

## 【注釋】

### ① 魯臧（莊）公牁（將）爲大鐘

原考釋讀「臧」爲「莊」。佑仁案：簡文所述「將爲」表示鐘尙未完成，簡文後談到「型既成矣」、「邦彌小而鐘愈大」，前者表示大鐘模範已成，但尙未熔鑄大鐘，後者表示魯莊公絕非第一次鑄鐘，只是鐘越

鑄越大，已達曹沬無法容忍的地步，才會內見而諫。與莊公同時的齊桓公，亦曾「欲鑄大鐘，昭寡人之名焉」，鮑叔也是極力勸阻，又《晏子春秋‧景公爲大鐘晏子與仲尼柏常騫知將毀第九》載景公鑄大鐘晏子、仲尼、柏常騫知鐘將毀，晏子勸諫「鐘大，不祀先君而以燕，非禮」，更是一語中的。

## ②敀（曹）藂（沬）內（入）見曰

原考釋在「說明」中指出「曹沬」古書有四種寫法：曹劌、曹翽、曹沬、曹昧。簡文又提供了一種新的異名。佑仁案：簡 1 作「敀藂」、簡 2 背作「敀蔑」、簡 5 作「敀蔓」、簡 12-13 作「敀敓」、簡 13 作「鼓薮」。原考釋指出「敀」字古文字多用爲「造」，與「曹」讀音相同，都是從母幽部字；「蔑」與「萬」、「沬」讀音亦相同，都是明母月部字。

## ③東西七百，南北五百。

原考釋以爲「此述魯之封域。《禮記‧明堂位》：『成王以周公爲有勳勞於天下，是以封周公於曲阜，地方七百里，革車千乘。』鄭玄注：『曲阜，魯地，上公之封，地方五百里，加魯以四等之附庸方百里者二十四，並五五二十五，積四十九，開方之得七百里。』」

旭昇案：鄭玄之意，魯上公封地方五百里（長寬各五百里），得二十五萬平方里，加以附庸方百里者二十四則爲二十四萬平方里，合計四十九萬平方里，開方之則爲方七百里。今據〈曹沬之陳〉，魯地只有東西七百里，南北五百里，得三十五萬平方里，比四十九萬平方里要少。

## ④非山非澤，亡又（有）不民

原考釋以爲：「指山澤以外的土地都有人居住」。廖名春先生〈曹沬劄記〉以爲「『非山非澤』的『非』，其實當訓爲隱、閒，也就是偏僻之『僻』」，將「非山非澤」解釋成「僻山僻澤」，謂「是說魯邦全

境“東西七百，南北七百”里之内，即使是偏僻的山澤，無一例外，所居住的都是魯之臣民。這是追溯魯國昔日的強大，以與今日的“小”作對比，說明“爲大鐘”之非。」李銳先生〈曹劇新編〉、〈曹劇重編〉皆讀「非」爲「匪」。蘇建洲學長〈曹沫一則〉以爲「『非』似可讀爲『鄙』。『非』，古音爲幫母微部；『鄙』，幫母之部，聲紐是雙聲，韻部則孟蓬生先生已指出『楚國方言中之部與脂微部有相混的情形。』」將「非山非澤」釋爲「鄙山鄙澤」，「鄙」意爲「郊外」之意。邴尙白先生〈曹沫注釋〉從其師周鳳五說謂「民」應爲「毛」之訛，「非山非澤，無有不毛」，極言當年始封地之沃美。

佑仁案：「民」字不誤。「非（幫微）」、「無（明陽）」，聲韻俱近，因此「非山非澤」可讀作「無山無澤」，「無山無澤」的「無」並不能訓作「沒有」，而應該釋作「無論」、「不論」，如《詩經·魯頌·泮水》「無小無大，從公於邁」。「無山無澤」即指無論哪一座山，無論哪一處澤（參拙文〈曹沫兩則〉）。

旭昇案：高讀「非」爲「無」，於意可通。《郭店·語叢四》「非言不酬，非德亡遑」，劉釗先生《郭店楚簡校釋》讀爲「靡言不酬，靡德無報」，以爲即《詩·大雅·抑》的「無言不讎，無德不報」。靡亦訓爲無。「不民」與「不臣」同類，「民」謂「歸順之民」，「亡有不民」謂「無有不歸順之民」。山澤多頑劣不順之流民，曹沫之意指昔周公封魯之時，東西七百里，南北五百里，山澤之民均歸順；今君鑄大鐘，民心將不服，君其圖之。

⑤ 君亓（其）者（圖）之

原考釋讀「者」作「圖」。廖名春先生〈楚竹書《曹沫之陣》與《慎子》佚文〉以爲簡文「君其圖之」，《慎子》佚文作「君何不圖之」，語氣雖稍有變化，但意思完全一致，都是表示曹劇的強烈要求，希望魯莊公重新考慮「鑄大鐘」之事。言外之意，就是希望魯莊公改弦更張，

爲珍惜國力而停止鑄造大鐘。

旭昇案：本句主旨承上「不民」，謂民將不服，君其圖之。曹沫用語含蓄，未明白說出「民將不服」。國華案：「惥（圖）」字首見《郭店・緇衣》簡 23。

⑥ 飯於土鐴（簋），欲於土型（鉶）

「飯」字原考釋隸定作「飯」，無說。「鐴」字原考釋謂「飯於土鐴」「讀『飯於土鎦』或『飯於土簋』。『簋』是見母幽部字『鐴』或『鎦』是來母幽部字，讀音相近。『鎦』同『簋』，是食器」。

佑仁案：與此同形之「飯」字又見《上博（二）・魯邦大旱》簡 6，作「𩚵」，舊釋「飽」，袁國華師〈上海博物館藏戰國楚竹書（二）字句考釋〉釋爲「飯」，可從。《墨子・節用》：「飯於土鎦，啜於土形」、《韓非子・十過》：「臣聞昔者堯有天下，飯於土簋，飲於土鉶」均作「飯」字。「鐴」，原考釋讀爲「簋」可從，字從「留（來幽）」，與「簋（見幽）音近可通。《墨子・節用》：「飯於土鎦」，《太平御覽》引《墨子》「鎦」作「軌」。

欲，原考釋以爲當是「歠」字之誤。蔡丹先生〈上博四《曹沫之陳》試釋二則〉引沙市周家台《醫方》簡 322「男子歙二七，女子欲七」，「欲」應表示「飲」、「服用」之意，故推測〈曹沫之陳〉和沙市周家台《醫方》簡文中『欲』字爲訛字的可能性較小。主張「欲」字據本字讀即可。陳偉武先生〈上博四零札〉以爲本篇與周家台之「欲」字左旁所從均應爲「𠫤（去）」之訛形，「去」可以有「盍」聲一讀，故此字當隸爲「故」，讀爲「歠」，《廣韻》：「歠，大啜。」

佑仁案：蔡說可從。《關沮秦漢墓簡牘》頁 129 周家台秦簡《醫書》簡 322「欲」與「歙」相對，當非訛字，或爲當時一種特殊用法。陳說以爲「故」之訛形，釋爲「歠」，於義甚佳。但周家台與本篇「欲」字

左旁均作「谷」不作「吞」，陳說還需要更多證據來證成。

⑦ **而𢏱（撫）又（有）天下**

　　𢏱，原考釋讀作「撫」。佑仁案：《說文·攴部》：「𢏱，撫也。讀與撫同。」《廣雅·釋詁一》：「撫，有也」。

⑧ **此不貧於敚（美）而福（富）於悳（德）與（歟）**

　　敚，原考釋讀作「美」。廖名春先生〈曹沫剳記〉以為「『美』指講究飲食，即美食。」孟蓬生先生〈竹書四閒詁續〉以為「美」應讀為「味」，與「德」字相對，疑當讀「味」，指食味，即各種食物，貧於味指在飲食方面儉嗇。

⑨ **昔周室**

　　「室」字殘泐甚嚴重，僅存最上一筆，原考釋作「□」。陳劍先生〈曹沫釋文〉作「室」。佑仁案：補「室」字，依文義可從。其下約殘 15~16 字，加簡 41 上約殘 2 字，其內容應是周王室「可以有治邦」之原因。

⑩ **□□競必勶（勝），可㠯（以）又（有）怠（治）邦**

　　原考釋於「競」字前補「乎」字。陳劍先生〈曹沫釋文〉認為本簡前端尚闕兩字，但不補「乎」。「競」字原考釋讀「競」為「境」，陳斯鵬先生〈曹沫校理〉據本字讀。佑仁案：簡殘，不必勉強補字釋字，此處所述為邦國必勝，保有治邦之道。

⑪ **周等（志）是鷹（存）**

　　周等，原考釋讀為「周志」，以為「《左傳·文公二年》引《周志》『勇則害上，不登於明堂』，據考，即《逸周書‧大匡》文。湖北省荊沙鐵路考古隊《包山楚簡》簡 133、132 反有類似用法的『等』字（前

者作『𢼄』，後者作『等』），疑亦讀爲『志』」，以爲即《左傳》之「周志」。

　　陳劍先生〈曹沫釋文〉讀爲「周典」，以爲「『等』字可與『典』通，如《周易·繫辭上》『而行其典禮』釋文：『典禮，京作等禮。』『周典』較『《周志》』範圍寬泛，簡文講成『周典是存』似更好。」佑仁案：楚簡「等」多讀爲「志」，未見讀爲「典」者，讀「志」即可。

　　𡪡，原考釋讀作「存」。佑仁案：《郭店·語叢四》簡9「竊鉤者誅，竊邦者爲諸侯。諸侯之門，義士之所𡪡」，裘錫圭注云：「『𡪡』字古有『薦』音（參看《窮達以時》注六），『薦』正是文部字。『薦』『存』古通，此『𡪡（薦）』字可依《莊子》讀爲『存』。」

## ⑫今天下之君子既可智（知）已

　　旭昇案：君子，當指當時各國的國君。

## ⑬君亓（其）母員（惽）

　　員，原考釋讀「惽」，《說文》訓「憂」。陳斯鵬先生〈曹沫校理〉先生〈曹沫校理〉讀作「損？」。佑仁案：原考釋之說可從。

## ⑭不肰（然）㤅（恐）亡安（焉）

　　㤅，原考釋隸定作「㤅」讀作「任」，全句謂「指聽任敵國來滅亡自己」。陳劍先生〈曹沫釋文〉隸爲「㤅」，以爲即「恐」字古文。陳斯鵬先生〈曹沫校理〉隸「㤅」讀「浸」。張新俊先生《上博楚簡文字研究》頁66以爲包山221、222有「𤲬」字，右旁從「工」、「廾」得聲，因主「工」旁中間有以橫筆爲飾筆的可能。

　　佑仁案：簡文此字看似從「壬」從「心」，但就原文句義讀作「恐」最適洽。很多學者主張「壬」、「工」本同字（參季旭昇師《甲骨文字

根研究（修訂本）》頁 573）。或許楚文字還保留了部分這種現象。

⑮ 池（施）胎（伯）

原考釋隸定作「池舶」，以為「《國語・齊語》『施伯，魯君之謀臣也』，韋昭注：『施伯，魯大夫，惠公之孫，施父之子。』即此人」。佑仁案：《史記・魯周公世家》「魯人施伯」，《正義》：「施伯，魯惠公孫。」

⑯ 亡以異於臣之言，君弗聿（盡）

「亡」字原殘，原考釋以為以為從殘存筆畫和文義看，應是「亡」字。「聿」原考釋讀作「盡」。廖名春先生〈曹沫剳記〉以為應讀作「肆」。佑仁案：依原簡字形，釋「盡」可從。君弗盡，謂君王沒有把話想透。

李零在簡 8 上殘斷處補一「言」字，但李銳以為簡 8 拼接不可信，並將簡 7 上與簡 8 下拼合，簡 8 上之前補一「亡」字。可從。

⑰ 殳（沒）身遉（就）蔑（世）

原考釋隸「叟（沒）身遉（就）宛（死）」。廖名春先生〈曹沫剳記〉以為此「沒身」乃殺身之意；「就死」，死亡。陳斯鵬先生〈曹沫校理〉隸作「沒身就殂」。李銳先生〈讀上博四剳記（一）〉隸為「殞身」，以為義同「沒（歿）身」。

佑仁案：字隸「殳身」可從，釋為「終身」較妥。「蔑」，拙文〈《曹沫之陣》簡「沒身就世」釋讀〉以為當隸為「世」字，字上從世，不從亡，楚文字「世」見《信陽》1.034 牒字作「」、《天星觀》殢字作「」，其右上寫法與本簡此字所從相同，並非從「亡」。「就世」謂「終世」，《國語・越語下》：「先人就世，不穀即位。」，韋昭注：「就世，終世也。」「沒身就世」亦即「壽終正寢」。

⑱ 曼（趬／慢）才（哉）！虗（吾）餌（聞）此言

曼，原考釋以爲或爲「勖」字之誤寫。陳劍先生〈曹沫釋文〉以爲「曼」不誤，讀爲「晚」，引今本《老子》41 章「大器晚成」，郭店簡《老子》乙本簡 12「晚」作「曼」爲證。廖名春先生〈曹沫劄記〉以爲應讀爲「勉」。季旭昇師〈上博四零拾〉以爲「曼」應讀爲「慢」，訓作「遲」，引《毛詩·鄭風·大叔于田》「叔馬慢忌」傳「遲也」爲證。陳偉武先生〈上博四零札〉讀「曼」爲「美」。

佑仁案：簡文從曰、從目、從又，爲「曼」字無誤。本簡釋「慢」或「晚」，文義並無不同，二字其實是同源詞。《郭店·老子丙》簡 12「大器曼成」，原整理者讀「曼」爲「晚」，裘錫圭先生案語云：「疑當讀作『趬（慢）』」（《郭店楚墓竹簡》頁 119），可證明「曼」字可以讀爲「趬／慢」。學者不主讀「趬／慢」，或以爲「趬／慢」字晚出。其實《毛詩·齊風》已有此字此義，〈曹沫之陳〉爲齊魯文獻，與《齊風》地近，則逕釋爲「趬／慢」，似較直接。

## ⑲ 居不褻曼（文）

本句「褻曼」，各家考釋出入較大。原考釋隸「居不褻虞」云：「讀『居不設席』。『褻』讀『設』，『褻』是心母月部字，『設』是書母月部字，讀音相近。『虞』讀『席』，『虞』是精母魚部字，『席』是邪母魚部字，讀音亦相近。」

廖名春先生〈曹沫劄記〉以「褻」爲「褻」之誤，舉《莊子·人間世》「執粗而不臧」陸德明《經典釋文》謂「執，簡文作熱」，說明「執」、「埶」有相混之例，「褻」爲重衣，因讀「居不褻席」即「居不重席」。陳劍先生〈曹沫釋文〉指出原考釋「虞」當爲「曼」之誤，因讀爲「居不褻曼（文）」。魏宜輝先生〈上博四劄記〉贊成隸「曼」讀「文」，以爲《上博一·容成氏》「居（佑仁案：當作「衣」）不褻美」和本簡「居不褻美」所表達的意思相近，《廣雅·釋詁》：「文，飾也。」「居不褻美」是說居室裏不設置漂亮的裝飾。邴尚白先生〈曹沫注釋〉舉《論

語·鄉黨》「君子不以紺緅飾。紅紫不以爲褻服」，謂簡文「褻」字用爲動詞，「居不褻文」，指平居在家不穿華麗的衣服。

佑仁案：簡文🈁，從衣、埶（讀「藝」）聲，各家均隸定作「褻」；廖名春以爲字乃《說文》訓作「重衣」之「褻」字的訛寫，雖然隸楷「執」、「埶」相混的例證很多，但如無其它證據，最好不要從錯字來考慮。「🈁」，原考釋者釋作「虞」，實誤。此字上部不從「虍」，陳劍先生〈甲骨金文舊釋「尤」之字及相關諸字新釋〉以爲此字上從「民」、下從「夋」即「臤」，「民」右旁的「又」聲化爲「拇」的初文「攵」，隸定當作「𡟎」，於楚簡多讀爲「文」。此說分析字形最合理，可從。

旭昇案：字當隸「居不褻𡟎」，褻從埶聲，「埶」可通「設」（參裘錫圭《古文字學論集》頁7），「𡟎」讀「文」，用陳劍、魏宜輝先生說，全句可釋爲：居處不用漂亮的文飾。〈容成氏〉「衣不褻美」可釋爲：衣服不用美麗的文飾。

## ⑳飤（食）不貳（貳）䰞（菜）

䰞，原考釋僅摹出原形，無隸定，讀作「味」，謂：「第四字也可能是『顝』字的異寫，相當於『沫』字，這裡讀爲『食不二味』。《左傳·哀公元年》：『昔闔廬食不二味，居不重席。』」

陳劍先生〈曹沫釋文〉釋作「食不貳滋（？）」，謂：「此字不能確識……按《上海博物館藏戰國楚竹書（二）·容成氏》簡21：『禹然後始行以儉：衣不褻美，食不重味，朝不車逆，舂不毇米，宰不折骨。』原所謂『宰』字與簡文此形當爲一字，兩字出現的文句類同，但所在位置有異。兩相對照，可以肯定此兩形上半中間當從『釆』。頗疑此字以『釆』爲基本聲符（《容成氏》原釋讀爲「宰」就是據此立論的），簡文此處可讀爲『滋味』之『滋』。《廣韻·之韻》：『滋，旨也。』《禮記·檀弓上》：『曾子曰：「喪有疾，食肉飲酒，必有草木之滋焉。」』鄭玄注：『增以香味，爲其疾不嗜食。』《說文·口部》：『味，滋味也。』

王筠《說文句讀》引《檀弓》文及鄭注後云『是滋即味也』。『滋』、『味』同義，『滋味』一詞當是同義並列式的複合詞，簡文『食不貳滋』亦與古書多見之『食不二味』意同。」

　　禤健聰先生〈上博楚簡釋字三則〉以爲此字除出現於《容成氏》簡21，亦曾見於金文，應釋作鬻，从弼从采，采亦声，並應讀作「葷」，鬻、葷二字爲異體字或古今字之關係。他贊成楊樹達「采者，菜也。……从采，示有菜也。」之說，並主張「此字應該是表示一個表示烹煮的動詞，而且與『菜』有關」，以爲「采」雖爲聲符，但「兼有表意作用」，「食不貳鬻」就是每餐不作兩次烹煮，也就是每餐只烹煮一次（一樣菜式），也略相當於「食無二味（肴）」。邴尙白先生〈曹沫注釋〉從禤隸定，而用周鳳五說上博《周易》簡21「菜」字同讀「餚」，指菜餚。佑仁案：此字从弼从采，即「鬻」字，禤釋可從。

# 第二章　論問陣、守邊城

## 【釋文】

　　還年而䚂（問）於敓（曹）【一二】敕（沫）曰①：「虗（吾）欲與齊戰，䚂（問）戦（陣）系（奚）女（如）？戰（守）鄥（邊）城系（奚）女（如）②？」

　　敔（曹）薉（沫）倉（答）曰：「臣䚂（聞）之：『又（有）固愳（謀）而亡（無）固城，【一三】又（有）克正（政）而亡（無）克戦（陣）③』。三弋（代）之戦（陣）皆鳶（存），或㠯（以）克，或㠯（以）亡。且臣䚂（聞）之：『少（小）邦尻（居）大邦之閟（間）④，

啻（敵）邦【一四】交堅（地），不可弖（以）先复（作）惰（怨）⑤，疆堅（地）母（毋）先而必取□安（焉），所弖（以）佢（拒）鄝（邊）⑥も；母（毋）恧（愛）貨資、子女，弖（以）事【一七】亓（其）俊（便）連（嬖），所弖（以）佢（拒）內⑦；城章（郭）必攸（修），纏（繕）墜（甲）利（厲）兵⑧，必又（有）戰（戰）心弖（以）獸（守），所弖（以）爲伥（長）也⑨。」叡（且）臣之聞（聞）之：『不和【一八】於邦，不可弖（以）出豫⑩。不和於豫（舍），不可弖（以）出戓（陣）。不和於戓（陣），不可弖（以）戰（戰）。』是古（故）夫戓（陣）者，三雺（教）之【一九】末⑪。君必不已，則縣（由）亓（其）杲（本）虖（乎）⑫？」【二十】～

## 【注釋】

### ①還年而聞（問）於敁（曹）敄（沫）曰

原考釋以爲「還年」見《左傳·莊公六年》「還年，楚子伐鄧」，杜預《注》以爲「還年」是「伐申還之年」即還師的那一年伐鄧。原考釋以爲若由簡文來看「還年」類似古籍中「期年」的概念，而《左傳》原文若從此解釋來看，則伐鄧應是伐申後一年，與「還師」無關。

佑仁案：《左傳·莊公六年》：「楚文王伐申，過鄧。鄧祁侯曰：『吾甥也。』止而享之。騅甥、聃甥、養甥請殺楚子。鄧侯弗許。三甥曰：『亡鄧國者，必此人也。若不早圖，後君噬齊。其及圖之乎！圖之，此爲時矣。』鄧侯曰：『人將不食吾餘。』對曰：『若不從三臣，抑社稷實不血食，而君焉取餘？』弗從。還年，楚子伐鄧。十六年，楚復伐鄧，滅之。」楊伯峻《春秋左傳注》以爲「還年」乃「伐申還國之年」若「還年」指伐「申」這年，則代表伐「申」與伐「鄧」同在莊公六年這一年，

原考釋李零先生認為《左傳》、《曹沫之陣》兩處的「還年」都應是「過了一年」，類似「期年」的概念。古籍中常有「還某年」之說，如《公羊·僖公二年》「虞公不從其言，終假之道以取郭，還四年，反取虞。」又《管子·山權數》有兩處「還四年，伐孤竹」文例，尹知章注云：「還四年，後四年。」

旭昇案：舊說「還年」為「還師之年」，於簡文不可通。李說很有啓發性。「還」通「環」，首尾相接為「環」，因此「環年」猶如「滿一年」，數詞「一」常可省略。從這個意思出發，「還」有「復」解，見《荀子·王霸》楊注。還年，謂復一年；還四年，謂復四年。

「敷」字作🐛，字從攴、蔑聲，「蔑」字的「人」旁稍有訛變，「戈」旁則類化為「攴」。

②翻（問）戟（陣）系（奚）女（如）？獸（守）鄈（邊）城系（奚）女（如）

戟，原考釋以為「讀『陳』。本篇中『營陳』之『陳』皆作『戟』」。佑仁案：「陳」後世作「陣」，即「陣法」，部隊作戰時的戰鬥隊形。「戟」從「申（審真）」聲，與「陳（澄真）」，聲近韻同。「鄈」從「邑」與「邊」從「辵」可通。

③又（有）固愚（謀）而亡（無）固城，又（有）克正（政）而亡（無）克戟（陣）

原考釋以為「『正』讀『政』。『克政』是足以勝人之政，『克陳』是足以勝人之陳」。

佑仁案：可從。「克」即克敵制勝、戰勝之義。又，「固城」即堅固的城牆，《管子·小問》：「管子對曰：「毀其備，散其積，奪之食，則無固城矣。」」「有固謀而亡固城」意即人為上有出百分百縝密的謀畫，卻

無絕對堅固的城牆;「有克政而亡克陣」,人為上有絕對縝密人的政治,但卻無有能絕對勝人的陣式。曹沫提醒莊公,「城」與「陣」不是戰爭的核心問題,「謀」與「政」才是國防的最佳保障。

④少(小)邦尻(居)大邦之閒(間)

「尻」,原考釋隸定作「仉」讀作「處」。佑仁案:楚文字「尻」可讀為「居」、也可讀為「處」(參季師旭昇《說文新證・下》249 頁),依古籍的習慣,此字讀「居」較佳。《左傳・文公十七年》:「居大國之間,而從於強令。」〈昭公三十年〉:「以敝邑居大國之間」。依魯國的地理位置,「居大邦之間」指居於齊、楚二大國之間。

⑤啻(敵)邦交堅(地),不可㠯(以)先戔(作)悁(怨)

原考釋以為「讀『交地』,兩國接壤之地。《孫子・九地》:『我可以往,彼可以來者,為交地』,『交地則無絕』,『交地吾將謹其守』。」

陳劍先生〈曹沫釋文〉以簡 14 下接簡 17,並謂:「『交地』原釋為『兩國接壤之地』,理解作偏正式的名詞性結構。改將 14 簡與 17 簡連讀為『敵邦交地』之後,則『交地』當理解為動賓結構,指土地接壤。」淺野裕一先生〈曹沫兵學〉以為「『交地』可能是指,歸屬國常變而兩國勢力交叉的土地」

佑仁案:「交地」一詞於《孫子》共出現四次,皆出現於〈九地〉篇。分別是「孫子曰:用兵之法,有散地,有輕地,有爭地,有交地…我可以往,彼可以來者,為交地。」又「交地則無絕」又「交地,吾將謹其守」,杜牧以為「川廣地平,可來可往,足以交戰對壘。」陳皞以為「交錯是也,言其道路交橫,彼我可以來往。如此之地,則須兵士首尾不絕,切宜備之。」,杜佑:「交地,有數道往來,交通無可絕。」(上述諸家之說俱參《十一家注孫子校理》頁 236),李零先生《吳孫子發微》九地篇下云:「交地:兩國接壤之地」李興斌、楊玲《孫子兵法

新釋》以爲「交地：指地勢平坦、道路縱橫、交通便利之地」可見「交地」乃是敵邦與我邦之交界地帶，也是軍事衝突的場地。不過，本句的「交地」以釋爲動賓結構較合理。

「先作悁」，原考釋讀「先作怨」，謂「指先動手發難。簡文『怨』多作『悁』，從心從肙字的異體。」佑仁案：原考釋將「先作怨」解釋爲「先動手發難」並不妥當，應釋爲小邦在大邦與大邦之間，舉措應當保持圓融，不得罪何任何一方，而兩面討好，左右逢源，不作出使任何一邦怨恨之事，而讓我邦遭受戰爭的危難。

⑥ 疆墬（地）母（毋）先而必取□安（焉），所呂（以）佢（拒）鄠（邊）

原考釋以爲「疆墬」，讀「疆地」，指兩國交界之地。第八字殘缺，祇有上部的殘筆。「佢」讀「距」，拒守。淺野裕一先生〈曹沫兵學〉以爲「『疆地』是鄰國支配的邊境土地，所以還是不能發動先發制人之攻擊，而必須先討取居民的歡心」。又云「『所以距遍』可能是指，將曾經是魯國領土而後來被齊國奪取的齊國邊陲地區，從齊國的支配中隔離、分割的政策」。

「取」下殘字，朱賜麟學長〈曹劌思想〉以爲依文義近於簡 56 之「阻」，指邊防險阻之地。「佢」字讀作「拒」或「距」皆可，都爲「拒守」、「捍衛」之意。《廣韻‧語韻》：「拒，捍也。」，《孫子‧九地》：「是故始如處女，敵人開戶；後如脫兔，敵不及拒。」

⑦ 母（毋）悉（愛）貨資、子女，呂（以）事亓（其）俊（便）遱（嬖），所呂（以）佢（拒）內

悉，原考釋隸定作「悉」，以爲「疑是『悉』字之誤，簡文讀爲『愛』，是吝惜之義」。陳劍先生〈曹沫釋文〉以爲「悉」只是上所從「旡」形略有訛變，不必說成錯字。

佑仁案：此字作🔲，陳說謂字不从「又」，可從。「子女」泛指美女。《韓非子‧八姦》「人主樂美宮室臺池、好飾子女狗馬以娛其心」、「重賦歛以飾子女狗馬」亦是此義。簡文「勿愛貨資子女，以事其便嬖」，即「勿愛美女，將美人用以侍奉敵國之便嬖」，「便嬖」謂國君身邊的寵臣。

「俊」從人、夂（鞭之古文）聲，即「便」。「逯」，原考釋以爲從「卑」聲，與「嬖」同爲幫母支部字，可通假。「便嬖」，受寵愛者。

「所以距內」，淺野裕一先生〈曹沫兵學〉以爲是「對於齊國朝廷內部的離間策略，行賄齊國寵臣進而收買，使他做有利於自國的言論或行動之政策。因此，無論『遍』還是『內』，其起點皆在於齊國」。佑仁案：此處言「距內」，意即利用「便嬖」的內應，而抗守於敵國之內。收買敵國。

## ⑧ 纏（繕）虜（甲）利（厲）兵

纏，原考釋者李零隸定作「緅」，以爲「从炗得聲，疑讀『繕』。『繕』是禪母元部字，『炗』同『庶』，是書母魚部字，讀音相近」。陳劍先生〈曹沫釋文〉隸「纏」讀「繕」，以爲「『纏』字原已釋讀爲『繕』，但說其字爲从『庶』得聲，恐不可信」。

佑仁案：與此字相關的字形如下：

1. 《郭店‧緇衣》簡36「躬（允）也君子，△也大成」，字作「🔲」，裘錫圭先生案語云：「簡文上『也』上一字似當釋『廛』，『廛』、『展』音近可通。」

2. 《上博一‧緇衣》簡18「躬（允）也君子，△也大城」，字作「🔲」，《上博一讀本》隸作「廛」，讀爲「展」。

3. 《十鐘山房印舉》3.11「纏」字作「🔲」。

4.《十鐘山房印舉》3.21「纏」字作「纏」。

5.《睡虎地秦簡》簡131「纏」字作「纏」。

6.江陵十號漢墓木牘五「纏」字作「纏」。

7.《漢印徵》「纏」字作「纏」「纏」。

由上舉字形可以看出，「廛」字應從炗（庶）、從土，字形訛變多樣，遂致不可分析。旭昇案：「庶」似可視爲聲符，庶（審鐸）、廛（澄元），聲母同屬舌頭，韻爲旁對轉（參陳師新雄《古音學發微》1088頁）。

「廖」即「甲」，字又見《上博二·容成氏》簡 51「緣（帶）廖（甲）墲（萬）人」。

## ⑨ 此所以爲倀（長）也

原考釋以爲「『倀』字猶言『所以爲上也』」。淺野裕一先生〈曹沫兵學〉以爲「『所以爲長』指可能會被齊國侵害的國境地區之防備政策。『長』與（13）中所見的『毋長於父兄』是同樣的用法，具有凌駕的意思。亦即，它意味著整備城郭、裝甲、兵器等，維持旺盛的鬥志而防守是凌駕敵人攻擊的策略。」

佑仁案：原考釋「所以爲上」乃「所以爲尙」之意，意即城郭必修、繕甲利兵、戰心以守乃是備戰之首要目標，這種說法可通，「長」即好、佳，也就是上述這些「拒邊」、「拒內」等作爲才是最好、最理想的方法。不過，楚簡「倀」字多爲「長上」、「君長」之意。據此，「此所以爲長也」也可以解釋爲「此爲國君應有的作爲」。

## ⑩ 不和於邦，不可㠯（以）出豫

豫，原考釋以爲：「從文義看，似與『陳』相似而有別：『陳』是臨戰狀態下的固定陣形，而『豫』則是趨戰過程中臨時採取的隊形。『豫』

在『陳』前，還沒有形成『陣』。此字也有可能是讀爲『敘』，『敘』有列次之義。」

陳劍先生〈曹沫釋文〉以爲：「『豫』字本篇多見，原注釋不確。楚簡文字已數見以『豫』爲『舍』，如今本《周易·頤》初九爻辭『舍尔靈龜』，《上海博物館藏戰國楚竹書（三）·周易》簡 24『舍』作『豫』，《論語·子路》：『（孔子）曰：舉爾所知。爾所不知，人其舍諸？』《上海博物館藏戰國楚竹書（三）·仲弓》簡 10『舍』作『豫』，等等。簡文之『豫』皆顯然亦當讀爲『舍』，意爲『軍隊駐紮』（動詞）或『軍隊駐紮之所』（名詞）。《吳子·圖國》：『吳子曰：『昔之圖國家者，必先教百姓而親萬民。有四不和：不和於國，不可以出軍；不和於軍，不可以出陳；不和於陳，不可以進戰；不和於戰，不可以決勝。……』『四不和』較此處簡文之『三不和』多出『不和於戰』一項，餘則與簡文相應，『軍』即簡文之『舍』。」

佑仁案：原考釋以爲「『豫』則是趨戰過程中臨時採取的隊形」，筆者尚未能在古籍中找到「豫」字此一涵義的例證。陳說讀爲「舍」，就動詞而言，它可以當「軍隊駐紮」，軍隊駐紮住宿一夜即謂「舍」，在古籍中這種用法很多，如《左傳·莊公三年》：「凡師一宿爲舍，再宿爲信，過信爲次。」也可當成名詞，作爲處所、住宅之義，如《周禮·天官·敘官》：「掌舍。」鄭玄注：「舍，行所解止之處。」朱賜麟學長〈曹劌思想〉以爲「『豫』是從內政修明到戰陣協同之間的一個重要階段，……這是一個『成軍備戰的階段過程』。」

旭昇案：本簡的「豫」如僅釋爲「軍隊駐紮」（動詞）或「軍隊駐紮之所」，則似嫌太簡。莊公問「爲和於豫」，曹沫的回答從「三軍出，君自率」到將率軍長的安排，顯然不僅僅是「軍隊駐紮」（動詞）或「軍隊駐紮之所」。楚簡「豫」固然可以讀「舍」，但不必一定讀「舍」。此處依本字讀，似乎較爲合適，相當於《吳子》的「不和於軍」，是指介於「邦」與「陣」之間的軍事佈置階段；後文簡 43 散果之機階段、簡

50 復盤戰階段的「豫」則指實際作戰時的軍事佈置。同一詞在不同場域有不同的解釋。賜麟說可從。

## ⑪夫戡（陣）者，三龒（教）之末

「三教」原考釋以為「指『三和』（「和於邦」、「和於豫」、「和於陳」之教）。作者以『三教』為本，陣法為末」。

陳劍先生〈曹沫釋文〉以為：「銀雀山漢墓竹簡《孫臏兵法・五教法》：『孫子曰：善教者于本，不臨軍而變，故曰五教：處國之教一，行行之教一，處軍之教一，處陣之教一，隱而不相見利戰之教一。』簡文『三教』可仿此變稱為『處邦之教』、『處豫（舍）之教』、『處陳之教』，分別即此之『處國之教』、『處軍之教』、『處陣之教』」。

佑仁案：「龒」字從言、爻聲，即「教」字。「三教」即「為和於邦」、「為和於豫」、「為和於陣」，陣為最末，但「三教」之本應為「為和於邦」，而非「三教」。

## ⑫君必不已，則緐（由）亓（其）杲（本）虖（乎）

不已，原考釋謂「不滿足」，釋「緐」為「用」。佑仁案：古籍中的「不已」大多解釋成「不停止」、「不斷」之義，《毛詩・鄭風・風雨》：「風雨如晦，雞鳴不已。」鄭玄《箋》：「已，止也。」「緐」，讀為「由」，《說文》段注云：「古緐、由通用，一字。」「由」字有從、遵照之意。「杲」字原考釋謂疑是「本」字的異寫。可從。《上博一・孔子詩論》簡5「本」字作「𣎴」，季旭昇師以為「晉、楚文字加『臼』，或與『凵』同意，表示地下而已，木下則簡化成一點」（《說文新證(上冊)》頁484）簡文則把「木」旁與「臼」旁上下互換。

# 第三章　論三教

【釋文】

　　臧（莊）公曰：「爲和於邦女（如）之可（何）？」

　　敀（曹）敓（沫）含（答）曰：「母（毋）穫（獲）民峕（時）
①，母（毋）敓民利，【二十】繡（紳／陳）攻（功）而飤（食）
②，坙（刑）罰又（有）辠（罪），而賞箽（爵）又（有）悳（德）
③。凡畜羣（群）臣，貴戔（賤）同坒（等）④，彔（祿）母（毋）
賃（倍／背）⑤。《詩》於（固）又（有）之⑥曰：『幾（豈）
【二一】屖（弟）君子，民之父母⑦。』此所呂（以）爲和於邦
𥊀。」

　　臧（莊）公曰：「爲和於豫（舍）女（如）可（何）？」

　　敀（曹）敓（沫）曰：「三軍出，君自衒（率），【二二】
必又（有）二腨（將）軍，母（每）腨（將）軍必又（有）轡（數）
辟（變）夫=（大夫），母（每）俾（變）夫=（大夫）必又（有）
轡（數）大官之币（師）、公孫（孫）公子，凡又（有）司衒（率）
倀（長）【二五】□□□□□□□□□□□□□□□□□□□□□□，
其（期）會之不難，所呂（以）爲和於豫⑧。」

　　腨（莊）公或（又）𩼧（問）【二三下】：「爲和於戟（陣）
女（如）可（何）？」

　　含（答）曰：「車閒（間）宏（容）伍（伍），伍（伍）閒
（間）宏（容）兵⑨，貴【二四上】立（位）、硅（重）飤（食），
思（使）爲前行。三行之遙（後），句（後）見耑（短）兵⑩，
攷（什）【三十▽】五（伍）之閒（間）必又（有）公孫公子，
是胃（謂）軍紀⑪。五人呂（以）敔（伍），夫=（一人）【二

六△】又（有）多，四人皆賞，所呂（以）爲剸（斷）⑫。毌上（尚）臒（獲）而上（尚）聝（聞）命，【六二▽】所呂（以）爲母（毋）退⑬。衒（率）車呂（以）車，衒（率）徒呂（以）徒，所呂（以）同死。【五八】又戒言曰：『犇（奔），尒（爾）正（定）訌（訌）⑭；不犇（奔），而（爾）或舋（興）或康（康）以【三七下】會。』古（故）衒（帥／率）不可思（使）犇＝（犇，犇）則不行⑮。戰（戰）又（有）㬎（顯）道，勿兵呂（以）克⑯。」

臧（莊）公曰：「勿兵呂（以）克绤（奚）女（如）？」

𦧄（答）曰：「人之兵【三八】不砥礪（礪），我兵必砥礪（礪）。人之虜（甲）不緊，我虜（甲）必緊。人事（使）士，我事（使）夫＝（大夫）；人事（使）夫＝（大夫），我事（使）牊（將）軍；人【三九】事（使）牊（將）軍，我君身進。此戰（戰）之㬎（顯）道。」【四十】～

## 【注釋】

①母（毋）穫（獲）民㫺（時）

原考釋以爲「讀『毋獲民時』。『獲』有違誤之義，如《淮南子·兵略》『音氣不戾八風，詘伸不獲五度』，高誘注：『獲，誤也。』」佑仁案：可從。《逸周書·寶典》「其謀乃獲」，朱右曾《逸周書集訓校釋》云「獲猶《淮南子》『不獲五度』之『獲』，誤也。」

「㫺」，原考釋隸作「昔」，然而此字上半實从「之」不从「止」。

②縺（紳／陳）攻（功）而飤（食）

繡攻而飤，原考釋以爲「讀『申功而食』，疑指論功行賞（以酒食犒賞）。」陳劍先生〈曹沫釋文〉隸「繡」作「紳」讀作「陳」。

佑仁案：簡文「紳」字作🦗，从糸、田聲、東省聲，「東」與「田」皆有聲符的效果，即「紳」之古字。「申」、「陳」音義俱近，則此字讀作「申」或「陳」都可通，但若據古籍文例則讀作「陳功」較佳，「申功」則未見其例。「陳功而食」古籍或作「量功而食」、「計功而食」，如《管子·君臣上》：「爲人上者，量功而食之以足；爲人臣者，受任而處之以教。」旭昇案：原考釋解「陳功而飤」爲「論功行賞」，當非。「功」可指平時的功績，也可以指戰時的功績，此處「陳功」即「量功」，係指平時對臣子工作的考核。

### ③ 賞篧（爵）又（有）悳（德）

篧，原考釋讀作「爵」。可從，「篧」從「雀」聲，「雀」、「爵」古籍通假例證甚多（參《古字通假會典》頁 802），郭店〈太一生水〉簡 9、〈緇衣〉簡 28、〈尊德〉簡 2 都等處的「爵」字都假「雀」字爲之。

### ④ 凡畜羣（群）臣，貴戔（賤）同坒（等）

「🐚」，原考釋隸作「畜」，可從。佑仁案：「畜」字甲骨文作🐚（《合》29416），季旭昇師認爲字从🐚（胃之象形）、幺聲（《說文新證（下冊）》頁 238），楚文字或從「玄」作「🐚」（《九店》56.39），楚文字「玄」或作🐚（《新蔡》甲三：314），本簡此字上部與此形最近。

羣，原考釋逕隸爲「羣」。佑仁案：此字上從「尹」，學者或主甲骨文「君」、「尹」同字（參《甲骨文字詁林》919 號所引），當可從。故「羣」字或從「尹」（此字視爲從「君」省亦可）。

坒，原考釋隸作「坒」，以爲「簡文『止』或做雙止，這裡釋讀成『待』。」陳劍先生〈曹沫釋文〉隸作「坒」讀作「等」。陳斯鵬先

生〈曹沫校理〉讀作「之」。佑仁案：此字楚文字中常見，如 ![字] （《包》232）、、![字] （《郭·性》1），上部明顯从「之」不从「止」。季師旭昇〈從戰國文字中的「㞢」字談詩經中「之」字誤爲「止」字的現象〉最早指出戰國文字「之」、「止」之分極嚴，此字隸定當作「㞢」。楚簡則用作「待」、「等」、「之」等意義。本簡當讀爲「等」。

⑤ ![字]（祿）母（毋）債（倍／背）

![字]，原考釋隸定作「录」讀爲「祿」。李守奎先生隸定作「彔」。佑仁案：此字上從「夕」，下從「彔」，隸定當作「彔」，「夕」可能兼聲。「彔（來屋）」、「夕（定鐸）」，聲紐都是舌頭音，韻部則屬「鐸屋旁轉」。

債，原考釋讀作「負」。陳劍先生〈曹沫釋文〉讀作「倍」。陳斯鵬先生〈曹沫校理〉讀作「背」。邴尙白先生〈曹沫注釋〉以爲陳說不可從，楚文字「倍」作「伓」、「背」作「骹」或「肶」、「負」則作「債」（見於上博《周易》簡 33、37），判然有別，並不混用。「貴賤同待，祿毋負」即貴賤同等對待，公平地授予其應得之祿位，不要辜負、背棄。

佑仁案：簡文从貝、伓（當即倍之異體）聲，讀「倍」讀「負」均無不可（倍負本爲同源詞），以目前見到楚文字的用字習慣來看，似乎楚文字「伓」、「背」並沒有那麼嚴格的區分，如《上博二·子羔》「背」亦作「伓」。不過，目前看到的「債」字以讀「負」較佳；但以文義而言，則讀「倍（背）」較佳。「倍（背）」，背戾也，見《管子·五輔》「長幼無輔則倍」尹知章注。

⑥《詩》於（固）又（有）之

詩於有之，原考釋未釋。李銳先生〈曹劌新編〉以爲「『於』，讀爲『焉』，……或疑爲『於《詩》有之』之倒。」

佑仁案：「於」有讀爲「焉」之例，但簡文此處若讀爲「焉」，似亦

不通順,古籍也缺乏相近的文例。另外,李銳先生疑爲「於詩有之」,或有可能,因爲《上博(五)·姑成家父》簡6有文例作「於言有之」,此爲孔子引成語而爲說,可參。若不考慮爲到文的話,筆者以爲「於」字或可讀作「固」,「固」字見紐、魚部,「於」字影紐、魚部,聲紐則同爲喉音,韻部相同,有通假的可能,《莊子·外物》:「《詩》固有之曰:『青青之麥,生於陵陂。生不布施,死何含珠爲!』」

⑦ 幾(豈)屖(弟)君子,民之父母

　　屖,原考釋隸作「佛」,讀作「弟」。陳劍先生〈曹沫釋文〉指出此字實當爲「屖」,並謂「『屖』字即『遲(遲)』字的聲旁,與『弟』音近可通。包山簡 240、243『(病)遞(與後出之『遞』字或體『遞』無關,『弟』、『遞』古音不同部)瘥』,研究者多已指出『遞』當讀爲遲速之『遲』,可與此互證。『屖』字原誤釋爲『佛』」。

　　佑仁案:簡文𡙇,很清楚地應是「屖」字,從尸、辛,辛下部或繁化成「刀」形(參《說文新證》上冊頁 153、下冊頁 41)。「屖(心真)」,「弟(定脂)」,看似韻部接近而聲紐稍遠,其實不然,《說文》「遲」古文作「遟」,即從「屖」聲,而「遲」正是定紐、脂部,與「弟」古音相同。

⑧ 三軍出,君自銜(率),必有二將軍;母(每)牁(將)軍必又(有)斠(數)辟(嬖)夫＝(大夫),母(每)俾(嬖)夫＝(大夫)必又(有)斠(數)大官之帀(師)、公孫(孫)公子。凡又(有)司銜(率)㑥(長)□□□□□□□□□□□□□□□□□□□□□,其(期)會之不難,所㠯(以)爲和於豫

　　本節各家編聯出入甚大,原因是各家對「爲和於豫」的理解不同。原考釋簡 22 下接簡 23 作:

　　曹沫曰：「三軍出，君自率，必聚群有司而告之曰：『二
三子勉之，過不在子在〔君〕。』期會之不難，所以為和於豫。」

陳劍先生〈曹沫釋文〉、陳斯鵬先生〈曹沫校理〉、李銳先生〈曹劌新
編〉從之。這樣拼接的問題在「三軍出」，與敵人尚未交戰，國君即勉
群有司曰「過不在子在〔君〕」，實在不好解釋。白于藍先生〈曹沫新
編〉因此改為 22+29+24 下+25，曹沫的話作：

　　三軍出，君自率，【22】必約邦之貴人及邦之奇士御（？）
卒，使兵毋復前【29】常。凡貴人思（使）處前位一行，後則見
亡。進【24 下】必有二將軍，毋將軍必有數辟（嬖）大夫，毋俾
（嬖）大夫，必有數大官之師、公孫公子。凡有司率長，【25】☑
□期會之不難，所以為和於豫（舍）。【23 下】

把簡 25 於在本節是合理的，這是一種正常情況下的作戰編制。但是邦
之貴人及邦之奇士似乎不應該在正常戰爭時調用，朱賜麟學長〈曹劌思
想〉以為當在「復敗戰」，可從。李銳先生〈曹劌重編〉作：

　　三軍出，君自率，【22】必約邦之貴人及邦之奇士御（？）
卒使兵，毋復前☑【29】☑□，其（期）會之不難，所以為和於
豫（舍）。【23 下】

邴尚白先生〈曹沫注釋〉作 22+23 下：

　　三軍出，君自率，【22】……□，其（期）會之不難，所以
爲和於舍。【23 下】

這樣的編排，殘缺太多。拙作〈曹沫研究〉作：

　　三軍出，君自衒（率），【22】必酌（約）邦之貴人及邦之
可（奇）士，旅（御）卒事（使）兵，毋逡（復）㝷（前）【29】
槀（常）。凡貴人，由（使）处（處）前立（位）一行，遬（後）

則見亡。進【24下】必又（有）二帥（將）軍，母（每）帥（將）軍必又（有）豐（數）辟（嬖）夫＝（大夫），母（每）俾（嬖）夫＝（大夫）必又（有）豐（數）大官之帀（師）、公孫（孫）公子，凡又（有）司衙（率）倀（長）【25】□□□□□□□□□□□□□□□□□□□□，其（期）會之不難，所吕（以）爲和於豫（舍）。【23下】

朱賜麟學長〈曹劌思想〉編聯作 22+25+58+23 下，曹沫「爲和於豫」的話作：

> 三軍出，君自衙（率），【22】必有二將軍，每將軍必有數嬖大夫，每嬖大夫必有數大官之師、公孫公子。凡有司率長【25】，所以爲毋退。率車以車、率徒以徒，所以同死【58】□期會之不難，所以爲和於豫。【23下】

旭昇案：「所以爲毋退。率車以車、率徒以徒，所以同死」，陳劍先生〈曹沫釋文〉接於「爲和於陳」簡62之下，文義似更通順。本節是「爲和於豫」的階段，所以談的是比較原則性的做法，姑做此安排。「三軍出，君自率」，指國君要親自領導。簡40說「人使將軍，我君身進。此戰之顯道」，這是小國的戰爭求存之道。

二將軍，原考釋以爲「上言『三軍出，君親率』，君所率爲中軍，此當指左，右將或前、後將。」佑仁案：可從。「母」，原考釋隸定作「毋」，讀作「無」，學者多從此說，邴尚白〈曹沫注釋〉以爲當讀爲「每」。可從。豐，原考釋以爲同「數」。可從。

「辟大夫」，原考釋隸爲「獄大夫」，疑掌軍中之刑罰；下文「俾大夫」，原考釋以爲「疑即上『獄大夫』」。陳劍先生〈曹沫釋文〉以爲「『辟』字原誤釋爲『獄』。『辟（嬖）大夫』即下文之『俾（嬖）大夫』。」又云「《國語·吳語》：『陳士卒百人，以爲徹行百行。行頭皆官師，擁鐸拱稽，建肥胡，奉文犀之渠。十行一嬖大夫……』韋昭

注：『三君皆云：『官師，大夫也。』昭謂：下言『十行一嬖大夫』，此一行宜爲士。《周禮》：『百人爲卒，卒長皆上士。』……十行，千人。嬖，下大夫也。子產謂子南曰：『子晳，上大夫。汝，嬖大夫。』』簡文『嬖大夫』與此同，『官師』當即此『大官之師』。」

佑仁案：「辟」字原簡字作㞷，字從「尸」（稍訛與「彳」形似）、從「亐」、從二「〇（即「璧」之初文）」，釋「辟」字無誤。陳劍先生〈曹沫釋文〉讀爲「嬖」，以爲與下文「俾大夫」同，可從。

旭昇案：據《國語·吳語》「陳士卒百人，以爲徹行百行。行頭皆官師，擁鐸拱稽，建肥胡，奉文犀之渠。十行一嬖大夫，建旌提鼓，挾經秉枹。十旌一將軍，載常建鼓，挾經秉枹」，則一將軍下有十嬖大夫，一嬖大夫下有十官師。韋昭注：「三君皆云：『官師，大夫也。』昭謂：下言『十行一嬖大夫』，此一行宜爲士。」可見他認爲「官師」的階級應該是士，不贊成是大夫。簡文的「大官之師」是否即《吳語》的「官師」還不能確定，不過就層級而言，其地位肯定在嬖大夫之下，則屬之於「士」當不爲過。邴文引《禮記·祭法》「官師一廟」鄭注：「官師，中士、下士。」可從。

亓會，原考釋讀爲「期會」，以爲乃「軍事術語，參看《六韜·犬韜·分兵》、《尉繚子·踵軍令》，指參加會戰的軍隊皆按約定時間準時到達預定的會戰地點。

## ⑨ 車閒（間）宏（容）佫（伍），佫（伍）閒（間）宏（容）兵

《史記·樂書》：「武王克殷反商，未及下車」，《正義》云：「車，戎車也。軍法，一車三人乘之，步卒七十二。」可參。

佫，原考釋讀「伍」，古代軍隊編制的最低一級，由五人而編成。兵，指兵器。佑仁案：《曹沫爲陣》簡陣勢部署的方式是「車間容伍，伍間容兵」，此處「車」乃指戰車，則戰車間佈署「伍」，「伍」與「伍」

之間則放置「兵」,「兵」指「兵器」可從。《周禮·地官·司徒》:「則合其卒伍,簡其兵器。」

⑩**貴立(位)硈(重)飤(食)思(使)爲前行,三行之遣(後),句(後)見耑(短)兵**

原考釋以爲第 30 簡「首字殘,也可能是『立』字。」陳斯鵬先生〈曹沫校理〉從之,讀爲「位」。

硈飤,原考釋隸「厚飤」。陳劍先生〈曹沫釋文〉以爲「厚食」與「蓐食」義同,用於戰陣指在作戰之前命士兵飽食。李守奎先生〈曹沫隸定〉指出此字「當是『至』讀『重』」。佑仁案:此字作**厚**,從石、主聲,應隸爲作「重」。

前行,淺野裕一先生〈曹沫兵學〉以爲「三排中的前排」。《吳子兵法·應變》:「輕足利兵,以爲前行。」傅紹傑先生云:「前行,居於最前準備與敵交鋒予敵以迎頭痛擊者。」可知「前行」即軍隊前排,未必是前第一排。

旭昇案:「重食」,各家都以爲是「飽食」,但依本文的排序,「貴位重食」似應指一種身分,即地位較高的、俸祿較多的人,這些人應該在軍隊的前排,身先士卒。

三行之後,陳劍先生〈曹沫釋文〉以爲「『三行』謂(前行、前軍)向敵軍三次前進,『行』當爲動詞。淺野裕一先生〈曹沫兵學〉以爲「在〈曹沫之陳〉中將戰車與步兵間隔佈置而橫向展開的戰鬥隊形稱爲行。」佑仁案:淺野說較合理。

耑兵,原考釋以爲「讀『短兵』,刀劍類的兵器。」蘇建洲學長〈曹沫一則〉認爲指「拿短兵器的士兵」。佑仁案:「耑」、「短」二字都是端紐、元部字,可通,《郭店·老子甲》簡 16「長耑之相型也」一

句，「耑」字今本老子即作「短」。短兵是屬於近身搏擊，容易造成慘重的傷亡。《漢書·卷六十六·公孫劉田王楊蔡陳鄭傳第三十六》：「毋接短兵，多殺傷士眾。」師古曰：「用短兵則士眾多死傷。」

句見，各家均讀爲「茍見」。旭昇案：似可讀爲「後見」，句讀爲後，楚文字多見。貴位重食處在前行，三行之後，才後出短兵，短兵是近身搏鬥的士卒，正常情況之下，應該放在長兵之後。「逅」、「句」同義而用字不同，楚系文字多見。

⑪攷（什）五（伍）之閒（間）必又（有）公孫公子，是胃（謂）軍紀

「攷」，原考釋疑即「枚」字。陳劍先生〈曹沫釋文〉讀爲「（審？）」李銳先生〈曹劌新編〉讀爲「（什？）」蘇建洲學長〈曹沫一則〉讀爲「協」。孟蓬生先生〈竹書四閒詁續〉以爲「此字所從的『十』字不一定是數目之『十』，也有可能是『丨』（古本切）……可以讀作『慎』。」佑仁案：筆者將簡30下接簡26，因此讀作「什伍之間」。

是胃（謂）軍紀，原考釋以爲「疑指軍隊編制」。佑仁案：筆者尚未見先秦典籍中有「軍紀」一詞，此處的「軍紀」與今日所謂的「軍事紀律」概念稍有不同。

⑫五人㠯（以）敔（伍），一=（一人）又（有）多，四人皆賞，所㠯（以）爲剸（斷）

五人以敔，原考釋於「敔」下括號讀爲「伍」。陳斯鵬先生〈曹沫校理〉讀爲「五人以敔万人」，似讀「敔」爲「禦」。佑仁案：《尉繚子·伍制令》「五人而伍」，當即「五人以伍」。以，釋爲而，古書多見。

一人，原考釋隸定作「万=」，爲讀「萬人」。陳劍先生〈曹沫釋文〉隸爲「一人」。佑仁案：本簡字作一，依上下文，讀爲「一人」

較合理。

多，陳劍先生〈曹沫釋文〉以爲「『戰功曰多』，舊注多見。」可從。《書·文侯之命》：「汝多修，扞我于艱。若汝，予嘉。」孔傳：「戰功曰多。」斷，陳劍先生〈曹沫釋文〉以爲「斷，決也，猶言裁定功過賞罰之標準。」

⑬毋上（尙）艭（獲）而上（尙）䎽（聞）命，所㠯（以）爲母（毋）退

毋上艭而上䎽命，原考釋讀爲「如上獲而上聞，命」。陳劍先生〈曹沫釋文〉謂「『……所以爲斷』、『……所以爲毋退』、『……所以同死』相呼應，是簡 62 與簡 58 必當連讀之證。相連處『毋上獲而上聞命，所以爲毋退』意爲以『毋上獲而上聞命』使兵衆臨戰不退卻，沈培認爲：『"上"似當讀爲"尙"，句意爲以聽命爲上而不以俘獲多少爲上。』此從其說。」

退，原考釋以爲「寫法有點怪，聲旁的上部，裡面多了一豎」。佑仁案：此字確實與楚簡「退」字寫法不同，右上多了一豎。姑仍隸作「退」。「率車以車，率徒以徒」，原考釋以爲「這裡是指率車則與車同在，率徒則與徒同在」。

所以同死，原考釋於其下補一「生」字。陳劍先生〈曹沫釋文〉以簡 58 下接簡 37 下，不補「生」字。佑仁案：依二簡拼接後之長度計算，此處不需補字。

⑭又戒言曰：牪尔（爾）正（定）䢛（訌）

牪，原考釋以爲「疑同『犇』，即『奔』字。」蘇建洲學長〈曹沫劄記〉釋爲「牛」的繁體，或可讀作「愚」；後來在〈曹沫三則〉中又不排除讀作「定訌」，釋「定」爲「一定」，釋「訌」爲「爭吵、潰

亂」。王蘭先生〈正征試釋〉隷「牪」爲「牟」，引《玉篇·牛部》訓「牛也」，音「宄」，讀爲「宄」。邴尚白先生〈曹沫注釋〉引《司馬法·天子之義》「軍旅以舒爲主，舒則民力足。雖交兵致刀，徒不驅，車不馳，逐奔不踰列，是以不亂。不失行列之政，不絕人馬之力，遲速不過誠命」，主張讀「奔」。佑仁案：依上下文義，讀「奔」較合理。

尔正征，原考釋以爲「含義不明」。蘇建洲學長〈曹沫劄記〉以爲「『正征』，可能讀作『征貢』」。後來在〈曹沫三則〉中又以爲「『正征』似乎不排除讀作『定訌』」，而釋「定」爲「一定」，釋爲「訌」「爭吵、潰亂」。淺野裕一先生〈曹沫兵學〉讀爲「征詭」。張新俊先生〈文字研究〉讀作「牪（奔）爾正攻（功）」。王蘭先生以爲：「從下文『不可思（使）牪，牪則不行』來看，很明顯是否定『牪』，肯定『不牪』。『不牪』的結果中有『興』『康』『會』等褒義詞，則相對而言的『正征』必定表貶義，……蘇建洲先生提出『正征』應讀作『定訌』，我們贊同此說法。」佑仁案：據上下文義，「正征」讀爲「定訌」較合理。

⑮ 不牪（奔），而（爾）或毀（興）或康（康）以會。古（故）衛（帥／率）不可思（使）牪＝（牪，牪）則不行

而，原考釋括號讀作「尒」；謂「毀」即「與」，有作、起之義；「康」有荒、廢之義，二者是相反的詞。佑仁案：「而」通「爾」，見本篇簡7「今異於而（爾）言」。

「毀」即「與」，又見《上博五·季康子問於孔子》簡21「因邦之所賢而毀（興）之」。「康」字《說文》列爲「穅」之重文，當讀爲「康」，安也。

會，李銳先生〈曹劌新編〉通讀作「刖」。佑仁案：李說似釋「興」、「康」爲負面義，故有此解。《左傳·宣公七年》：「鄭及晉平，公子宋之謀也，故相鄭伯以會。」爲人物會面之義。簡文「以會」則可能是軍

隊會合於某個地點。

不行，李銳先生〈曹劌新編〉以爲「『行』，《廣雅·釋詁二》：『行，陳（陣）也。』」邴尙白先生〈曹沫注釋〉以爲：「『不行』即行列不整、陣形混亂之意，此爲兵家大忌。避免『不行』的要素之一，即爲軍隊行動不可太快。」佑仁案：二家說可從，「行」讀「行列」之「行」。

### ⑯ 勿兵以克

原考釋以爲「似是『不戰而屈人之兵』的意思（參看《孫子·謀攻》）。」陳斯鵬先生〈曹沫校理〉釋作「刀兵以克」。淺野裕一先生〈曹沫兵學〉以爲「『勿兵以克』……，打仗並非以兵器的優劣獲勝，而以人才的優劣來獲勝，所以將地位比敵軍的指揮官高的人物任命爲指揮官，鬥志便提高而能獲勝」。

佑仁案：陳斯鵬先生〈曹沫校理〉先生釋「勿」爲「刀」，不可從。簡文「兵」泛指軍戰。從簡文強調兵器之砥礪與冑甲之堅、以及指揮官比敵軍高一階來看，曹沫之義謂不要攻戰來求克敵致勝，而要以戰備之精良來遏阻戰爭。

# 第四章　論用兵之機

## 【釋文】

牀（莊）公曰：「既成（承）耆（教）矣，出帀（師）又（有）幾（機）①虖（乎）？」

酓（答）曰：「又（有）。臣䎽（聞）之：三軍出，【四十】丌（其）遾（將）逞（卑）、父𦐨（兄）不䕃（薦）、絲（由）

邦䢹（御）之②，此出帀（師）之幾（機）。」

臧（莊）公或（又）䎽（問）曰：「三軍嬰（散）果③又（有）幾（機）虖（乎）？」

貪（答）曰：「又（有）。臣䎽（聞）【四二】之：三軍未成戥（陣）、未豫（舍）④、行堅（阪）淒（濟）墜（障）⑤，此嬰（散）果之幾（機）。」

臧（莊）公或（又）䎽（問）曰：「戰（戰）又（有）幾（機）虖（乎）？」

貪（答）曰：「又（有）。丌（其）去（去）之【四三】不淶（速），其遝（就）之不専（傅）⑥，丌（其）墜（啓）節不疾⑦，此戰（戰）之幾（機）。是古（故）矣（疑）陳（陣）敗，矣（疑）戰死⑧。」

臧（莊）公或（又）䎽（問）曰：「既戰（戰）又（有）幾（機）虖（乎）？」【四四】

貪（答）曰：「又（有）。亓（其）賞譏（鮮）戲（且）不中⑨，亓（其）誈（誅）砫（重）戲（且）不設（察）⑩，死者弗收⑪，剔（傷）者弗䎽（問），既戰（戰）而又（有）怠＝（怠心）⑫，此既戰（戰）之幾（機）ㄥ。」【四五】～

## 【注釋】

①幾（機）

幾，原考釋讀為「忌」，指忌諱，謂「『幾』是見母微部字，『忌』是群母之部字，讀音相近」。

　　陳劍先生〈曹沫釋文〉讀作「機」，以爲：「『幾』下文屢見，原皆釋讀爲『忌』，不可信。此類用法之『幾』舊注多訓爲『微』、『事之微』等，古書亦多作『機』。簡文此處及下文之『幾（機）』可翻譯作『機會』、『時機』，皆就敵方之可乘之機而言，『其將卑』云云之『其』指對方、敵軍，與上文簡 17～18『以事其便嬖』之『其』同。下文『三軍出』、『三軍散果』亦皆指敵方而言。燕王職壺講燕昭王自即位起即準備出兵伐齊而『乇（度）幾（機）三十（年）』，……『幾』字用法與簡文同。《逸周書·大武》：『武有七制：政、攻、侵、伐、陳、戰、鬭。……伐有七機，機有四時、三興；……四時：一春違其農，二夏食其穀，三秋取其刈，四冬凍其葆。三興：一政以和時，二伐亂以治，三伐飢以飽。凡此七者，伐之機也。』『機』字用法與簡文尤近。」

　　佑仁案：簡文四「幾」，讀「忌」讀「機」，聲韻皆可通。楚文字中真正作「禁忌」、「忌諱」義的字，又見《郭店·老子甲》簡 30「天多异諱」，今本《老子》作「天下多忌諱」；《上博（五）·三德》「訂而不訂，天乃降災」，原考釋者李零先生以爲「這裡似用爲『忌』字」。用字都與今字「忌」不同。

　　本節「幾」字讀「忌」、讀「機」，音義皆可通，讀「忌」重在防守，讀「機」重在攻戰。朱賜麟學長〈曹劌思想〉第二章·二「簡書的背景年代試探」推測〈曹沫之戰〉的背景，以爲魯莊公將爲大鐘，矜其功伐，顯然是在戰勝之後。魯莊公十年齊師伐魯，曹劌請見，並於長勺之戰獲勝，曹劌始受莊公信任，本篇莊公向曹劌請教陳戰之道，應在十年之後。莊公十年、十一年三度侵宋獲勝，十二年無事，其後魯三敗於齊，獻遂邑之地以求和，十三年齊魯有柯之盟，曹劌劫盟索地。因此莊公鑄大鐘、勵精圖治，應在魯莊公十一年夏敗宋之後，至十二年之間；而簡文「吾欲與齊戰」則應在十二年至十三年之間。旭昇案：這個推測很有道理。魯莊公鑄大鐘以矜功伐，又欲與齊戰，顯然很有企圖心，因此莊公問陳的主要目的應該是「攻戰」，而不是「防守」。其次，讀「幾」爲「機」，

有文獻佐證，陳劍先生〈曹沫釋文〉先生的文章舉證已詳。再次，莊公問出師有幾、散果有幾、戰有幾、既戰有機，均用「幾」字；而問復敗戰有道、復盤戰有道、復甘戰有道、復故戰有道，均用「道」字，二者攻守不同，用字亦有別。

② 父蹅（兄）不廌（薦）、穌（由）邦馭（御）之

　　蹅，原考釋隸定作「蹅」，括號注「兄」。佑仁案：字右上實從「之」不從「止」。

　　廌，原考釋讀「薦」，釋本句為「其忌在將帥出身卑賤，又無父兄薦舉，必須由國家遙控」。陳劍先生〈曹沫釋文〉釋作「廌（薦－存）」。佑仁案：「父兄」兩個可能，一是國君之父兄，如簡35「毋長於父兄」，即指國君之父兄，一是將軍的父兄。二說皆可。另外，「廌」字讀作「薦」或「存」在楚文字中都可能成立，不過，「父兄不存」，子弟擔任將軍未必不適任。相反地，父兄不薦，則肯定對此一子弟的能力不信任。

　　馭，從馬卬聲，即「馭」字。原考釋以為「其忌在將帥出身卑賤，又無父兄薦舉，必須由國家遙控」。陳劍先生〈曹沫釋文〉以為「原第37簡下注釋引《六韜·龍韜·立將》：『臣聞國不可以從外治，軍不可以從中御。』謂『自古兵家最忌中御之患』，可移以說此處簡文。……『由邦御之』，亦即其將不得專制於軍中」。二說並同。

③ 罃（散）果

　　罃果，原考釋謂「疑讀『散裹』，銀雀山漢簡《孫臏兵法·官一》……有所謂『圉（御）裹』，是防止敵人包圍的辦法。這裡的『散裹』可能是指打破敵人包圍的辦法」。又在「散果之忌」注下云：「以上是講出師後、臨戰前，在行軍途中防止敵人包圍的注意事項。其忌在於隊形不整而穿越險阻（容易遭人伏擊）。案：宋楚泓之役，宋襄公恪守古訓，不肯乘楚師半渡未陳而擊之，遭慘敗。後世兵家都以『半渡而擊』、『未陳

而擊」爲大利（參看《孫子·行軍》、《吳子·料敵》）。」

陳劍先生〈曹沫釋文〉隸定作「散（？）」表示尚有疑義。陳斯鵬先生〈曹沫校理〉隸定作「捷果」。淺野裕一先生〈曹沫兵學〉以爲「其次莊公問『散裹之忌』，亦即關於軍隊集散的禁忌。曹沫對此的回答是，行軍隊形尚未整齊而欲穿越險阻的地形，便會產生軍隊分散的危險性，所以這便是關於軍隊集散的禁忌。」蘇建洲學長〈楚文字雜識〉認爲：「甲骨文『散』字作 （《甲》1360），裘錫圭先生認爲本義是芟除草木。季師旭昇以爲從木，小點象被打散而掉下來的散落物。西周金文『散』字作 （散車父壺），偏旁類似『林』形。『△1』、『△2』的固定部件是『林』、『戈』，而王國維先生早就提出『攴』、『戈』皆有擊意，所以古文字可以相通。如《包山》135 反『陰之「職」客』作 ，從『戈』；134 作 ，從『攴』。還有古文字『啓』、『救』、『寇』，馬王堆漢墓帛書『敵』、『攻』等字所從的『攴』旁，皆有寫作從『戈』的。所以『△1』、『△2』可以理解從『林』、『攴』。」又謂：「《包山》60 有字作 ，……可能應釋爲『散』，簡文作人名用。」邴尚白先生〈曹沫注釋〉以爲「陳斯鵬先生〈曹沫校理〉之釋，可能是因爲三體石經『捷』字古文作『  』，假『戢』爲『捷』，與『肈』形近。然石經『戢』字上半應爲『才』之訛，與『林』有別，故其說亦不可從。」朱賜麟學長〈曹劌思想〉以爲此字從戈，應有殺伐義。

佑仁案：西周中〈寰鼎〉有「捷」字，《金文編》摹作 ，置於「捷」字下，並云「三體石經古文作戢，从木與从艸作戢同意」（《金文編》頁783），可知三體石經「  」字實應依《金文編》所謂乃「艸」之義符替換，而非「才」之訛。

旭昇案：甲骨文有「  」、「  」字，（《甲骨文編》490-492頁），吳振武先生〈「  」字的形音義〉釋前者爲「殺」，後者爲「形沙」之「沙」的象形初文（亦可通讀爲「殺」）。陳劍先生〈甲骨金文「  」字補釋〉以爲當釋爲「翦」、「踐」、「殘」等字，又謂「金文中見于寰鼎、呂行壺、

四十二年逑鼎和庚壺等器，與三體石經『捷』字古文爲一系的那些字，它們的聲符也像是以戈斬殺草木之，跟『屮』形相類。此外包括『芟』、『楸』、『殺』等字，從字形看也都像芟除、刈殺草木之形，它們旳讀音又都有密切關係」，是簡文此字還有討論的空間，姑從原考釋讀爲「散」。「散果」雖未見古籍，但是由曹沫回答的「三軍未成陳、未豫、行阪濟障」等三個時機可以知道，這應該是「兩軍將戰，一方趁敵方尚未完成作戰態勢時的搶攻行爲」，原考釋謂「指打破敵人包圍的辦法」，也許是可以商榷的。

④ **三軍未成戙（陳）、未豫（舍）**

原考釋斷爲「三軍未成，陳（陣）未豫」，以爲「『戙』讀『陳』。『陳未豫』，似指沒有排列好陣形。『豫』或讀爲『敘』」。

陳劍先生〈曹沫釋文〉斷作「三軍未成陳，未舍，行阪濟障」，以爲「按《吳子・料敵》有『吳子曰：凡料敵，有不卜而與之戰者八……八曰陣而未定，舍而未畢，行阪涉險，半隱半出……』『陣而未定，舍而未畢，行阪涉險』與簡文『三軍未成陳，未豫（舍），行阪濟障』甚相近」。佑仁案：陳說可從。本句的「豫」已是接戰時刻，所以應該釋爲「安寨紮營」。

⑤ **行堅（阪）淒（濟）墬（障）**

原考釋以爲「『堅』即『阪』，是山之坡；『墬』即『障』，是水之岸」。

佑仁案：《說文》：「坡，阪也。从土皮聲。」又《說文》：「阪，坡者曰阪。一曰澤障。一曰山脅也。」是「阪」即斜坡。「淒（清脂）」、「濟（精脂）」，聲近韻同，可以通假。「濟」訓作渡，此義常見。障，《說文》「隔也」，在本簡中乃指岸邊的堤防。《呂氏春秋・愛類》：「禹於是疏河決江，爲彭蠡之障。」高誘注：「障，隄防也。」

⑥其邊（就）之不專（傳）

原考釋以爲「『就之』，與『去之』相反，是前往趨敵。『不附』，似指猶猶豫豫，欲戰不戰」。

陳劍先生〈曹沫釋文〉讀「專」爲「傅」，以爲「『專』原讀爲『附』。按『專』『附』古音不同部，『專』當讀爲『傅』，訓爲傅著之『著』。『附』也常訓爲『著』，漢代魚部與侯部合流，漢人及後代人注書遂多謂意爲『著』之『傅』『讀曰附』」。陳斯鵬先生〈曹沫校理〉讀「專」爲「迫」。邴尚白先生〈曹沫注釋〉以爲「陳劍之說是，……古兵書中『傅』字的這種用法頗常見，如銀雀山漢簡《孫臏兵法·擒龐涓》:『蟻傅』（簡九）、〈官一〉:『奔救以皮傅』（簡一五七），〈十問〉:『或傅而詳北』（簡二二零）『五遂俱傅』（簡二二一）、〈善者〉:『進則傅於前』（簡二七八）等，諸例中的『傅』，均指軍隊迫近、接觸」。佑仁案:陳劍先生說可從。

⑦丌（其）塝（啓）節不疾

原考釋讀「啓節」，謂:「疑指『發機』。《孫子·勢》:『是故善戰者，其勢險，其節短。勢如彍弩，節如發機。』又《孫子·九地》:『帥與之深入諸侯之地，而發其機。』」

佑仁案:「塝」字原簡作「![塝字形]」，字形从「土」、「攼」聲，讀「啓」可信。簡文謂敵方發動攻擊的時間點不夠迅速果決，乃我方作戰之機。

⑧是古（故）矣（疑）陳（陣）敗，矣（疑）戰死

原考釋以爲「以上是講投入作戰後的忌諱。其忌在於猶猶豫豫，缺乏果斷，說走又不馬上走，說戰又不馬上戰，發動攻擊遲疑不決，所以說『疑陳敗，疑戰死』。《六韜·龍韜·軍勢》:『用兵之害，猶豫最大。三軍之害，莫過狐疑。』可參看」。

佑仁案：「矣（匣之）」、「疑（疑脂）」，音近可通，《郭店·唐虞之道》簡18「卒王天下而不矣」，〈尊德義〉簡19「可學也而不可矣也」，均讀「矣」爲「疑」。旭昇案：此指敵方「其去之不速，其就之不傅，其啓節不疾」，猶宋襄公於泓之戰猶豫不決，予人可趁之機，因而致敗而死。

## ⑨亓（其）賞譏（鮮）虞（且）不中

原考釋以爲「從戋（楚『歲』字）聲，疑讀爲『淺』（『淺』是清母元部字，『歲』是心母月部字，讀音相近）」。佑仁案：「譏」也可以讀作「鮮」，「鮮（心元）」，「鮮」訓作「少」、「寡」，常見。

## ⑩亓（其）詎（誅）砫（重）虞（且）不設（察）

詎，原考釋讀作「誅」。佑仁案：「詎」字又見包山簡，如簡 15「君王詎僕於子左尹」，劉信芳先生讀「屬」以爲「屬者，託付也。……就『詎』之字形而言，應是『誅』之異構」。（《包山楚簡解詁》頁25~26）「誅」早期的意思是剷除、誅伐，此易「戈」從「言」，並改「朱（端侯）」聲爲「豆（定侯）」聲，可見「言語上」的懲罰、懲治也可以用「誅」。

「砫」，原考釋讀作「厚」。李守奎先生〈曹沫隷定〉以爲字應「從『石』，『主』聲，當隷定作『砫』，是楚之『重』字」。佑仁案：一般戰國楚系「厚」字作 (郭·老甲4)、 (郭·語一82)，此字從石、主聲，應讀作「重」。

設，原考釋以爲「見於郭店楚簡《窮達以時》、《五行》等篇，是作『察』字」。可從。「誅重」一詞亦見古籍，如《韓非子·姦劫弑臣》：「於是犯之者其誅重而必，告之者其賞厚而信。」指處之以重罪。

## ⑪死者弗收

收，原考釋以爲「指收屍」。佑仁案：《史記·扁鵲倉公列傳》記載虢太子死，扁鵲問中庶子喜方者：「『其死何如時？』曰：『雞鳴至今。』曰：『收乎？』曰：『未也，其死未能半日也。』」《集解》云「收謂棺斂」。

⑫ **既戰（戰）而又（有）怠 ＝（怠心）**

怠，原考釋以爲「合文，讀『殆心』，指危懼之心。」陳劍先生〈曹沫釋文〉讀爲「怠」。淺野裕一先生〈曹沫兵學〉釋全句爲「在國內產生不安之心。」佑仁案：讀「怠」爲是。謂主事者有懈怠之心。

# 第五章　論復戰之道

## 【釋文】

臧（莊）【四五】公或（又）䎦（問）曰：「『遰（復）敗（敗）戰（戰）』又（有）道虖（乎）①？」

含（答）曰：「又（有）。三軍大敗（敗）【四六上】，死者收之，剔（傷）者䎦（問）之②，善於死者爲生者③。君【四七▽】乃自悆（過）㠯（以）敓（悅）於嫠（萬）民，弗琂（狎）危墬（地），母（毋）火飤（食）④【六三上】，毋詎（誅）而賞，母（毋）皋（罪）百眚（姓），而改亓（其）遥（將）⑤。君女（如）親（親）銍（率），【二七▽】，必聚群又（有）司而告之：『二厸（三）子孛（勉）之，沚（過）不才（在）子，才（在）【二三上】募（寡）人⑥。虗（吾）戰（戰）啻（適）不訓（順）於天命』⑦，反（返）帀（師）將遰（復）戰（戰）⑧【五一下】；必訋（召）邦之貴人及邦之可（奇）士⑨狄（旅／御）卒事（使）兵⑩，母（毋）遰（復）耑（前）【二九△】

裳（常）⑪。凡貴人，囟（使）処（處）前立（位）一行，逡（後）則見亡⑫。進【二四下】則彔（祿）箈（爵）又（有）裳（常）⑬，幾（機）莫之當⑭。」

臧（莊）公又（問）曰：「『遚（復）盤戩（戰）⑮』又（有）道虖（乎）？」

舍（答）曰：「又（有）。既戩（戰）遚（復）豫（舍）⑯，虖（號）命（令）⑰於軍中【五十】曰：『纏（繕）麋（甲）利兵，明日牉（將）戩（戰）。』則戟（廝）氒（徒）剔（煬），弖（以）盤遰（就）行⑱，【五一上】遊（失）車麋（甲），命之母（毋）行⑲，盟＝（盟〔明〕日）⑳牉（將）戩（戰），思（使）爲前行。牒（諜）人㉑【三一▽】坒（來）告曰：『亓（其）遅（將）衔（帥）聿（盡）剔（傷），戟（車）連（輦）皆栽（戈）㉒。』曰牉（將）早行㉓。乃命白徒：『早飤（食）戕（韄）兵，各載尔（爾）賢（藏）㉔。』既戩（戰）牉（將）敳（量），爲之【三二】母（毋）怠（怠），母（毋）思（使）民矣（疑）㉕，返（及）尔龜箈（筮）㉖，皆曰『勅（勝）之』，改紧（冒）尔（爾）鼓㉗，乃遊（秩）亓（其）備㉘。明日遚（復）戕（陣），必迊（過）亓（其）所㉙，此『遚（復）【五二】盤戩（戰）』之道。」

臧（莊）公或（又）𦖋（問）曰：「『遚（復）甘（酣）戩（戰）㉚』又（有）道虖（乎）？」

舍（答）曰：「又（有）。必【五三上】憇（慎）弖（以）戒㉛，客（焉）牉（將）弗克㉜？母（毋）冒弖（以）逭（陷），必迊（過）前攻㉝。【六十下】賞膅（獲）詥（飭）爭（蒽）㉞，弖（以）懽（勸）亓（其）志。埇（勇）者憙（憙／喜）之，兂（惶）者愳（悔）之㉟；壜（萬）民【六一△】贛（貢）首，皆

欲或（克）之㊱，此『遉（復）甘戝（戰）』之道。」

臧（莊）公或（又）𩒷（問）【五三下】曰：「『遉（復）故（苦）戝（戰）㊲』又（有）道虖（乎）？」

含（答）曰：「又（有）。收而聚之，緐（束）而厚之㊳，貹（重）賞泊（薄）𡌦（刑），思（使）忘亓（其）死而見（獻）亓（其）生㊴，思（使）良【五四】車、良士往取之餌㊵，思（使）亓（其）志𢀌（起）；戤（勇）者思（使）憙（喜），挙（葸）者思（使）𤾂（悔）㊶，狀（然）句（後）改訋（始）㊷，此『遉（復）故（苦）戝（戰）』之道。」【五五】～

## 【注釋】

①遉（復）敗（敗）戝（戰）又（有）道虖（乎）

原考釋以爲「『復敗戰』，指挽救『敗戰』。《左傳·莊公十一年》：『凡師，敵未陳曰敗某師，皆陳曰戰，大崩曰敗績。』『敗』與陣形潰亂有關。案：以下『復』字含義相同。『復敗戰』、『復盤戰』、『復甘戰』、『復故戰』，都是講處於不利情況下應當採取的補救措施。」

陳劍先生〈曹沫釋文〉以爲：「按由下文曹沫的回答『有。三軍大敗，死者收之，傷者問之……』云云，可知『復敗戰之道』指已經打了敗戰之後，要再戰鬥即『復戰』的辦法。後文『復盤戰』、『復甘戰』、『復故戰』類同，只是『盤戰』等之具體含義不明。」

佑仁案：本簡此處的「復」應訓作「返」，「復戰」即「返戰」，即整頓再戰，《爾雅·釋言》：「復，返也。」復敗戰雖未見古籍，但「復戰」一詞則爲古代習語，如《左傳·哀公十三年》云：「丙戌，復戰，大敗吳師，獲太子友、王孫彌庸、壽於姚。」

②死者收之，剔（傷）者餌（問）之

　　　原考釋以爲「『者』上應爲『死』字。」陳劍先生〈曹沫釋文〉以爲「死」字應補在簡 47。佑仁案：陳說可從。「收」謂「收屍」解釋，已見簡 45「死者弗收」。

③善於死者爲生者

　　　原考釋以爲「此句是說祇有懂得優卹死傷，方能求得生存。」佑仁案：「死者（包括傷者）」與「生者」相對，則「生者」似指「活著的人」。全句謂善待死傷者，是爲了鼓舞激勵活著的人。

④弗琗（狎）危埊（地），母（毋）火猷（食）

　　　琗，原考釋者以爲「待考，疑是據、處之義。」孟蓬生以爲「琗字不識，但其結構當分析爲从玉，卒聲。以音求之，此字當讀爲『躡』或『韂』。古音卒、韂、躡相同。……『弗琗危地』即『不蹈危地』或『不履危地』之義。」陳斯鵬先生〈曹沫校理〉釋作「遒」……應從《說文》「卒，讀若鵗」而來。李銳先生〈曹劌新編〉讀作「狎」，以爲「『琗』字可讀爲『狎』，參李家浩：《讀〈郭店楚墓竹簡〉瑣議》，……《玉篇·犬部》：『狎，近也。』」魏宜輝先生〈上博四劄記〉以爲「從音義求之，『琗』似可讀作『涉』。『涉』有『進入』、『陷入』的意思。」淺野裕一先生〈曹沫兵學〉隸定爲「臻」。

　　　佑仁案：字从玉从卒無疑義。越來越多的資料說明，楚文字「卒」多讀「甲」聲，因此「琗」當即「玾」字，讀爲「狎」，《尚書·大甲》：「予弗狎于弗順」，孔傳：「狎，近也」。

　　　危，原考釋隸作「危」，學者沒有不同意見。旭昇案：各家都沒有討論「危地」，文獻中的「危地」放在此處也都不可解。以「毋狎危地」與「毋火食」並舉來看，這是人君自我反省的一種作爲，則「危地」或

指田獵游玩之地。

火，原考釋隸定作「亦」。陳劍先生〈曹沫釋文〉以爲當是「火」字，火食即君自過措施之一。可從。

⑤ 毋　詎（誅）而賞，母（毋）辠（罪）百眚（姓），而改亓（其）迖（將）

「毋」字殘，原考釋補；又釋「誅」爲「懲罰」；隸「迖」爲「將」。

旭昇案：釋「迖」爲「將」，可從。「迖」，當爲「遷」字之省，「遷」字金文常見（《金文編》256號），舊或釋匡、揚、將；又《包山楚簡》多見，或省作「迖」（參《楚文字編》113頁），依文例「遷（迖）楚邦之帀」知當讀爲「將」字。今得〈曹沫之陳〉此形，知「遷」之異體又增「迖」一形，且知金文、楚簡皆當讀爲「將」或「揚」，而不得讀「匡」。此字當釋爲從「羊（喻陽）」聲，「將（精陽）」、「羊（喻陽）」同韻，聲母則古音精紐與喻紐可通，如《考工記》「置槷以縣」，「槷」杜子春讀爲「杙」，《釋文》：「以職反（喻母）。劉杙音子則反（精母）。」讀爲「揚（喻陽）」，則與「羊」聲韻畢同。

⑥ 迚（過）不才（在）子，才（在）募（寡）人

原考釋以爲「才」下一字似是「君」字。白于藍先生〈曹沫新編〉將簡23上下分開，簡23上接簡51下，又將「才」下一字隸爲「寡」字，文義適洽可從。

⑦ 虘（吾）戰（戰）啻（適）不訓（順）於天命

「啻」字原考釋讀「敵」，各家均從之。

旭昇案：「啻」即「啇」，又見《望山楚簡》M1.77「南方又（有）敓與啻」，朱德熙、裘錫圭、李家浩先生考釋讀爲「謫」，是「啻」字未必一定讀爲「敵」。竊以爲本句如讀爲「吾戰敵不順於天命」，爲全稱敍

述，則缺乏復敗戰的理由；如讀爲「吾戰適不順於天命」，則爲部分敘述，表示前者戰敗係由於不順天命，今者反省改過，則可以順天命，復敗戰也。

⑧ 反（返）師將逯（復）戰（戰）

原考釋以簡 51 下接簡 52，讀爲「反師將復。戰毋殆」，且謂「『返師將復』，疑指回營休整。」陳劍先生〈曹沫釋文〉把簡 52 放在復敗戰，朱賜麟學長〈曹劌思想〉從之，並以簡 51 下接簡 29，文義較合理。蓋召集「邦之貴人及邦之奇士」與戰，究非常態，放在「復敗戰」，做生死之搏，則較合理。

⑨ 必訋（召）邦之貴人及邦之可（奇）士

訋，原考釋讀作「約」，以爲「指約束規定」。邴尙白先生〈曹沫注釋〉讀爲「召」，以爲字又見於上博〈昭王毀室〉簡二、四、〈昭王與龔之脽〉簡七，「訋」、「召」上古音分屬宵部端母及宵部章母，可以相通」。

佑仁案：釋約、釋召，音皆可通。如依各家簡序，釋「約」較妥；但如把貴人、奇士放在復敗戰，則釋「召」字較妥。蓋「召」字較有強制性。

「貴人」一詞先秦古籍多見，但用法意義不一，是否爲專屬之官名，待考。古籍中「貴人」與戰事有關之文例如《呂氏春秋·季冬記》：「鄭人之下轅也，莊蹻之暴郢也，秦人之圍長平也，韓、荊、趙，此三國者之將帥貴人皆多驕矣，其士卒眾庶皆多壯矣。」

旭昇案：原考釋於簡 24 注謂貴人「指身份高的人」，失之稍泛。簡 24 上＋簡 30 云「貴立（位）砫（重）飤（食）思（使）爲前行」，此爲「爲和於陣」之編制，至「復敗戰」時改爲「凡貴人，使處前位一行」，則此「貴人」之身份應較「貴位」爲高，當指皇親國戚、君王親信之類。

⑩伀（旅／御）卒事（使）兵

原考釋以為「第一字又見下第四十一簡（佑仁案：當為簡37之誤），正始石經（《左傳·隱公元年》正義引）、《汗簡》第二十六頁背、《古文四聲韻》卷一第二十四頁正並以為古文『虞』字。這裡疑讀為『御卒使兵』。」

陳劍先生〈曹沫釋文〉讀作「御？」陳斯鵬先生〈曹沫校理〉釋作「從」；蘇建洲學長〈三則補議〉以為即「旅」字古文之訛變，認為「御卒」可能是「御士」、「奇兵」互文的用法，又或讀為「武卒」。何有祖先生〈上博四劄記〉據《汗簡》第55頁背引《李商隱集字》『耀』字作 燃，從『火』，從 炆，以為此字是「耀」的聲符，當可讀為「耀」，有炫耀展示之意。邴尚白先生〈曹沫注釋〉據《龍龕手鑑》「盜」之古文作「炎」、「焚」，當以「伀」為聲符，因讀此字為「盜（宵定）」，與「耀（宵餘）」相近，於簡文則讀作「擢」，訓為選拔。

佑仁案：此字釋「旅（御）」、「耀」、「盜（握）」，在字形上都有一定的道理。因此當從文義訓讀來考量。本句謂「必召邦之貴人及邦之奇士伀卒使兵」，「伀卒」與「使兵」並列，則讀為「御卒」最妥。此字又見簡37「毋伀軍」，亦以讀為「御」字最為妥適。至於此字由「旅」字古文訛變，說參《上博一讀本·緇衣》注4。

「使兵」之「兵」字，淺野裕一先生〈曹沫兵學〉以為乃「兵器」之義。但是簡文此處作「御卒使兵」，「兵」應與「卒」同義，古籍中「兵」、「卒」常對舉，如《荀子·議兵》：「故仁人之兵，聚則成卒。」

⑪母（毋）返（復）冑（前）常（常）

本句的拼接釋讀，各家出入甚大。此從陳斯鵬先生〈曹沫校理〉，以簡29後接簡24下。

「冇」，原考釋認作「遊（失）」。陳劍先生〈曹沫釋文〉以簡
29 下接簡簡 31，改隸「失」爲「前」，以爲可理解爲「前軍」、「前
行」。陳斯鵬先生〈曹沫校理〉讀爲「必訽邦之貴人及邦之可士從卒，
弁〈史-使〉兵毋復前常」而未作解釋。邴尙白先生〈曹沫注釋〉從陳
斯鵬簡序，斷爲「使兵毋復，前當」，謂「前當」應是指與敵相對之前
頭正面的意思，故前面的部隊不要動，即可爲「前當」。簡文「使兵毋
復，前當」，可能是指使軍隊不要逃回，以「貴人」、「奇士」、「擢卒」
等精銳部隊爲前頭正面。

　　佑仁案：原考釋所隸「失」字，依所殘字形應改爲「前」字。邴讀
謂「使兵毋復，前當」應爲「指使軍隊不要逃回，以『貴人』、『奇士』、
『擢卒』等精銳部隊爲前頭正面」，三軍即將出陣，國君親自率領，國
君特地召見貴人、奇士、擢卒等本軍最優秀的人才，目的只是提醒「軍
隊不要逃回」，此可能性似較不高，也不符合一個領導者應有的態度。

　　旭昇案：讀「毋復前常」，可從。此時三軍大敗，將復敗戰，邦之
貴人、奇士御卒使兵，「不要再依照先前作戰的慣例」，而要讓邦之貴
人「處前位一行」，以身先士卒，激勵士氣，謀一死戰。

### ⑫ 凡貴人，囟（使）処（處）前立（位）一行，遌（後）則見亡

　　囟，原考釋隸爲「由」，讀爲「思」。孟蓬生先生〈上博四閑詁〉
主張就直接讀爲「使」。可從。後則見亡，原考釋以爲「貴人居後，則
容易潰亡」。可從。旭昇案：隸爲「由」，易與《說文》釋爲「鬼頭也」
之「由」字混淆，當隸定爲《說文》訓爲「頭會匘蓋也」之「囟」。見，
被動詞，猶今語「被」，說見楊樹達《詞詮》，「見亡」謂「被滅亡」。

### ⑬ 進則彔（祿）簎（爵）又（有）裳（常）

　　原考釋將此簡與簡 49 連讀，釋「勝則祿爵有常」爲「得勝後，賜
賞爵祿當有法度。」李銳先生〈曹沫新編〉讀「常」爲「賞」。佑仁案：

本篇「賞」字咸从貝、尚聲，如簡 21、27、35、45、54、61、62 等，本簡「常」字據本字讀較佳。

## ⑭ 幾（機）莫之當

原考釋謂「指忌諱不得其當」。陳劍先生〈曹沫釋文〉以為「『幾莫之當』當指採取以上諸措施之後復戰，則我軍兵眾奮勇向前，近於無能抵擋之者。對照後文有關部分可知，此句後省略了總結收束之語『此復敗戰之道』」，讀「幾」為「幾近」。朱賜麟學長〈曹劌思想〉讀為「機莫之當」。

旭昇案：朱讀可從。「機」謂機會、關鍵。指依前述方式部署，貴人使處前一行，進則祿爵有常，此致勝之機，無可當者。當，謂相當。本篇「幾」字除「幾犀君子」外，均讀為「機」。

## ⑮ 遉（復）盤戰（戰）

盤戰，原考釋隸為「盤戰」，謂「待考，疑與下文『盤就行□人』有關」。淺野裕一先生〈曹沫兵學〉以為「盤」是「槃」的籀文，等於「瘢」，意味著傷痕，將「復盤戰」解釋為「重新建立戰敗而受損傷的軍隊之方法」。邴尚白先生〈曹沫注釋〉以為「盤」有回旋、回繞之義。「盤戰」疑指與敵周旋，戰況膠著之義。

旭昇案：盤戰，文獻未見，其義不明，以曹沫回答內容衡之，各家簡序雖不盡相同，但可以肯定的有「既戰復舍」、「繕甲利兵，明日將戰」、「龜策皆曰勝之」、「明日復陳，必過其所」，因此可以推測「復盤戰」當係指前一日戰況膠著，次日繼續奮力作戰。邴說近之。

## ⑯ 既戰（戰）遉（復）豫（舍）

原考釋以為「讀『復豫』，疑指重整隊形。『豫』或讀為『敘』。」陳劍先生〈曹沫釋文〉隸作「既戰復舍」。淺野裕一先生〈曹沫兵學〉

以爲「『復豫』表示軍隊已經打過一次仗。『復豫』表示：軍隊戰敗後從戰場撤退而回到行軍隊形。」

佑仁案：讀「復舍」可從。應是屯駐營寨之意，《國語·晉語六》：「欒武子曰：『昔韓之役，惠公不復舍』」，可參。

## ⑰ 虖（號）命（令）

原考釋隸「虖」讀「號」。佑仁案：可從。「號（匣宵）」，「呼（曉魚）」，看似音韻都不同，但楚簡中「呼」、「號」通假之例證很多，如從「虎」聲之「虖」字可以讀作「號」，也可以讀作語助詞「乎」，《郭店·老子甲》簡34「終日虖而不憂，和之至也」，今本作「終日號而不憂，和之至也」；《上博一·孔子詩論》簡7「文王隹（雖）谷（欲）巳（已），尋（得）虖（乎）？此命也」則讀作「乎」，可見從「虎」聲之「虖」字讀作「號」、「呼」都可。

旭昇案：「虖」字應視爲「虎」字之繁化，其下部之人形兩旁加飾筆而成「介」形，字實即「虎」，在此讀爲「號」。

## ⑱ 戝（廝）尼（徒）剔（煬），弖（以）盤遑（就）行

廝徒，原考釋作「戝尼」而無釋。

陳劍先生〈曹沫釋文〉以爲「『廝徒』原未釋出。『戝』字右從『戈』，左半所從非一般的『其』字，乃『斯』之左半。此字可分析爲從『斯』省聲，同時楚簡文字『斯』字常省去『斤』只作此字左半之形，故直接說爲從此類省體之『斯』得聲亦未嘗不可。『尼』可讀爲『徒』參看董珊《中山國題銘考釋拾遺（三則）》……『廝徒』見於《戰國策·魏策一》『蘇子爲趙合從說魏王』章、……《蘇秦列傳》『廝徒十萬』正義：『謂炊烹供養雜役。』」陳斯鵬先生〈曹沫校理〉隸作「戝宅」。白于藍先生〈曹沫新編〉讀作「戝宅」。淺野裕一先生〈曹沫兵學〉隸定作

「旗旄傷亡」，主張「『戠旡』二字從文章脈絡解釋爲『旗旄』。」又云「『旗旄傷亡』表示連軍旗都破損的狀況。」

佑仁案：此字左旁見《郭店·性自命出》簡34「奮㠯惛」，實即「斯」省。「旡（透鐸）」讀爲「徒（透魚）」，亦可從。

剔，原考釋讀「傷」。李銳先生〈曹劌新編〉以爲「《蘇秦列傳》『廝徒十萬』正義：『謂炊烹供養雜役。』。『煬』，原釋文讀爲『傷』，今改讀爲『煬』。《莊子·寓言》：『煬者避竈』，陸德明《釋文》：『煬，炊也。』『以』，原釋文隸定爲『亡』，似即『以』字。今將上下文重新點讀，大意似說炊烹者準備好豐盛的食糧，讓爲前行士兵們在行列飽餐。」

旭昇案：讀「煬」爲是。「廝徒」本負責炊烹，則無傷亡之事。況「復盤戰」與「復敗戰」不同，當不致於動員至本無甚戰鬥力之廝徒。「戠（廝）旡（徒）剔（煬），已（以）盤遆（就）行」，謂命廝徒炊烹備餐，以安就行之戰士。盤釋爲安，其義常見（與「復盤戰」之「盤」可能用法不同）。「以」字從李銳先生釋讀。

「就行」句，原考釋讀作「亡，盤遆行□人」，以爲「含義不明」。陳劍先生〈曹沫釋文〉釋作「盤就行」。淺野裕一先生〈曹沫兵學〉以爲「『槃就行』表示槃存在於撤退的軍中。可能意味著，將損傷的部隊（槃）補充到『行』，進而恢復戰力」。佑仁案：《吳子·治兵》：「一鼓整兵，二鼓習陳，三鼓趨食，四鼓嚴辨，五鼓就行。」齊光云：「就行：進入行列，就，開始進入，到。行，行列」（《吳起兵法今譯》頁51）李增杰先生以爲「就行」乃「各隊官兵進入大軍行列」（《吳子注譯析》頁18）。本簡指已歸入編好戰鬥行列的戰士。

⑲ 遊（失）車廛（甲），命之母（毋）行

原考釋隸定作「遊（失）車廛（甲），命之毋行」。李銳先生〈曹劌

重編〉以爲「原作『佚』，疑讀爲『秩』，《說文》：『秩，積也。』下同。前文言『車輦皆戈』，此處『秩車甲，命之毋行』，當同於收兵」。

佑仁案：「失」字當從原考釋依本字讀即可，「失車甲」指失去車甲的戰士，「命之毋行」謂命令他們不要再就車戰的行列（當是前線不及補充車輛），明日將戰時，則使之爲前行。

⑳ 晶（盟） ＝（明日）

原考釋僅畫出原形而無隸定，以爲「疑是『盟』字之省。『盟』字內含『明』、『日』，或以合文讀爲『明日』」。

佑仁案：其說可從。「晶」字上從「日」、下從「血」，即「盟」字之訛。甲骨文「盟」字作 （甲2363）、 （摭續64）、 （粹251），季旭昇師以爲「田」、「日」等形其實都是「囧」的異體（《說文新證（上冊）》頁553~554）。本簡此字當承甲骨文第三形，而將下部之「皿」形繁化爲「血」形。

㉑ 牒（諜）人

原考釋隸作「覢（？）」表示仍有疑議，以爲「疑同『睮』，這裡疑讀爲『間諜』之『諜』」。陳劍先生〈曹沫釋文〉以爲「此『諜人來告』云云當是出自己方之有意安排，蓋佯告以士卒敵方傷亡慘重、不順於天命而將回師敗逃，藉以鼓舞士氣」。

佑仁案： ，其「世」旁所从與 （包.164）相近，從視、枼聲，釋「諜」可從。《說文‧言部》：「諜，軍中反間也。」

㉒ 載（車）連（輦）皆栽（戈）

本句原考釋隸定作「載連皆栽」以爲「待考」。

陳劍先生〈曹沬釋文〉釋作「載（車）連（輦）皆栽（載）」。范常喜先生〈《上博四·曹沬之陳》「車輦皆栽（載）」補議〉以爲：「載」字爲《說文》籀文 𢧵 簡省重複偏旁；「栽」當讀爲「𢦏」，傷也，甲骨文「𢦏」字皆用於征伐戰爭，指給征伐對象造成傷亡和損失而言。淺野裕一先生〈曹沬兵學〉以爲「車連」指聯繫馬和車子的繩索，「皆栽」指「戰車破損或顛覆而繩索斷掉，且馬和車子散亂的狀態」。邴尙白先生〈曹沬注釋〉以爲「載」，主要應指運載死傷之人。

佑仁案：「車連皆𢦏」與「將帥盡傷」並列，《說文》「𢦏，傷也」之義用於本句最爲適當。簡文「栽」字從「戈」，似不宜視爲「𢦏」字。

㉓ 曰牆（將）早行

「早」字原考釋僅畫出原形而無隸定，以爲「似指擔負而行，類似古書所說的『贏糧』。『贏』，字亦作『攍』，是擔負之義。陳劍先生〈曹沬釋文〉以爲此字上從「日」下從「棗」聲（「棗」形有所省略訛變）。

佑仁案：釋「早」可從。「早行」即早晨出發，因要早行，故後接「早食」，用法文意通順。

㉔ 乃 命 白徒：『早飤（食）戕（甚）兵，各載尔（爾）贊（藏）

原考釋以爲「白徒」指「沒有受過軍事訓練的人。《管子·七法》：『以教卒練士擊敺衆白徒。』尹知章注：『白徒，謂不練之卒，無武藝。』」。

李銳先生〈曹劌新編〉以爲「『毋復前白徒』，當指處於非常時期，不再讓貴人在前，引導沒有受過訓練的士兵（白徒）」。何有祖先生〈上博四劄記〉以爲典籍中或將白徒解釋爲素非軍旅之人，亦從事雜役，但無論是充作軍旅還是充作雜役，都是臨時的，不是其眞實身份。又據張家山漢簡《奏讞書》簡 174～176 號等「白徒」文例，以爲「175 號簡

『白徒者，當今隸臣妾』，指先秦魯國之『白徒』相當於漢代之『隸臣妾』。『隸臣妾』，刑徒名，男稱隸臣，女稱隸妾。」

佑仁案：何說有據。尹知章注《管子》「白徒，謂不練之卒，無武藝」，也有可能以罪犯充軍，在此擔任炊食、運輸等工作。牀兵，原考釋以爲「疑讀『輦兵』，用馬車運載兵器」。可從。

另外，淺野裕一先生〈曹沫兵學〉以爲本簡不應綴合，並於「白徒」上添「出」或「命」字。佑仁案：從圖版來看「乃」、「白」二字之間確實應補一字，補「命」字，文意通順，暫從之。

各載尔（爾）贎（藏），原考釋以爲「讀『各載尔藏』。『各』字寫法同於第十四簡。這裡是賅上而言，泛指輜重糧秣。」

## ㉕ 既戡（戰）牆（將）敳（量）， 爲之母（毋）怠（怠），母（毋）思（使）民矣（疑）

怠，原考釋讀「殆」，以爲是「狐疑猶豫」的意思。陳劍先生〈曹沫釋文〉讀爲「怠」。

旭昇案：將量，各家多未作解釋。疑「將」當釋爲「行」，見僞《古文尚書·胤征》「奉將天刑」傳。量謂量其功過。全句謂：既戰，則量其功過，不要懈怠，而使民疑。

## ㉖ 迡（及）尔龜箸（筮）

原考釋隸定作「迡爾龜箸」，以爲「讀作『及爾龜策』，疑指用龜策占卜」。禤健聰先生〈曹沫箸字〉以爲「『箸』當爲『筮』。『龜筮』一詞，文獻習見」。

佑仁案：「箸」字原簡字作☐，从竹、啻聲，讀作「筮」，此字字中間作「帝」，當是從「筮」字的「巫」旁所聲化而來。禤文已指出啻

（審錫）、筮（禪月），兩字聲韻皆較近，或可相通。旭昇案：「及」或當釋「乘」，參劉淇《助字辨略》卷五。即藉助之意，也是利用龜筮對戰士進行心理建設。

## ㉗改鬃（冒）尔（爾）鼓

「鬃」字原考釋僅摹出原形未隸定，以爲「待考」。

陳劍先生〈曹沫釋文〉隸爲「禜（？作？）」。陳斯鵬先生〈曹沫校理〉隸「祚」讀「作」。李銳先生〈曹劌新編〉隸「禜」讀「作」。禤健聰〈曹沫箋字〉釋作「禜」，以爲郭店《成之聞之》簡22有𢎭字，文例作「唯▽不單稱德」，與本簡此字上部所從極肖，當爲一字，像古代旌旗飄帶類下垂飾物，可看作『旆』或『旎』字，因將本簡作「冒鼓」，「冒鼓」一詞見於《周禮·考工記·韗人》：「凡冒鼓，必以啓蟄之日，良鼓瑕如積環。」鄭注：「啓蟄孟春之中也，蟄蟲始聞雷聲而動，鼓所取象也。冒，蒙鼓以革。」簡文「改冒爾鼓」，意即改換戰鼓的皮革。其字從示，則冒鼓大概是一種與祭祀有關的儀式，此與《考工記》所述「啓蟄之日」云云及簡文所稱「及而龜筮，皆曰勝之」均相合。先以勝利之卜穩定軍心，繼而改換戰鼓的皮革，以示新氣象，鼓舞士氣。淺野裕一先生〈曹沫兵學〉隸定作「祕」，以爲「『改祕爾鼓，乃失其服』可能意味著，如果因爲戰敗而隱藏用於突擊信號的鼓，那以後士兵便會不服從。

佑仁案：郭店《成之聞之》𢎭字，何琳儀先生〈郭店竹簡選釋〉以爲或可釋爲「髟」，與「冒」讀音亦近。湯餘惠、吳良寶先生〈郭店楚簡文字拾零（四篇）〉則逕釋爲「髟」。從古文字形體演變來看，此形釋爲「髟」較爲合理。據此，本簡「𥛠」字當可視爲從示、髟聲。「鬃鼓」讀爲「冒鼓」，即改換鼓面所蒙的皮，所以欺敵。

## ㉘乃遊（秩）亓（其）備

遊，原考釋括號注爲「失」，謂「鼓是中軍之帥用以指揮作戰的重要工具，如果失去，則三軍不知所從，故曰『乃遊（失）亓（其）備（服）』」。

李銳先生〈曹劌重編〉讀全句爲「乃秩其（旗）服」。禤健聰先生〈曹沫箸字〉以爲「『備』似可讀爲準備之『備』，『乃失其備』是指使敵對方缺乏防備。一方面鼓舞己方士氣，另一方面又使對方防備鬆懈，以此增加取勝的機會，使得能夠『明日復陣，必過其所』」。

佑仁案：本簡「其」字後一字作「𤦲」，與楚簡常見的「備」字字形稍異，但此處文例作「備」字可通，暫從之。「失」從李銳先生讀「秩」，次序也，參《故訓匯纂》1623-1624頁。備，謂武備。

### ㉙ 必迡（過）亓（其）所

原考釋讀「迡」爲「過」。淺野裕一先生〈曹沫兵學〉釋爲「翌日再度從『豫』回到戰鬥隊形是必須越過前日戰敗地點之後，即比戰敗地進一步前進，進而提高士氣」。旭昇案：盤戰並非敗戰，「必過其所」當指：一定會越過前日盤戰膠著的地點。

### ㉚ 甘戰（戰）

原考釋以爲疑讀「酣戰」，又謂：「簡文述『甘戰』節甚短，文義亦多不明。」

淺野裕一先生〈曹沫兵學〉以爲讀作「復鉗戰」，謂鉗與箝、緘同樣爲閉的意思。「鉗戰」指怯場的士兵不敢進軍而停止不前的狀態。於是，『復鉗戰之道』是重建由恐懼心而陷入停止狀態的軍隊之方法。」邴尙白先生〈曹沫注釋〉以爲「銀雀山漢簡《孫臏兵法·威王問》：『勁弩趨發者，所以甘戰持久也。』（簡四十六）張震澤說：『蓋勁弩趨發之士取人於百步之外，不必白刃相鬥，所以他們甘戰而不懼戰。』簡文『甘戰』的『甘』則爲形容詞，『甘戰』指戰況樂觀。後文曹沫回答說：『必

慎以戒，如將弗克』，一定要謹慎、戒備，好像將會不能戰勝一樣。又說：『毋冒以陷』，不要冒進、貪功而陷敵，這些正是戰局佔上風，而軍隊樂戰時應注意之事」。

　　佑仁案：銀雀山漢簡《孫臏兵法·威王問》「勁弩趨發者，所以甘戰持久也」，「甘戰」與「持久」相連，即戰鬥激烈而持久。「甘」有慢、久之意，《莊子·天道篇》云：「斲輪，徐則甘而不固，疾則苦而不入。」或作「酣戰」，《韓非子·十過》：「酣戰之時，司馬子反渴而求飲，豎穀陽操觴酒而進之。」均此義。因此「復酣戰之道」即在談論再酣戰之後，如何出兵再戰，曹沫以為應以戒慎恐懼之心，其心就像無法克敵一樣謹慎，不要冒險攻陷，如此一來必能超越前次攻擊之處。鼓舞獎勵士兵，並且激起百姓同仇敵愾之心，這就是久戰後，從新復戰的方法。

㉛ 必愻（慎）㠯（以）戒

　　愻，原考釋者李零隸定作「愻」讀作「慎」。陳斯鵬先生〈曹沫校理〉隸定作「罰」。不可從。

㉜ 客（焉）牂（將）弗克

　　「客」，原考釋隸定作「曹」讀作「弗」。陳劍先生〈曹沫釋文〉以為隸定作「如」，以為「『如』字原誤釋為上從『弗』，讀為『弗』」。陳斯鵬先生〈曹沫校理〉隸作「唓」讀作「悔」。並將字與上句連讀。

　　旭昇案：「如將弗克」，太過消極，與下文「必過前攻」不相稱。此字原簡作 ，上部所從，最接近楚簡「安」字的簡寫（如《郭店·性自命出》簡 38 作「 」），隸定似應作「客」，讀為「焉」。「焉將弗克」謂「怎麼會『將弗克』呢？」

㉝ 母（毋）冒㠯（以）迨（陷），必迊（過）前攻

母（毋）冒呂（以）追（陷），原考釋讀「毋冒呂陷」，謂「冒，指冒險。陷，指陷敗」。必迖（過）前攻，原考釋以爲「含義不明」。

李銳先生〈曹劌新編〉以爲「『必過前攻』似與『必過其所』對應」。本簡意謂如果冒險以進，容易陷入危險；應該要謹慎將事，穩紮穩打，（如此一來）必定能超越前次進攻的地方。

## ㉞賞膗（獲）誅（飭）爭（蒽）

原考釋隸本句爲「賞膗」，謂「『賞膗』，讀『賞獲』，指賞賜有斬獲者；『誅爭』，讀『誅蒽』，疑是相反的意思。」陳劍先生〈曹沫釋文〉釋第三字謂「此字左從『言』，右半所從不識。」

旭昇案：第三字，左旁從「言」，右下從「甘」（可視爲「口」之繁化），右上似「弋」字。若是，則可隸定爲「誅」，從「弋（喻職）」聲，讀爲「飭（徹職）」，戒也。爭字見簡 55，李零先生釋「蒽」，畏懼也。

## ㉟埇（勇）者惪（憙／喜）之，宄（惶）者恖（誨）之

埇者惪之，原考釋括號讀爲「勇者喜之」；宄，原考釋以爲「或讀『亡者』，疑即上文『爭（蒽）者』。」邴尙白先生〈曹沫注釋〉讀爲「惶」，以爲二字上古音分屬陽部曉母及陽部匣母，可以相通。《說文》：「惶，恐也。」「惶者」指恐懼的人，正與「勇者」相對。陳偉武先生〈上博四零札〉讀「宄」爲「妄」，謂「妄者」即「妄人」。恖，原考釋括號注「悔」。陳劍先生〈曹沫釋文〉讀作「誨？」。李銳先生〈曹劌新編〉讀「誨」。沈培先生〈囟或思〉讀「悔」。

旭昇案：沈培先生〈囟或思〉全面探討甲骨、楚簡中的「囟」，對比簡 55「爭（蒽）者思（使）晷（悔）」的句法，則讀「悔」似較爲妥適。

㊱ 蟁（萬）民贛（貢）首，皆欲或（克）之

　　贛首，原考釋以為「待考」。陳劍先生〈曹沫釋文〉讀作「黔首」，以為「『贛』與『黔』音近可通。簡61與簡53下拼合後連讀為『勇者喜之，宄者悔之，萬民贛（黔）首皆欲或之』句式整齊，文意通順」。淺野裕一先生〈曹沫兵學〉則隸「贛」為「賞」字，將全文解釋為：給重賞於走前鋒者，而讓士兵搶先的意思。

　　佑仁案：簡文作 ，非「賞」字，此字左旁從「章」，右旁殘泐嚴重。贛字金文作「𢼸」，從章從廾，會賜予之義；楚系作「𢼸」、「歆」、「歜」等形，又多加「貝」旁，簡文此字右下的「貝」旁似省為「目」旁。陳劍〈曹沫釋文〉讀「贛（見添）」為「黔（匣侵）」，音近可通。朱賜麟學長〈曹劌思想〉以為贛字在古文中多假借作貢，如《上博四·相邦之道》簡4之「子贛」即文獻中之「子貢」；「貢首」疑即獻首、奮勇爭先之意。

　　旭昇案：讀為「黔首」，與「萬民」文義重複。「贛」字有二讀音，大徐本作「古送切」；《說文》以為「戇（苦感切）」省聲。本簡採前者，讀為「貢首」，即「獻首」，其義猶如《國語·晉語一》之「致死」。

　　或，各家均未解釋，朱賜麟學長〈曹劌思想〉讀為「𢿘」。竊以為似可假借為「克（溪職）」，「或（匣職）」，音近可通。《尚書·文侯之命》「罔或耆壽」，《漢書·成帝紀》引作「罔克耆壽」。

㊲ 㪜（苦）戩（戰）

　　㪜戰，原考釋「待考」，於「此復㪜戰之道」下云：「指收聚殘部，再賈餘勇，恢復到初始狀態的戰法。」則似讀「㪜」為「故」。

　　淺野裕一先生〈曹沫兵學〉讀作「缺戰」，以為「士兵缺乏鬥志，而佈陣之後一直不突擊的狀態。」邴尚白先生〈曹沫注釋〉讀為「苦戰」，

即戰況艱苦。後文曹沫回答說：『收而聚之，束而厚之。重賞薄刑，思忘其死而見其生，思良車良士往取之餌，思其志起。勇者思喜，蒀者思悔，然後改始。』李零說：『從上所述，『復故戰』是指收聚殘部，再賈（案:應爲『鼓』）餘勇，恢復到初始狀態的戰法。』其說是。『欠』指倦時張口舒氣。陷入苦戰時，身心俱疲，這或許就是『故』字從『欠』的原因。『苦戰』與前文『甘戰』正相對。」。

佑仁案：兩讀「苦戰」可從，但釋義可商。據兩說，盤戰、酣戰、苦戰幾乎沒有什麼區別。據前引《莊子・天道篇》「斲輪，徐則甘而不固，疾則苦而不入」，「苦戰」可能是快戰，與「甘戰」相對。與後世「苦戰」釋爲「戰況艱苦」不同。《史記・高組本紀》：「蕭何曰：『天下匈匈苦戰數歲。』」〈秦始皇本紀〉：「始皇曰：『天下共苦戰鬥不休。』」都是「苦於戰鬥」的意思，與本簡用義不同。

### ㊳ 㮚（束）而厚之

㮚，原考釋隸定作「罞」讀作「束」。陳劍先生〈曹沫釋文〉作「束（？）」。淺野裕一先生〈曹沫兵學〉謂「『收而聚之，束而厚之』意味著聚集部隊形成密集隊形，進而消除恐懼心。」

佑仁案：「㮚」字上從网，下從朱聲，季師旭昇指出「朱」本即從「束」字分化（《說文新證（上冊）》頁485），故讀作「束」合理。「束」有「聚集」之義，上添「网」旁，有增加「聚集」之義的功能，可視爲義符。旭昇案：釋「聚集」與上句「收而聚之」文義相犯，似可釋爲「約束」。

### ㊴ 思（使）忘亓（其）死而見（獻）亓（其）生

「忘其死」即忘記死亡的恐懼。見，原考釋以爲「似乎是獻的意思。」淺野裕一先生〈曹沫兵學〉以爲「『重賞薄刑，思忘其死而見其生』意

味著以重賞薄刑來鼓舞士氣，讓士兵忘記死的恐懼，而只顧活下去獲得重賞。」

佑仁案：原考釋之說是。「見（見元）」，「獻（曉元）」，聲近韻同。「獻其生」意即奉獻出自己的生命，《吳子·論將》云「故將之所慎者五：一曰理，二曰備，三曰果，…果者，臨敵不懷生」，「臨敵不懷生」與簡文「獻其生」義近。

## ⑩ 思（使）良車、良士往取之餌

餌，原考釋讀「疑讀爲『耳』」。陳劍先生〈曹沫釋文〉釋文逕作「餌」。淺野裕一先生〈曹沫兵學〉以爲「『思良車良士往取之耳』意味著優秀的戰車和士兵只顧突擊而獲賞。」邴尙白先生〈曹沫注釋〉以爲「《左傳·莊公十一年》：『覆而敗之曰取某師。』，楊伯峻說：『覆，隱也，設覆兵而敗之也。』簡文『取』字或用此義。言陷入苦戰時，以良車良士爲伏兵，藉以出奇制勝，鼓舞士氣。」

佑仁案：「往取之」或「往取」意即「前往攻取」之義。「餌」即「餌兵」，爲引誘敵軍深入的餌。《孫子·軍爭》「銳卒勿攻，餌兵勿食」，但本節爲「復苦戰」，爲求戰爭迅速結束，所以使良車、良士往取餌兵，將計就計，發揮快襲速戰的效果。

## ⑪ 戜（勇）者思（使）惪（喜），挲（葸）者思（使）啓（悔）

原考釋以爲「讀『勇者思喜，葸者思悔』。『葸者』和『勇者』相反。《玉篇·艸部》：『葸，畏懼也。』『悔』和『喜』意思思也相反。」淺野裕一先生〈曹沫兵學〉也讀作「悔」，認爲「『思其志起，勇者思喜，葸者思悔』意味著：只要提高鬥志，勇者會認爲他能得賞而高興，怯者認爲不勇戰便不能獲賞而後悔。」

佑仁案：沈培先生〈囟或思〉全面探討甲骨、楚簡中的「囟」，以
為此處「囟」字讀為「使」較妥；「昏」讀為「悔」。其說可從，與簡
61一致。

㊷戕（然）句（後）改訋（始）

改訋，原考釋以為「讀『改始』，指回到從前」。陳斯鵬先生〈曹沫
校理〉讀作「改司」，無釋。旭昇案：改始，似指改變初始的狀態，猶
「復盤戰」的「必過前所」、「復甘戰」的「焉將弗克、必過前攻」，都
是本次指戰爭的結果勝過前次。

# 第六章　論善攻、善守者

## 【釋文】

臧（莊）公或（又）䰎（問）曰：【五五】「善攻者系（奚）
女（如）？」

含（答）曰：「民又（有）寶（寶）：曰城、曰固、曰嶽（阻）
①。三者聿（盡）甬（用）不皆（棄）②，邦豪（家）㠯（以）
恆（宏）。善攻者必㠯（以）亓（其）【五六】所又（有），㠯
（以）攻人之所亡又（有）。」

臧（莊）公曰：「善獸（守）者系（奚）女（如）③？」

含（答）曰：【五七△】「亓（其）飤（食）足㠯（以）飤
（食）之，亓（其）兵足㠯（以）利之，其城固【一五▽】足㠯
（以）戈（捍）之，卡﹦（上下）和嶽（且）祝（篤）④，緈（繲）
紀於大﹦夋﹦（大國，大國）斳（親）之⑤，天下【一六△】不

勅（勝）⑥。皃（卒）谷（欲）少弖（以）多⑦，少則惥（易）
戟（察）⑧，圪（迄）成則惕（易）【四六下】怠（治）⑨￼。
果勅（勝）矣￼，親（親）率勅（勝）⑩。吏（使）人，不親
（親）則不緯（綧／敦）⑪，不和則不祝（篤）⑫，不悆（義）
則不備（服）。」【三三】～

## 【注釋】

①又（有）寶（寶）：曰城、曰固、曰蔽（阻）

　　寶，原考釋謂讀「保」，訓「守」，指防禦設施；固，《周禮·夏官·
序官》「掌固」鄭注：「固，國所依阻者也。國曰固，野曰險。」蔽，讀
「阻」，是險阻之義。旭昇案：「寶」可逕讀「寶」，猶《老子》第 67 章
「我有三寶」。

②三者聿（盡）甬（用）不皆（棄）

　　者，原考釋隸作「善」。陳劍先生〈曹沫釋文〉以爲當是「者」字
之訛體。佑仁案：釋「者」可從。楚系文字「者」字異形甚多，此字作
￼，與同篇簡 57「善」字作￼上部差異較大。旭昇案：此字與本篇簡
37「者」字作￼者類似，當係同一類字形而稍訛者。

　　皆，原考釋疑讀「棄」：「『皆』是見母脂部字『棄』是溪母質部字，
讀音相近。」陳劍先生〈曹沫釋文〉作「（棄？）」。佑仁案：讀爲棄，
文義可通，姑從之。

③善獸（守）者糸（奚）女（如）

　　「獸」字原考釋者作「戰」，讀爲「守」。佑仁案：「戰」爲楚系「戰」
字，原簡實作「獸」。

④ 祝（篤）

「祝」字，原考釋謂：「原作『🔲』，西周銅器《班簋》有『東國痟戎』，齊器《國差𦉜》有『無瘩無痟』，其『痟』字皆從此。……簡文此字乃『厭』字所從，『厭』字是影母談部字，古音與『輯』字相近（『輯』是從母緝部字），從文義看，似應讀爲古書常見的『和輯』之『輯』。《爾雅‧釋詁上》：『輯，和也。』此字與小篆『𣬛』相似。在先秦古文字材料中，我們還沒有發現過『𣬛』字，此字也可能就是古『𣬛』字。」

陳斯鵬先生〈曹沫校理〉隸定作「兄」讀作「恭」。徐在國先生〈說「𣬛」及其相關字〉以爲此字即「𣬛」，甲骨「𣬛」字作「🔲、🔲」、金文作「🔲」、郭店簡〈魯穆公問子思〉作「🔲」、〈緇衣〉作「🔲」，字像人作揖之形，「口」的下部不是「月（肉）」，而不是《說文》所說的「耳」。沈培先生〈說祝〉以爲此字與甲骨文「🔲」同，實爲「祝」字，讀爲「篤」，介於「親」與「愛」之間，意爲「厚親」、「非常地親密」。佑仁案：字見《曹沫之陳》簡16「🔲」、簡48「🔲」（添加「艸」頭）、簡33「🔲」（字形與前二者稍異），沈釋「祝」讀「篤」，可從。

⑤ 緯（緘）紀於大 =戈 =（大國，大國）斬（親）之

緯紀，原考釋隸定作「緘紀」，疑讀「絓紀」，指結交援於大國。」

陳劍先生〈曹沫釋文〉隸爲「緯」，讀爲「因」，「因紀于大國」猶言依靠大國、以大國之好惡意願爲準則而行事。陳斯鵬先生〈曹沫校理〉隸定作「犕」讀作「屬」。李銳先生〈曹劌新編〉讀作「姻配」，以爲「『紀』今讀爲『配』，古『配』字或作『妃』」。魏宜輝先生〈上博四劄記〉以爲其右半可能從「犕」，讀『屬』，釋作委託、託付；「紀」可釋「事」，「屬紀」即「屬事」，「屬紀於大國」，是說將國事託付於大國。邴尚白先生〈曹沫注釋〉引述其師周鳳五先生之說，以爲此字疑即「紖」之異體，「紖」爲牛鼻繩，故從糸，從牛，而以「因」標聲，

在簡文中應讀作「繫」；又以爲「大」下一字不從「口」，不能隸定爲「宭」，應爲「定」之形訛，讀作「政」，「大政」猶言「正卿」，「繫紀於大政」即把國家大權託付在正卿身上。

佑仁案：「𦃇」字從糸、牛，右上所從，或以爲「角」、或以爲「因」，通過對楚文字全面的分析，我們認爲應該從「角」。角下牛即「觲」，戰國有此字（但楚系未見），均釋爲「觸」；如果釋爲「解」，則必需看成省「刀」形。二說都有可能，但也都有缺陷。姑從原考釋李零先生釋「觲（見錫）」，讀「絓（匣支）」。絓，《說文》「繭滓絓頭也。一曰以囊絮練也」，引伸有糾纏、結交之意。紀，《說文》「別絲也」，引伸爲國與國之交往。

「𢧑」，原考釋隸作「國」。佑仁案：可從。此字從「宀」、「或」省，從「𠃊」，戰國楚系「國」字作𢧑(曾174)、𢧑(包135)、𢧑(包45)，季師以爲「或加口、或加匸、或加𠃊，都是表示區域的義符」（《說文新證（下冊）》頁519）。《上博·緇衣》簡2云：「有𢧑（國）者，彰好彰惡，以視民厚」，是戰國中晚期邦與國已開始混用。

⑥天下不勛（勝）

陳劍先生〈曹沫釋文〉以爲「天下」指除己國和大國之外的天下之國，這種用法的「天下」《戰國策》多見。「天下不勝」自然爲「善守」。「天」字陳斯鵬先生〈曹沫校理〉隸定作「而」。佑仁案：簡文作𠀡，應是「天」無誤，《曹沫之陣》簡「而」字作「𠕁」(簡2、3)，二形有別。

⑦烅（卒）谷（欲）少㠯（以）多

原考釋以爲「讀『卒欲少㠯多』，疑指卒欲少而精，以質量彌補數量。」邴尚白先生〈曹沫注釋〉以爲：「（左傳）〈僖公二十六年〉：『凡師能左右之曰『以』。』」這種表率領、指揮義的『以』字用法，是訓用

的引申，……『卒欲少以多』似指士卒要用少數來率領、指揮多數。」

旭昇案：「而」字作連詞用，常見。李說可從。少數領導多數，本兵家之常，但並非以卒領卒。本簡下文云「少則易察」，是簡文目的在卒欲少而精。

⑧ 少則惖（易）轚（察）

原考釋隸作「少則惖轚」，以為「含義不明，第四字所從與『察』、『淺』等字同。」陳劍先生〈曹沫釋文〉以為「此字左从『車』，右从楚簡用為『察』、『淺』、『竊』等之字之聲符。讀為何字待考。」陳斯鵬先生〈曹沫校理〉釋作「少則易轄垍（管）」。李銳先生〈曹劌新編〉讀作「察」。蘇建洲學長〈曹沫劄記〉以為字可讀為「遷」，也不排除可讀「詐」。淺野裕一先生〈曹沫兵學〉讀為「較」，釋為「明白」之意。

旭昇案：楚簡此字右旁可讀「察」，則「轚」字可讀為「察」，於簡文亦可通讀。

⑨ 圪成則惖（易）怠（治）

原考釋隸定作「圪成則惖」，以為「此句當作『圪成則惖□』，但『圪』字也有可能屬上句，即作『少則惖轚圪，成則惖□□』。」

陳斯鵬先生〈曹沫校理〉隸「圪」為「垍」，讀為「管」。陳劍先生〈曹沫釋文〉隸定作「圪」讀作「（壘？）」。蘇建洲學長〈曹沫劄記〉以為此字上部作「🔲」，其右下有突出的筆劃，與一般「自」字下部呈封閉形並不相同，其字形與《上博（三）·周易》44『气（汔）』作「🔲」完全同形，釋「圪」字可信，可讀為「既」，全句意思大概是說：「士兵人數少，則容易移動。已經成功移動則容易控制戰爭的局面，最後果然成功了」。淺野裕一先生〈曹沫兵學〉以為「圪」是土地稍微突出來

的樣子，而在此解釋爲「將戰敗而走散的士兵召集到某一處，而組織密集隊形」。

　　佑仁案：依字形，此字釋爲「圪」最合理。旭昇案：「圪」或可讀「迄」，屆也，至也。

　　愳，原考釋隸定作「愳」，讀作「治」。陳劍先生〈曹沬釋文〉以爲「此字與簡45『怠』字形同，簡41亦以『怠』爲『治』。」旭昇案：依文義讀爲「治」較好，卒少則易察，到成功時也好處理。

## ⑩ 果勑（勝）矣，親（親）率勑（勝）

　　原考釋謂「讀『果勝矣』。『矣』下有句讀。『果』是果然之義。」郰尙白先生〈曹沬注釋〉以爲「應讀作『果勝疑』，指果斷能戰勝狐疑。本篇簡44、52的『矣』字，也都讀爲『疑』。」

　　旭昇案：此處談果斷，似乎有點突兀。「果」當釋爲「如果」，如果勝利了，國君要親自領導處理勝利的安排。

## ⑪ 吏（使）人，不親（親）則不緯（緯／敦）

　　緯，原考釋隸定作「緯」，以爲「讀『敦』，有純厚之義。」李銳先生〈曹劌新編〉讀「庸」，以爲此字右旁與簡18「郭」字字形有別。

　　佑仁案：庸、臺二形在戰國楚簡中已有混同現象（各家討論詳參拙作碩論〈曹沬研究〉），此處讀「敦」、讀「庸」均有可能，但讀「敦」文義更深入。「敦」當訓「勤勉」，《管子·君臣上》：「上惠其道，下敦其業。」

## ⑫ 不和則不祝（篤）

祝，原考釋隸「見」，以爲也讀爲「輯」。陳斯鵬先生〈曹沫校理〉隸定作「䚹」釋作「兄－恭」。佑仁案：沈培先生以爲當隸「祝」讀「篤」，厚親也。參前簡 16 注。

# 第七章　論爲親、爲和、爲義

## 【釋文】

臧（莊）公曰：「爲覜（親）女（如）【三三】可（何）？」

畬（答）曰：「君母（毋）憚（憚）自裻（勞）①，弖（以）觀卡＝（上下）之䪞（情）僞：匹（匹）夫募（寡）婦之獄訇（訟），君必身聖（聽）之②。又（有）智（智）不足，亡（無）所【三四】不中，則民斳（親）之。」

臧（莊）公或（又）矞（問）：「爲和女（如）可（何）？」

畬（答）曰：「母（毋）辟（嬖）於俊（便）俾（嬖）③，母（毋）倀（長）於父瘥（兄），賞均（均）聲（聽）中④，則民【三五】和之。」

臧（莊）公或（又）矞（問）：「爲義女（如）可（何）⑤？」

畬（答）曰：「紳（陳）攻（功）止（尙）𦖑（賢）⑥。能絀（治）百人，事（使）倀（長）百人；能絀（治）三軍，思（使）銜（帥）⑦。受（授）【三六】又（有）智，舍（予）又（有）能⑧，則民宜（義）之。戲（且）臣矞（聞）之：『率（卒）又（有）倀（長）、三軍又（有）銜（帥）、邦又（有）君，此三者所以戰（戰）乚。』是古（故）倀（長）【二八】民者毋図（攝）

箸（爵），母（毋）惢（御）軍，母（毋）辟（避）皋（罪），甬（用）都嗸（教）於邦【三七上】於民⑨。」

戕（莊）公曰：「此三者足弖（以）戥（戰）虖（乎）⑩？」

含（答）曰：「戒ㄣ！勴（勝）【四九▽】不可不慸（慎）⑪ㄣ。不卆（卒）則不亙（恆）⑫，不和則不祘（篤）⑬，不兼（謙）畏【四八△】……□丌（其）志者，募（寡）矣⑭【五九▽】～

【注釋】

①君母（毋）悬（憚）自袈（勞）

悬，原考釋以爲「同『憚』，是畏難之義。」可從。此字從嘼從心，「嘼」即「單」之加「口」繁化。袈即勞之初形，參季師旭昇《說文新證（下冊）》頁 243）。

②佖（匹）夫募（寡）婦之獄詗（訟），君必身聖（聽）之

佖夫募婦，原考釋隸作「佖夫寡婦」以爲「第三字略殘，疑讀『匹夫寡婦』」。可從。「必」、「匹」音近可通，《郭店·語叢四》簡 10「佖婦愚夫」，「佖」即讀「匹」。

獄詗，原考釋直接隸定作「獄訟」。季旭昇師以爲此字實從言、從同，當即「詗」字，讀爲「恫」，《說文》釋爲「痛也」。陳斯鵬先生〈曹沫校理〉釋作「獄詗〈訟〉」。何有祖先生以爲「詗」上古音在東部定紐，「訟」在東部邪紐，音近可通。李守奎先生〈曹沫隸定〉以爲「簡文从『同』，當是訛書」。佑仁案：讀爲「獄訟」較爲直接。詗、訟意近可通，不必視爲錯字。

③毋（毌）辟（嬖）於伎（便）俾（嬖）

伎辟，原考釋以爲同上第 18 簡「便連」，亦讀「便嬖」。李守奎先生〈曹沫隸定〉隸作「伎」。佑仁案：此即「便」字，右旁從「夋」，依形隸定作「伎」作「伎」均可。季師旭昇〈讀郭店楚簡札記：卞、絕爲棄作、民復季子〉已指出「卞」字即「伎」右上鞭形之分化字。

④賞均（均）聖（聽）中

均，原考釋讀作「均」。李銳先生〈曹劇重編〉疑讀爲「恂」，《方言》一：「恂，信也。」佑仁案：「均」又見《郭店·尊德義》簡34「均不足以平政」，即讀「均」。均，平也，古籍常見。

聖，原考釋讀爲「聽」。李銳先生以爲「『聽中』可能與前文的『匹夫寡婦之獄訟，君必身聽之，有知不足，亡所不中，則民親之』相關」。佑仁案：李銳先生謂聽訟辭而持平中正。然如此一來「爲和」與「爲親」重複。「聽中」似即「中聽」，《晏子春秋·莊公問威當世服天下時耶晏子對以行也》「聽賃賢者」，王念孫以爲：「案『聽賃賢者』本作『中聽任賢者』，……案『中聽』者，聽中正之言也，言聽中正之言，而任賢者，則能威諸侯也。」說較合理。

⑤爲義女（如）可（何）

義，原考釋僅摹出原形，以爲「待考」。陳劍先生〈曹沫釋文〉改隸爲「義」。佑仁案：字作「𡙡」字與戰國楚系一般「義」寫法稍有差距，但釋爲「義」，當可從。楚簡「義」字字形變化較多。

⑥紳（陳）攻（功）走（尙）臤（賢）

原考釋讀作「申」而未進一步解釋。陳劍先生〈曹沫釋文〉隸定作「紳」讀作「陳」，以爲「《吳子·料敵》：『凡料敵，……有不占而避之者六：……四曰陳功居列，任賢使能。』可與簡文參讀。」

⑦能絔（治）百人，事（使）倀（長）百人；能絔（治）三軍，思（使）衒（帥）

　　原考釋讀「倀百人」爲「長百人」，謂「長百人」者爲卒長。又謂「使帥受」下「疑接『之』字。」佑仁案：「受」字爲本簡的最末一字，自不可能再接一字。本簡應與簡28連讀。

⑧受（授）又（有）智，舍（予）又（有）能

　　舍，原考釋以爲「即『舍』，有安置之義。」陳劍先生〈曹沫釋文〉引沈培先生說讀「授有智，予有能，則民宜之」。

　　佑仁案：于省吾先生〈鄂君啓節考釋〉以爲「凡周代典籍中的『予』本應作『余』，『予』爲後起字」。舍（透魚）、余（喻魚）、予（定魚）三字聲近韻同，可通。楚系文字「舍」多可視爲「余」之繁體。本簡「舍」即「余」，今用「予」字。

⑨倀（長）民者毌图（攝）箑（爵），母（毋）㐱（御）軍，母（毋）辟（避）㚔（罪），甬（用）都䈞（教）於邦、於民

　　图箑，原考釋以爲「疑讀『攝爵』。《說文，口部》：『图，下取物縮藏之，從口、從又，讀若聶。』『毌图爵』可能是說爲君者不可惜爵而不授。」

　　佑仁案：「图」字又見《望山》2.50、《上博(一)・緇衣》簡23。季旭昇師謂「疑此字應釋爲從『㐭』(㐭之初文)」從『又』會意。『㐭』可能也兼聲（《上海博物館藏戰國楚竹書（一）讀本》頁148）。

　　㐱軍，原考釋謂「疑讀『御軍』。《六韜・龍韜・立將》：『臣聞國不可以從外治，軍不可以從中御。』自古兵家最忌中御之患，疑簡文所述即此意。」陳斯鵬先生〈曹沫校理〉隸「㐱」爲「從」。何有祖讀爲「耀」，以爲有炫燿展示之意。

佑仁案：讀「從」、讀「耀」，於此文義較不妥，原考釋讀「御」
最好（參本篇簡 29 注），《孫子·謀攻》云：「將能而君不御者勝。」

「毋辟皐」，「毋」字寫於「軍」、「辟」之間，是漏寫而補抄。「避
罪」即逃避罪過，主語爲「長民者」，在此指國君。

都教，原考釋以爲「都，是國都以外有先君宗廟之主的大邑，有別
於國都（即『國』）和一般的縣。」何有祖先生〈上博四劄記〉以爲「都」
可指美德，「都教」當指推崇美德教化」。李銳先生〈曹劌重編〉讀作
「（諸？）」。淺野裕一先生〈曹沫兵學〉以爲「將在國都定的教令施
行於全國等主張」。旭昇案：「都」有「摠」意，見《鶡冠子·泰錄》
「故孰不詔請都理焉」陸佃注。「都教」謂摠理教化。

## ⑩ 此三者足㠯（以）戰（戰）虖（乎）

此三者，原考釋謂「上文殘缺，不得其詳」。朱賜麟學長〈曹劌思
想〉以爲指親、和、義。旭昇案：朱說是。「足以戰」謂「足以戰勝」，
觀下文「戒！勝不可不慎」可知。莊公蓋委婉其辭。

## ⑪ 戒！勅（勝）不可不惷（慎）

「戒」即謹慎之意，因此下文談「勝不可不慎」，二者很有關係。
古兵書常談「戒」之重要性，《吳子·論將》篇云：「故將之所慎者五：
一曰理，二曰備，三曰果，四曰戒，五曰約。……戒者，雖克如始戰。」
與此同意。

## ⑫ 不衣（卒）則不亙（恒）

原考釋以爲「或可讀爲『依』」。李銳先生〈讀上博四札記（三）〉
以爲「衣」字應讀爲「愛」，以爲「衣」與「愛」古通，主張「『不愛則
不恒，不和則不輯』，對應前文簡 33 之『不親則不庸，不和則不輯』。
簡 59『志』字義爲『意』，『寡』字義爲『獨』，當是指要注意『愛』、『和』，

否則將成爲孤家寡人。」

佑仁案：楚簡「卒」字多讀爲「卒」，未見讀「衣」者，此處讀「卒」即可，「不卒則不恆」與「不和則不祱（篤）」相承。旭昇案：此處「不卒」指國君「爲親、爲和、爲義」不卒，則事不恆久。

⑬ **不和則不祱（篤）**

祱，原考釋隸「咠」，以爲也讀爲「輯」。陳斯鵬先生〈曹沫校理〉隸定作「克」讀作「恭」。沈培先生〈說祱〉以爲其下所從仍爲「祝」字，讀「篤」，參簡16注。旭昇案：此處之「不和」與上文「不和則不祱」應屬不同層次，指國君不親和，則事不篤厚。

⑭ **不兼（謙）畏……□丌（其）志者，募（寡）矣**

不兼畏，陳斯鵬先生〈曹沫校理〉讀「畏」爲「威」。佑仁案：「兼」讀作「謙」，即謙虛、謹慎之義。「畏」指敬畏，《廣雅·釋訓》：「畏，敬也。」若依照「不卒則不亙，不和則不篤」的句式，則本處「不謙畏」的「畏」下應有字，也許在下一簡。旭昇案：依文義簡48上與簡59下之間有可能缺一整簡。

# 第八章　論三代之所

## 【釋文】

**臧（莊）公或（又）餌（問）曰：「虗（吾）又（有）所餌（聞）之：『一【五九▽】出言三軍皆懽（勸），一出言三軍皆迬（往）。』又（有）之虖（乎）？」**

　　　　僉（答）曰：「又（有）。明（盟）【六十上】鯇（盍）鬼神，軔（忽）武，非所以醬（教）民①□君其智（知）之②。此【六三下】先王之至道。」

　　　　臧（莊）公曰：「蕵（沫），虗（吾）言氏（寔）不，而女（毋）或（惑）者（諸）少（小）道與（歟）③？虗（吾）一谷（欲）韻（聞）三弌（代）帝＝（之所）④。」

　　　　敬（曹）蕵（沫）僉（答）曰：「臣韻（聞）之：『昔之明王之起（起）【六四】於天下者，各呂（以）亓（其）殊（世），以及亓（其）身⑤。』今與古亦列（間）【六五上】不同矣⑥，臣是古（故）不敢呂（以）古僉（答）⑦。狀（然）而古之亦【七下】又（有）大道安（焉）⑧，必共（恭）僉（儉）以尋（得）之，而喬（驕）大（泰）呂（以）遊（失）之。君亓（其）【八上】亦隹（唯）韻（聞）夫墊（禹）、康（湯）、傑（桀）、受（紂）矣⑨。【六五下】」

## 【注釋】

### ①明（盟）鯇（盍）鬼神，軔（忽）武，非所以醬（教）民

　　鯇，原考釋以爲「待考」。淺野裕一先生〈曹沫兵學〉將「鯇」釐訂爲「餕」，再將它改爲「飴」字。佑仁案：原簡字作 ，確實從食、從宛，隸「鯇」可從。旭昇案：〈曹沫之陳〉全篇筆道偏娟細，此字部分筆道稍肥，姑摹之如「」，隸爲「鯇」，當可從。

　　軔武，原考釋以爲「待考」。陳劍先生〈曹沫釋文〉以爲「軔武」當讀爲聯綿詞「忽芒」，又可作惚恍、忽恍、惚怳、忽怳、忽慌、智恍、忽荒、芴芒、勿罔、汋望、恍惚、怳惚、恍忽、洸忽、荒忽、慌忽、芒

芿等。言無形象，無方體，不可端倪也。簡文「鬼神忽芒，非所以教民」，言鬼神無形無像，其事難以憑據，非所以教民。此說跟普通的「神道設教」思想大不相同，值得注意。陳斯鵬先生〈曹沫校理〉隸「軔」作「𧗟（？）」。淺野裕一先生〈曹沫兵學〉以爲「『軔武』的意思不明瞭，但由並稱鬼神而推測，可能類似軍神。曹沫主張，上供給鬼神、軍神而祈求保護等依賴神鬼的方法，不成爲教化民衆的手段，而他將之稱爲『先王之至道』。」邴尚白先生〈曹沫注釋〉以爲「『武』與『亡』、『兄』、『光』諸聲系之字，罕見通假之例，陳說似嫌牽強」，主張「武」應讀如本字；🔶疑當釋作「𧗟」，訓爲盛「𧗟武」指壯盛的軍力。陳偉武先生〈上博四零札〉讀「軔」爲「勿」，義謂「鬼神之事，不是軍事手段」。

　　佑仁案：「𠫓」字從人，🔶字右旁似不從人。但也與一段楚簡「勿」字不完全相同，但較接近，姑隸「軔」。

　　旭昇案：本句費解，「明（明陽）」似可讀「盟（明陽）」，「𥁕（曉陽）」似可讀「𥁕（曉陽）」，「𥁕」在甲骨文中就是一種用牲法（參《甲骨文字詁林》2814 號，此字的考釋見裘錫圭先生〈釋殷虛卜辭中的𡚸𡚸等字〉）。「盟𥁕」疑指祭祀之義。「軔」從「勿」聲，可讀爲「忽」，「忽武」謂輕忽武事。全句謂「只注意祭祀鬼神，而輕忽武事，不是教民之道」。曹沫所答，與《左傳·莊公十年》曹劌論戰「公曰：『犧牲玉帛，弗敢加也，必以信。』對曰：『小信未孚，神弗福也。』公曰：『小大之獄，雖不能察，必以情。』對曰：『忠之屬也，可以一戰。』」精神類似。

② □君其智（知）之

　　首字殘泐，原考釋隸「唯」而無說。陳斯鵬先生〈曹沫校理〉隸定作「者」，屬上讀，讀作「非所以教交民者，君其知之」。佑仁案：原簡此字模糊，釋「唯」釋「者」文義雖可通，但字形都不像，姑保留待考。

③虘（吾）言氏（寔）不，而女（毋）或（惑）者（諸）少（小）道與
（歟）

氏不，原考釋以爲「讀『是否』，意思是說我的話是不對的。」陳
劍先生〈曹沫釋文〉隸作「氏不」讀作「寔不」。陳斯鵬先生〈曹沫校
理〉釋作「厥不」，斷作「臧公曰：『蔑，吾言△△而如，或者小道與？』」。
邴尙白先生〈曹沫注釋〉從周鳳五師說讀爲「吾言寔不爾如，或者小道
歟」。

佑仁案：字實爲「氏」，陳劍先生〈曹沫釋文〉讀「寔（定支）」，
通「實（定質）」，可從。

④虘（吾）一谷（欲）䎸（聞）三弋（代）斎＝（之所）

原考釋解「一欲」爲「甚欲」。可從。「一」有甚、極之意。參本
書〈簡大王泊旱〉「虘（吾）瘝（燥）鼠（一）疠（病）」注。

「之所」合文，原考釋以爲「之所以然」。

⑤各呂（以）元（其）殜（世），以及元（其）身

原考釋讀「殜」爲「世」。可從。「世」即明王賢君所處的世代，「身」
指明王賢君自身的修爲。《郭店·窮達以時》簡1~2：「有其人，亡其
世，雖賢弗行矣。苟有其世，何難之有哉。」可以參看。

⑥今與古亦列（間）不同矣

列，原考釋隸定作「然」，無說。陳劍先生〈曹沫釋文〉以爲釋「狀
（然）」不可信」。陳斯鵬先生〈曹沫校理〉隸定作「㚄」，李銳先生
〈曹劌新編〉隸定從之，讀作「均」，於〈曹劌重編〉則改釋作「多」。
白于藍先生〈曹沫新編〉隸定作「間」。

佑仁案：白釋作「列」較符合字形，「間」字楚文字作「閒」，但也常省略作「列」，可參證《戰國文字編》頁 226、《楚文字編》頁 669。

旭昇案：「間」可訓「容」，見《禮記·文王世子》「遠近容三席」陸德明釋文，「容」有「或」義，參《故訓匯纂》578 頁第 76 條。間不同，謂容或不同也，委婉語。

⑦臣是古（故）不敢昌（以）古畣（答）

原考釋將二個「古」字皆讀作「故」。陳劍先生〈曹沫釋文〉把第二個「古」依原字讀。

⑧肰（然）而古亦又（有）大道安（焉）

原考釋指出「『古』字下有一符號，似非句讀」。可從。

⑨君元（其）【8上】亦隹（唯）餌（聞）夫墾（禹）、康（湯）、傑（桀）、受（紂）矣乚。【65下】

「君」下殘字，原考釋定為「言」字。白于藍先生〈曹沫新編〉改作「其」。文義較順。「受」，原考釋據本字讀。陳劍先生〈曹沫釋文〉讀作「紂」。佑仁案：古籍商王「紂」或作「受」，如《尚書·牧誓》：「今商王受」，《史記·周本紀》作「今殷王紂」。

# 參考書目及簡稱

明·張自烈《正字通》，北京·中國工人出版社，1996.7

于省吾〈鄂君啓節考釋〉，《考古》1963年第8期，442-447頁

中國科學院考古所《殷周金文集成》，北京：中華書局，1984-1994

王襄《簠室殷契類纂正篇》，台北：藝文印書館，1988

王蘭〈「牂爾正䊨句試釋」，武大簡帛網2005.12.10；又收在《古文字研究》第二十六
　　輯〈楚簡文字釋讀三題〉中，中華書局，2006.11

田煒〈上博四瑣記〉:〈讀上博竹書(四)瑣記〉，簡帛研究網2005.4.3

白于藍〈曹沬新編〉:〈上博簡《曹沬之陳》釋文新編〉，簡帛研究網2005.4.10

向熹《詩經詞典（修訂本）》，四川人民出版社，1997

朱芳圃《殷周文字釋叢》，北京：中華書局，1962

朱德熙·裘錫圭〈平山中山王墓銅器銘文的初步研究〉，《文物》1979年1期，42-52
　　頁；又收在《朱德熙古文字論集》91-108頁，北京：中華書局，1995.2

朱賜麟〈曹劌思想〉:〈《曹劌之陣》思想研究〉，台灣師大國文系碩士班碩士論文，2006.7

竹田健二〈「曹沬之陳」における竹簡の綴合と契口〉，《東洋古典學研究(19)》，廣島大
　　學東洋古典學研究會，2005.5。又發表於2005年12月2、3日政治大學中文系、
　　中研院文哲所、簡帛資料文哲研讀會合辦「出土簡帛文獻與古代學術國際研討
　　會」，並收入《出土簡帛文獻與古代學術國際研討會論文集》。

何有祖〈上博四劄記〉：〈上博楚竹書（四）劄記〉，簡帛研究網2005.4.15

何有祖〈上博簡試讀三則〉，武大簡帛網2006.9.20

何有祖〈釋簡大王泊旱"臨"字〉，武大簡帛網2007.2.20

吳振武〈「戉」字的形音義〉:〈「戉」字的形音義——爲紀念殷墟甲骨文發現一百周年
　　而作〉，臺灣師大國文系、中研院史語所編《甲骨文發現一百周年學術研討會論
　　文集》，台北：文史哲出版社，1999

宋公文、張君《楚國風俗志》，湖北教育出版社出版發行，1995

宋華強〈乃而〉：〈新蔡簡和《柬大王泊旱》的"乃而"〉，武大簡帛網 2006.9.24

宋華強〈新蔡簡所記卜龜考〉，簡帛研究網 2005.12.2

李天虹〈釋容成氏中的刈〉，武大簡帛網，2006.1.24

李守奎〈曹沫隸定〉：〈《曹沫之陣》之隸定與古文字隸定方法初探〉，中國文字學會主
　　　編：《漢字研究》第一輯，北京：學苑出版社，2005.6

李守奎《楚文字編》，上海：華東師範大學出版社，2003.12

李家浩〈包山楚簡研究（五篇）〉，第二屆國際中國古文字學研討會發表論文，香港中
　　　文大學中國語言及文學系，1993.10

李純一〈曾侯乙編鐘銘文考索〉，《音樂研究》1981年第1期

李零〈古文字雜識兩篇〉，《于省吾教授百年誕辰紀念文集》，吉林大學，1996

李零〈郭店楚簡校讀記〉，《道家文化研究》第十七輯，455-542 頁，北京：三聯書店，
　　　1999.8

李零〈讀《楚系簡帛文字編》〉，《出土文獻研究》第 5 輯 139-162 頁，科學出版社，1999.8

李銳〈曹劌新編〉：〈《曹劌之陣》釋文新編〉，簡帛研究網 2005.2.25

李銳〈曹劌重編〉：〈《曹劌之陣》重編釋文〉，簡帛研究網 2005.5.27

李銳〈讀上博四劄記（一）〉，簡帛研究網，2005.2.20

李銳〈讀上博四札記（二）〉，孔子 2000 網 2005.2.20

李銳〈讀上博四劄記（三）〉，孔子 2000 網 2005.2.21

沈培〈上博簡《姑成家父》一個編聯組位置的調整〉，武大簡帛網 2006.2.22

沈培〈周原甲骨文裡的「囟」和楚墓竹簡裡的「囟」或「思」〉，武大簡帛網 2005.12.23；
　　　又收入《漢字研究》第一輯，學苑出版社，2005.6

沈培〈蔽志〉：〈從戰國簡看古人占卜的"蔽志"〉，第一屆古文字與古代史學術研討會，
　　　臺北：中研院史語所，2006.9

沈培〈說祝〉：〈說古文字裏的"祝"及相關之字〉，武漢大學簡帛研究中心「中國簡帛
　　　學國際論壇（2006）」論文，2006.11.8～10

周鳳五〈柬重探〉：〈上博四〈柬大王泊旱〉重探〉，《簡帛》第 1 輯，上海古籍出
　　　版社，2006.10.1

周鳳五〈重編簡〉：〈重編新釋上博四〈簡大王泊旱〉〉，2005.2.18「新出土楚竹書研讀
　　　會」講，200.2.23；高雄·中山大學中文系講

周鳳五〈龏新探〉:〈上博四〈昭王與龏之脽〉新探〉(初稿),2005.2.17「新出土楚竹書研讀會」講義,2005.5.23 修訂

周曉陸、路東之《秦封泥集》,三秦出版社,2000

孟蓬生〈上博四閒詁〉:〈上博竹書(四)閒詁〉,簡帛研究網2005.2.15

孟蓬生〈竹書四閒詁續〉:〈上博竹書(四)閒詁(續)〉,簡帛研究網 2005.3.6

孟蓬生〈上博竹書(二)字詞雜記〉,簡帛研究網 2003.1.14

季旭昇〈上博四零拾〉,簡帛研究網2005.2.15

季旭昇〈交交鳴烏新詮〉,第一屆古文字與古代史學術研討會,中央研究院歷史語言研究所,2006.9.22-24

季旭昇〈柬三題〉:〈《上博四·柬大王泊旱》三題〉,簡帛研究網 2005.2.12

季旭昇〈從戰國文字中的「坓」字談詩經中「之」字誤為「止」字的現象〉,1999 年 8 月第四屆詩經國際研討會論文,會後刊於《中國詩經學會會務通訊》第 18 期,2000.5.15

季旭昇〈逸詩補釋〉:〈上博(四)《逸詩·交交鳴烏》補釋〉,武大簡帛網2005.2.15

季旭昇〈說婁要〉,《古文字研究》廿六輯,2006.11

季旭昇〈讀郭店楚簡札記:卞、絕為棄作、民復季子〉,《中國文字》新二十四期,1998.12

季旭昇《甲骨文字根研究(修訂本)》,台北:文史哲出版社,2003

季旭昇主編《上海博物館藏戰國楚竹書(一)讀本》,台北市:萬卷樓圖書公司,2004.6

季旭昇主編《上海博物館藏戰國楚竹書(二)讀本》,台北市:萬卷樓圖書公司,2003.7

季旭昇主編《上海博物館藏戰國楚竹書(三)讀本》,台北市:萬卷樓圖書公司,2005.10

宗福邦、陳世鐃、蕭海波主編《故訓匯纂》,北京:商務印書館,2003

屈萬里《詩經詮釋》,台北:聯經出版事業公司,1983.2

房振三〈上博四二則〉:〈上博館藏楚竹書(四)釋字二則〉,簡帛研究網 2005.4.3

林素清〈釋匵〉:〈釋「匵」——兼及〈內豊〉新釋與重編〉,美國芝加哥大學東亞系所〈中國文字學的方法與實踐國際學術研討會〉,2005.5.28-30

林素清〈內禮重探〉:〈上博四《內禮》篇重探〉,政治大學中文系、中研院文哲所、簡帛資料文哲研讀會合辦《出土簡帛文獻與古代學術國際研討會》,2005.12.3-4;又刊在武漢大學簡帛研究中心《簡帛》第一輯,2006.10

林碧玲〈鳴鷺研究〉:〈《上博四·逸詩·交交鳴鷺》研究〉,政治大學中文系、中研院

　　文哲所、簡帛資料文哲研讀會合辦《出土簡帛文獻與古代學術國際研討會論文
　　集》，2005.12.2-3

邴尙白〈曹沫注釋〉：〈上博楚竹書《曹沫之陣》注釋〉，台灣大學《中國文學研究》第
　　二十一期，2006

范常喜〈《上博四·曹沫之陳》「車轚皆栽（載）」補議〉，簡帛研究網 2005.4.15

范常喜〈《曹沫之陳》「君言無以異於臣之言君弗聿」臆解〉，簡帛研究網，2005.2.20

范常喜〈上博四四則〉：〈讀《上博四》札記四則〉，簡帛研究網 2005.3.31

范常喜〈視日補議〉，簡帛研究網 2005.3.1

范常喜〈昭龏簡8〉：〈《上博（四）·昭王與龏之脽》簡 8 補釋〉，簡帛研究網 2005.5.9

胡厚宣〈再論殷代農作施肥問題〉，■■■■■■■

馬敘倫《讀金器刻詞》，■■■■■■■

俞偉超《中國古代公社組織的考察——論先秦兩漢的單——僤——彈》（■■■■），6
　　－53 頁。

俞敏監修·謝紀鋒編纂《虛詞詁林》，黑龍江人民出版社，1992.1

侯乃鋒〈昭龏補說〉：〈《昭王與龏之脽》第九簡補說〉，簡帛研究網 2005.3.20

徐在國〈說「昚」及其相關字〉，簡帛研究網 2005.3.4

秦樺林〈鳴鷺劄記〉：〈楚簡逸詩《交交鳴鷺》劄記〉，簡帛研究網，2005.2.18

袁金平〈讀上博（五）劄記〉，武大簡帛網2006.2.26

袁國華〈上海博物館藏戰國楚竹書(二)字句考釋〉，大阪大學《中國研究集刊》第 36
　　號，大阪：大阪大學文學部中國哲學研究室，2004

袁國華〈昭王新釋〉：〈上博楚竹書（四）〈昭王毀室〉新釋〉，《第三屆簡帛學術
　　討論會》論文集，中國文化大學曉峰紀念館國際會議廳，2005.5.18~19

袁國華〈昭王字詞〉，〈上博楚竹書（四）〈昭王毀室〉字詞考釋〉，政治大學中文系、
　　中研院文哲所、簡帛資料文哲研讀會合辦《出土簡帛文獻與古代學術國際研討
　　會》，2005.12.3-4

馬承源主編《上海博物館藏戰國楚竹書（一）》，上海：上海古籍出版社，2001.11

馬承源主編《上海博物館藏戰國楚竹書（二）》，上海：上海古籍出版社，2002.12

馬承源主編《上海博物館藏戰國楚竹書（三）》，上海：上海古籍出版社，2003.12

馬承源主編《上海博物館藏戰國楚竹書（四）》，（上海：上海古籍出版社，2004.12

高佑仁〈《上博四》劄記三則〉，武大簡帛網 2006.2.24

高佑仁〈曹沬研究〉：〈《上海博物館藏戰國楚竹書（四）・曹沬之陳》研究〉，台灣師範大學國文系碩士論文，2006.6

高佑仁〈《曹沬之陣》「早」字考釋——從楚系「庐」形的一種特殊寫法談起〉，武大簡帛網 2005.11.27；又收在武漢大學簡帛研究中心《簡帛》第一輯，2006.10

高佑仁〈《曹沬之陣》校讀九則〉，簡帛研究網 2005.11.13

高佑仁〈《曹沬之陣》簡「沒身就世」釋讀〉，《文字的俗寫現象及多元性－第十七屆中國文字學全國學術研討會論文集》，台北縣板橋市：聖環圖書公司，2006

高佑仁〈「君必不已則由其本乎」釋讀〉，簡帛研究網 2005.9.4

高佑仁〈上博四三則〉：〈讀上博（四）札記三則〉，武大簡帛網2006.2.24

高佑仁〈曹沬兩則〉：〈讀《曹沬之陣》心得兩則：「幾」、「非山非澤，亡有不民」〉，簡帛研究網 2005.4.3

高佑仁〈談《唐虞之道》與《曹沬之陣》的「沒」字〉，武大簡帛網 2005.12.25

高佑仁〈談《曹沬之陣》「爲和於陣」的編聯問題〉，武大簡帛網 2006.2.28

高佑仁〈談《曹沬之陣》的「沒身就世」〉，武大簡帛網 2005.2.20

高佑仁〈論《曹沬之陣》簡 17 之「愛」字〉，簡帛研究網 2005.8.23

高佑仁〈論《魯邦大旱》、《曹沬之陣》之「飯」字〉，簡帛研究網 2005.2.20

高佑仁〈讀《上博四》劄記三則〉，武大簡帛網 2006.2.24

崔憲《曾侯乙編鐘鐘銘校釋及其律學研究》，北京：人民音樂出版社，1997

張光裕〈萍廬藏公朱右官鼎跋〉，《中國文字》新二十三期，1997

張桂光〈柬略說〉：〈《簡大王泊旱》編聯與釋讀略說〉，《古文字研究》二十六輯，北京：中華書局，2006.11

張新俊〈文字研究〉：《上博楚簡文字研究》，吉林大學博士論文，2005.4

曹建敦〈內豊校讀〉：〈用新出土竹書校讀傳世古籍劄記一則——上博《內豊》校讀《大戴禮記》一則〉，簡帛研究網 2005.3.6

曹建敦〈內豊雜記〉：〈讀上博藏楚竹書《內豊》篇雜記 〉，簡帛研究網 2005.2.25

淺野裕一〈相結構〉：〈上博楚簡《相邦之道》的整體結構〉，《新出土文獻與先秦思想重構國際學術研討會論文集》，台北：台灣大學哲學系、中央研究院中國文哲研究所、輔仁大學文學院、東吳大學哲學系，2005.3

淺野裕一〈曹沫兵學〉：〈上博楚簡〈曹沫之陳〉的兵學思想〉，簡帛研究網 2005.9.25

陳思婷〈說夫〉，《東方人文學誌》5卷3期，2006.9

陳偉武〈上博四零札〉：〈讀上博藏簡第四冊零札〉，《古文字研究》第二十六輯，
　　2006.11

陳偉〈昭三篇〉：〈《昭王毀室》等三篇竹書的幾個問題〉，《出土文獻研究》第七輯，2005

陳偉〈簡新研〉：〈《簡大王泊旱》新研〉，武大簡帛網 2006.11.22

陳斯鵬〈曹沫校理〉：〈上海博物館藏楚簡《曹沫之陣》釋文校理稿〉，簡帛研究網
　　2005.2.20

陳斯鵬〈初讀上博竹書(四)文字小記〉，簡帛研究網 2006.3.6

陳斯鵬〈上博四小記〉：〈初讀上博竹書(四)文字小記〉，簡帛研究網 2005.3.6

陳斯鵬〈東編聯〉：〈《東大王泊旱》編聯補議〉，簡帛研究網 2005.3.10

陳新雄《古音學發微》，台灣師大博士論文，1972 年嘉新水泥公司文化基金會叢書

陳劍〈曹沫釋文〉：〈上博竹書《曹沫之陳》新編釋文（稿）〉，簡帛研究網 2005.2.12

陳劍〈釋幸〉：〈釋上博竹書《昭王毀室》的「幸」字〉，武大簡帛網 2005.12.16；又收
　　入《漢字研究》第一輯，北京：學苑出版社，2005

陳劍〈甲骨金文「戈」字補釋〉，《古文字研究》第 25 輯，北京：中華書局，2004

陳劍〈昭東讀後記〉：〈上博竹書〈昭王與龔之脽〉和〈東大王泊旱〉讀後記〉，簡帛研
　　究網 2005.2.15

陳劍〈葛字小考〉：〈上博竹書"葛"字小考〉，武大簡帛網2006.3.10

陳劍〈甲骨金文舊釋「尤」之字及相關諸字新釋〉，《北京大學古文獻研究中心集刊》
　　第四輯，2004

彭浩〈包山二號楚墓卜筮和祭禱竹簡的初步研究〉，《包山楚墓》，北京：文物出版社，
　　1991

曾憲通〈曾侯乙編鐘標音銘與樂律銘綜析〉，《楚地出土文獻三種研究》124~155頁，
　　北京：中華書局，1993

游國恩《楚辭論文集》，台北：九思出版社，1977

湯餘惠、吳良寶：〈郭店楚墓竹簡零釋（四篇）〉，《簡帛研究 2001》，桂林市：廣西師
　　範大學出版社，，2001

黃人二〈上博藏簡第四冊內禮書後〉，《古文字研究》第二十六輯，2006.11

黃翔鵬〈先秦音樂文化的光輝創造——曾侯乙墓的古樂器〉,《文物》1979年第7期

黃鳴〈采風零拾〉:〈上博四《采風曲目》零拾〉,簡帛研究網2005.12.30

楊澤生〈上海博物館藏楚簡文字雜說〉,《江漢考古》2002年第3期

楊澤生〈讀《上博四》札記〉,簡帛研究網2005.3.24

董珊〈上博四雜記〉:〈讀《上博藏戰國楚竹書(四)》雜記〉,簡帛研究網 2005.2.20

裘錫圭〈釋殷虛卜辭中的𣎵𣎵等字〉,《第二屆國中國古文字學研討會論文集》,73-94頁,
　　　香港中文大學,1993

裘錫圭〈甲骨文中所見的商代農業〉,《古文字論集》154-190頁

裘錫圭《古文字學論集》,北京:中華書局,1992.8

裘錫圭〈古文字釋讀三則〉,《徐中舒先生九十壽辰紀念論文集》(成都:巴蜀書社),
　　　8-22頁;《古文字論集》395-404頁

鄒濬智〈昭王校注〉:〈上海博物館藏戰國楚竹書(四)·昭王毀室〉校注——兼談楚昭
　　　王的歷史形象〉,《東方人文學誌》2005.9

廖名春〈也說"交交鳴鷟"〉,孔子2000網2005.2.21

廖名春〈內豊劄記一〉:〈讀楚竹書《內豊》篇劄記(一)〉,簡帛研究網 2005.2.20

廖名春〈內豊劄記二〉:〈讀楚竹書《內豊》篇劄記(二)〉,簡帛研究網 2005.2.20

廖名春〈多薪補釋〉:〈楚簡《逸詩·多薪》補釋〉,簡帛研究網 2005.2.12

廖名春〈曹沫劄記〉:〈讀楚竹書《曹沫之陳》劄記〉,簡帛研究網 2005.2.12

廖名春〈楚竹書《曹沫之陣》與《慎子》佚文〉,簡帛研究網 2005.2.12

廖名春〈鳴鳥補釋〉:〈楚簡《逸詩·交交鳴鳥》補釋〉,簡帛研究網2005.2.12;又載於
　　　《中國文化研究》2005年第1期, 9-5頁

趙平安〈上博藏緇衣簡字詁四篇〉,《上海博物館藏戰國楚竹書研究》,440-442頁,上
　　　海:上海古籍出版社,2002

劉信芳〈柬五則〉:〈竹書《柬大王泊旱》試解五則〉,簡帛研究網 2005.3.14

劉信芳《包山楚簡解詁》,台北:藝文印書館,2003.1

劉洪濤〈上博四劄記〉:〈讀《上海博物館藏戰國竹書(四)》劄記〉,武大簡帛網 2006.11.6

劉釗《郭店楚簡校釋》,福州:福建人民出版社,2003.12

劉樂賢〈楚簡《逸詩·多薪》補釋一則〉,簡帛研究網 2005.2.20

劉樂賢〈上博四札記〉:〈讀上博（四）札記〉，簡帛研究網2005.2.15

蔡丹〈上博四《曹沫之陳》試釋二則〉，武大簡帛網 2006.1.3

冀小軍〈釋楚簡中的皿字〉，簡帛研究網 2002.7.21

禤健聰〈曹沫箸字〉:〈關於《曹沫之陳》的「箸」字〉，簡帛研究網 2005.3.4

禤健聰〈楚簡文字補釋五則〉，《古文字研究》第二十六輯，北京：中華書局，2006.11

魏宜輝〈上博四劄記〉:〈讀上博楚簡（四）劄記〉，簡帛研究網 2005.3.10

蘇建洲〈上博二校釋〉:《上海博物館藏戰國楚竹書（二）校釋》，台灣師範大學國文研
　　　究所博士論文，2004.6；後由台北縣：花木蘭文化出版，2006

蘇建洲〈《上博（四）·曹沫之陳》補釋一則（二）〉，簡帛研究網 2005.2.25

蘇建洲〈曹沫一則〉:〈上博（四）曹沫之陳〉補釋一則〉，簡帛研究網 2005.2.25

蘇建洲〈曹沫劄記〉:《《上博（四）·曹沫之陣》劄記〉，孔子 2000 網 2005.3.7

蘇建洲〈曹沫三則〉:《《上博（四）·曹沫之陣》三則補議〉，簡帛研究網 2005.3.10

蘇建洲〈楚文字四則〉:〈楚文字考釋四則〉，簡帛研究網2005.3.14

蘇建洲〈楚文字雜議〉，簡帛研究網 2005.10.30

蘇建洲〈《上博（四）·柬大王泊旱》"諡"字考釋〉，武大簡帛網 2005.12.15

日·井上亘〈內豐編聯〉:《《內豐》篇與《昔者君老》篇的編聯問題〉，簡帛研究網
　　　2005.10.16

日·福田哲之〈內豐歸屬〉:〈上博四《內禮》附簡、上博五《季康子問於孔子》第
　　　十六簡的歸屬問題〉，武大簡帛網 2006.3.7

說明：

　　原由龐樸先生主持，現交山東大學文史哲研究院簡帛研究所主辦之「簡帛研究網
站」簡稱「簡帛研究網」。

　　武漢大學簡帛研究中心「簡帛網站」簡稱「武大簡帛網」。

一·〈采風曲目〉 隸定及摹字

□ 又 敔 子 奴 思 我 宮 穆 碩 人 又 又

敔 宮 歸 喪 之 末 宮 訐 疋 坓 月 埜 又 葛 出 門

曰 東 宮 祝 君 壽

【一】

□ 酓 兕 人 毋 迣 虗 門

不 寅 之 娷 徙 商 要 丘 又 敔 奚 言 不 從 豊 又

酉趨商高木訏商隹

【二】

□訏客牧人莫

人蠲亡霝氏城上生之葦道之遠尒良人

亡不宜也弁也遺夫害和塵剚之實

【三】

□鱹也鴒羽之白也趨羽子之賤奴訏

元鱹也亢續羽之絰羽子之幾戍訏

羽北埜人鳥虎咎比王音深浴羽酢嘉賓

遒悥【四】□居思之絲信然邔詻戈虎

【五】□狗虘君毋死【六】

狗墾昏而刿

二·〈逸詩〉隸定及摹字

【交交鳴鷿】

交＝鳴鷿集于中汜蠽佛君子若

鳴鷿集于中渚蠽佛若豹若虎君子

玉若英君子相好以自為展蠽斁是好

【一】

隹心是匡閟卵愛笱皆芋皆英交＝

【二】

相好以自爲禦㠻

閞卵㥯旬皆上下交＝鳴鵞集于中溝

㠻【三】

弟君子若珠若貝君子相好以自

爲㦷㠻敳是好隹心是萬閞卵㥯旬皆少

皆大【四】

【多薪】

多
＝薪
＝莫奴栗榛
柅
及弟斯鮮我
二

【一】

弟多
＝薪
＝莫奴蕭荓多
＝人
＝莫

人多
＝薪
＝莫奴藋葦多
＝人
＝莫奴柅

奴同生多
＝薪
＝莫奴松杍多
＝人
＝莫

奴同生多
＝薪
＝莫奴松柼多
＝人
＝莫

奴同父母【二】

## 三·〈昭王毀室·昭王及龔之脽〉隸定及摹字

【昭王毀室】

邵王爲室於死泣之滮室既成牺

絡之王戒邦夫=曰歔=醬柰之王內牺

絡止王葬殊木=乚鑰=

祒子一昏子駅儀憂也暜復闊雜个迮=

絡又一君子狋備曼廷牺迵閨寵人出=

曰一君王台內室君之備不可曰進不

白一君王台矢昏止儌帀可乚遑帀

岜 曰 少 人 之 告 龔 牸 刲 於 含 曰 尔 必 岜 少

少

= 人 = 牸 訽 寇 䧱 人 弗 敢 岜 至 【二】 閨 址

命 尹 陳 省 為 視 曰 告 僅 之 母 辱 君 王 不 幸

僅 之 父 之 骨 才 於 此 室 之 隡 下 僅 牸 埌 亡

老 □ □ □ 【三】 吕 僅 之 不 尋 并 僅 之 父 母

之骨厶自博辶命尹爲之告君不爲僮

告僮牐訽寇辶命尹爲之告

王

〔四〕曰虐

吾營牐訽龏辵命丌丝止告

不智亓尔蒦尔古須既祿安從事王遲尻

承晉元本薪本古身鮨祿史延爰王登祝

於坪滿卒曰夫〓歟〓於坪滿因命至俑

於坪滿卒曰夫〓齃〓上室選因命其俑

毀室

〔五〕

【昭王與龔之脽】

邵王迈【五】逃琊龔之脽駅王

遇脽酒取車被襦＝脽介趣君王不【六】

酒取車大尹遇之被襦＝大尹內告王僅

玃瞑頸之辠〔於〕君王至於定備而被襦

王訉而參之褖褓龔之脽被之兀襝視

逃珥王命龔之脾【七】母見大尹昏之

自訟於王老臣爲君王戰視之臣皋亓容

於死或昏死言僕見脾之倉也曰告君王

今君王或命【八】脾母見此則僕之皋也

王曰大尹之言脾可諏又安天加禍於楚

邦息君吳王身至於郢楚邦之良臣所譽

【九】骨虐未又吕慼亓子脽既與虐同車

或

窮無

衣囟邦人虐見之三日安命龔之

脽見【十】

脽見【十一】

## 四·《柬大王泊旱》 隸定及摹字

簡序：
01
02
08
03
04
05
07
19
20
21
06
22
23
18
17
09
10
11
12
14
13
15
16

柬大王泊游命龜尹羅貞於大顕王自

臨卜王向日而立王滄至 【一】

王之庶於日而疠芥懃愈送贅尹智王之

乘龜尹速卜 【二】高山深溪王以酮贄

疗

尹高不榖瘠甚疠驟夢高山深溪虗所旱

【八】地於膚中者無又名山名溪欲祭於

楚邦者虐尚泌而卜之於 【三】大顯如襄

將祭之贊尹許諾泌而卜之襄贊尹至命

於君王既泌 【四】而卜之襄王曰如襄速

於同王竊祭

祭之虘瘵鼠疠贅尹倉曰楚邦又棠古

【五】安敢殺祭以君王之身殺祭未尚又

王内以告安君與陵尹贅尹子高卿爲【七】ム

訐人牲笑君陵尹贅尹皆綸其言以告太

訐君聖人虞良長子牲正【一九】於君太

剌胄陵尹君內而語僕之言於君＝王＝王＝

之瘥從含日以瘥陵尹與【二十】贅尹又

古虐恧顝之太剌言君王元君不以丌身

古贅尹之棠古贅尹【二一】爲楚邦之禥

贅尹之棠古贅尹

神宔不敢以君王之身叀亂鬼神之棠古

夫上帝＝䰠神高明【六】甚牺必智之君

王之疠牺從含日巳命尹子林酮於大

剚子歨爲人【二二】臣者亦又靜虐大剚

曶曰君王元君＝善夫＝可兼靜命尹謂

大剚唯【二三】必三軍又大叀邦豪吕軒

輯社稷呂逢與邦家大濟姻媾智於邦【一】

八【一】牲為客告太剌辺而胃之君皆楚邦之【一七】王若

牲軍复色而言於廷王事可

牲鼓而涉之王夢𣆺閩未啓王呂告槳徙

牲鼓而涉之王夢品閩未啓王乙告槳徙

與中余今夕不穀【九】夢若此何槳徙中

余倉君王尙呂顳大剌晉侯彼聖人之孫

牲必【十一】鼓而涉之此可大剌進倉此

所胃之旱母帝牲命之攸者侯之君之不

一一能詢者而劉之呂溑夫唯母溑而

百售逡呂法邦豪此爲君者之劉【一二】

王凵而句而泣胃大剌一人不能諭正之而

百售以幽侯大剌遜迬進【一四】大剌我

可爲歲安篙大剌倉女君王攸郢高方若

朕里君王毋敢戋害【一三】羿樧徙中余

與五連小子及龍臣皆逗毋敢執篹籔王

許諾攸四蒿【一五】

夶曰王又埜色逗者

又歔人三日大雨邦蕙之雙駣迈四＝疆【一六】

＝皆筭

五·〈內豐〉隸定及摹字

內豐 【一背】君子之立孝悉是甬豐

【一正】

是貴古為人君者言人之君之不能复 丌

臣者不與言人之臣之不能事【一正】丌

是貴古為人君者言人之君之不能复 丌

君者古為人臣者言人之臣之不能事 丌

君者不與言人之君之不能畜臣者故

為人父者言人之

【二】父之不能畜子者

不與言人之子之不孝者古為人子者言

人之子之不孝者不與言人之

人之子者不孝者古為人父之不能

畜子者

【三】古為人倪者言人之倪之不

能戀佛者不與言人之佛之不能承倪者

古爲人佛者言人之佛之不能承倪【四】

者不與言人之兄之不能慈其弟者故曰

與君言＝貞臣與臣言＝事君與父言＝

畜子與子言＝孝父與倪言＝慈佛【五】

與俤　音：承倪反。此鼺也，君子事父母亡

ム邀亡，ム憙父母所樂，之父母所憙，

之善則訟，之不善則訨，

而任　【六】　不可唯至於死從之，孝而不諫

不成孝　君子孝子不

孝諫而不從亦不城

若才腹中孜叟古父母安【七】之如延

正宛廼

呂妃君子曰考子父母又疾晃不免行不

呂廼君子曰考子父母又族

頌不妛立不庶語時昧祉緐行祝於五祀

劏必又益君子呂城亓考【八】是胃君子

子 =曰考子事父母呂飤亞兄下之□□

【九】君子曰佛民之經也

少不靜才大不關古為㞷必長之命

為戈必聖貴之命從人觀狀則孚於戻

【十】亡慙母忘姑姊妹而遠敬之則民又

【十一】

豐狀句奉之吕中臺【附簡】

豐然司辭止乙毛拿

六·〈相邦之道〉隸定及摹字

敢昏民事孔₌

時₌出古此事₌出政₌毋忘所旬事：：

：：：先其欲備其弱牧其慇青旨寺：：

【一】：：□□□人可胃搜邦矣公曰

【二】：：農夫勸於耕

以

實官蒼百攻廳於事曰實寶庫 宔民 懍

於四枳之襲曰備軍 旅 ......【三】者孔＝

於又枳之藁乚藁軍逤？

退告子贛曰虗見於君不昏又邦之道而

昏想邦之道不亦墊虖子贛曰虗子之答

也可女孔曰女誻【四】

# 六‧〈曹沫之陳〉隸定及摹字

| | | 簡序： |
|---|---|---|
| 63b | 58 | 01 |
| 64 | 37b | 02 |
| 65a | 38 | 03 |
| 7b | 39 | 41 |
| 8a | 40 | 04 |
| 65b | 42 | 05 |
| | 43 | 06 |
| | 44 | 07a |
| | 45 | 08b |
| | 46a | 09 |
| | 47 | 10 |
| | 63a | 11 |
| | 27 | 12 |
| | 23a | 13 |
| | 51b | 14 |
| | 29 | 17 |
| | 24b | 18 |
| | 50 | 19 |
| | 51a | 20 |
| | 31 | 21 |
| | 32 | 22 |
| | 52 | 25 |
| | 53a | 23b |
| | 60b | 24a |
| | 61 | 30 |
| | 53b | 26 |
| | 54 | 62 |
| | 55 | |
| | 56 | |
| | 57 | |
| | 15 | |
| | 16 | |
| | 46b | |
| | 33 | |
| | 34 | |
| | 35 | |
| | 36 | |
| | 28 | |
| | 37a | |
| | 49 | |
| | 48 | |
| | 59 | |
| | 60a | |

敓戔之戦【二背】魯臧公酭爲大鐘

型既城矣敓蔵內見曰昔周室之邦魯東

劼遊盛矣敓戁夫見曰晢非澤又不

西七百南北五百非【一】山非澤亡又不

自十百率八五百兆

民今邦愿少而鐘愈大君亓煮之昔焚之

鄉壑也飯於土轂欲於土型【二】而戕又

天下此不貧於散而福於悥與昔周

室□

□□□□□□□□□□□【三】

競必勅可㠯已又怠邦周等是鷹臧公

□□今天下之君子既可智已管能

曰【四一】

并兼人【四】才敓蔓曰君亓冊員臣觀之

曰惡邦之君明則不可㠯不攼政而善於

曰䩟之君亓可㠯攼政而善㱃

民不狀志亡安【五】娭邦之君亡道則亦

不可㠯不攼政而善於民不狀亡㠯取之

臧公曰昔池朏語募人曰【六】君子曼之

臧公曰貨沱為語募人曰

遊之天命今異於而言 敓叢曰【七上】亡

呂異於臣之言君弗書臣翩之曰君【八

下】子呂既夏而遊之天命呂亡道夏而殳

身還䇂亦天命不肰君子呂既夏害又弗

【九】旻呂亡道夏害又弗遊臧公曰曼才

虐龢此言乃命戡鐘型而聖邦政不畫

【十一】痛不歟　二不聖樂居不藝㬅飲不戢

【一二】兼㤼𡎚民而亡厶也還年而

歔曰虐欲與齊戰龢戡緐戦緐

龢於敔

女戰鄔城緐女蔽蔽倉曰臣龢之又固慇

而亡固城【一三】又克正而亡克戰三弋

**摹字**
又 <sub></sub> 正 <sub></sub> 之 <sub></sub> 敓三弋

之戰皆鷹或曰克或曰亡且臣諐之少邦
<sub></sub> 之 <sub></sub> 少邦

尻大邦之閼當邦【一四】交 <sub></sub> 不可曰先
<sub></sub> <sub></sub>

复悄疆墬母先而必取□安所曰拒鄹母
<sub></sub> 安所曰拒 <sub></sub> 征 <sub></sub> 代

【一七】俊逨所曰拒
<sub></sub> 所曰征

悉貨資子女曰事元
<sub></sub> 子女 <sub></sub> 受大

內城章也必攸纏肇利兵必又戰心曰獸所

曰為倀也歔臣之韶之不和 【一八】於邦

不可曰出豫不和於豫不可曰出戰不和

不可曰必 不可曰必戰

於戰不可曰戰是古夫戰者三詧之 【一

九 末君必不已則絲亓杲虎臧公曰為和

於邦女之可敓敔會曰母穫民皆母敓民

利【二十】繡攻而飲聖罰又辜而賞篝又

惠凡畜羣臣貴戔同峕橐母價詩於又之

曰幾【二一】屖君子民之父母此所曰爲

和於邦臧公曰爲和於豫女可敓蓺曰三

軍出君自衛【二二】必又二牲軍母牲軍

必又譻辟夫＝母俾夫＝必又譻大官之

也又譻嬌夫＝也又譻夾官止

帀公孫公子凡又司衛倀【二五】

□□□□□□□□□□□

，元會之不難所呂爲和於豫牲公或醞

〔二三下〕爲，和於戰，女（如）可會，曰車闗厷唘

二　闗厷兵貴〔二四上〕立砠猷思爲前行

三行之遝句見耑兵攻〔三十〕五之闗必

三　讹止遝句見尋并攻〔二〕

又公孫公子是胃軍紀五人已敬天〔一〕

〔六〕又多四人皆賞所已爲剚毋上攫而上

翢命 【六二】 所㠯爲母退衛車㠯車衛徒

㠯徒所㠯同死 【五八】 又戒言曰牪尒正會古衛

祉不牪而或譽或康㠯 【三七下】 會古牪

不可思牪= 則不行戰又聂道勿兵㠯克

臧公曰勿兵㠯克系女倉曰人之兵 【三

【八】

不砥礪我兵必砥礪人之摩不緊我摩

必緊人事士我事夫＝人事夫＝我事牺
也緊

軍人【三九】事牺軍我君身進此戰之昜

道牺公曰既成薔矣出帀又幾虜鲁曰又

臣嗣之三軍出【四十】亓逨連父䢐不薦

繇邦聯之此出帀之幾臧公或韶曰三軍

臝果又幾虜倉曰又之臣韶【四二】之三軍

未成戰未豫行堅淒墜此雙果之幾臧公

或韶曰戰又幾虜倉曰又六厽之【四三】

不遯其遷之不專刀墜節不疾此戰之幾

是古矣陳敗矣戰死臧公或詢曰既戰又

幾虎【四四】倉曰又亓賞譴虣不中亓詢

硅虣不設死者弗收剔者弗詷既戰而又

怹二此既戰之幾臧【四五】公或詢曰復

敗戰又道虣倉曰又三軍大敗【四六上】

死｜者收之剔者韻之善於死者為生者君

【四七】乃自怸已斂於蠢民弗瑋危墜母　毋｜誣而賞母舉百售而改

火飲　【六三上】

太　

元　逞君女親㡿　【二七】必聚群又司而告

元　逞昌代

之　二幺子季之㳤不才子才　【二三上】

人虗戰啻不訓於天命反帀將復戰【五一】

下｜必訋邦之貴人及邦之可士旅卒事兵

母復寺｜【二九】裳凡貴人凶処前立一行

遠則見亡進｜【二四下】則彔箮又裳幾莫

之當臧公又問曰復盤戰又道虗倉曰又

既戰遑豫虖命於軍中【五十】曰纏羣利

兵明日栖戰則戕尾剔曰盤遟行【五一】

上遊車羣命之母行昷＝栖戰思爲前行

肷人【三一】垒告曰亓逢衛聿剔載連皆

栽曰栖早行乃 命 百徒早飲栽兵各載尔

既戰將歡數爲之

【三二】

母怎母思民矣

迖爾龜筮皆曰勝之改鬈爾鼓乃遊亓備

明日復戰必逃亓所此復

【五二】

道戚公或問曰復甘戰又道虖倉曰又必

【五三上】

悤呂戒客將弗克母冒呂追必

述前攻【六十下】賞牆誥爭曰懼亓志埒

者憙之宄者愚之蓋民【六一】贛首皆欲

或之此復甘戰之道臧公或問【五三下】

曰復故戰又道虜倉曰又收而聚之隙而

曰變胡戰又逸黎會曰又之綝亓

厚之賍賞泊基思忘亓死而見亓生思良

【五四】

車良士往取之餌思示志記戩者

車邊上往昕之飽車元走延戩卷

思憙舉者思啓狀句改句此遉故戩之道

善鬼戉句改与少遉胡戰上遉

【五五】

善攻者系女㐬曰民

善攻者必曰示

臧公或龤曰

分或龤曰

又寶城曰固固曰藏三者書甬不皆邦㰥象

寶曰固曰藏三者

【五六】

曰怵善攻者必曰示

所又曰攻人

所又曰攻人

之所亡又臧公曰善獸者系女倉曰

【五】

七

元 飲 足 曰 飲 之 元 兵 足 曰 利 之 其 城 固

元 飽 足 曰 飽 之 元 弅 足 曰 … 元 盛 固

【一五】足 曰 戈 之 卡＝ 和 戲 祝 緯 紀 於 大

＝ 宭 ＝ 斳 之 天 下 【一六】不 勅 卒 谷 少 曰

＝ 宭 ＝ 斳 之 市 下 不 勞 谷 少

多 少 則 愚 較 圪 成 則 惕 【四六下】恖 果 勅

矣 親 率 勑 吏 人 不 親 則 不 緇 不 和 則 不 祝

遂 勞 不 親 則 不 緯 不 身

不 愬 則 不 備 戒 公 曰 爲 親 女【三三】可

臧 分 曰 氏

曰 君 母 慧 自 袋 呂 觀 卡二 之 書 僞 似 夫 募

曰 民 自 楚 亡 卡二 尚 木

婦 之 獄 詞 君 必 身 聖 之 又 智 不 足 亡 所【三

之 曰 此 牛 之 又 智 不 足 所

四】不 中 則 民 斬 之 臧 公 或 斟 爲 和 女 可

戈 分 氏 可

曰母辟於俊俾母侲於父壄賞均聲中則

民 【三五】和之臧公或颙爲義女可會曰

紳攻走臤能紳紳百人事侲百人能紳三軍

思衛受 【三六】又智舍又能則民宜之戲

忠衛學 又智舍又施劇

臣颙之卒又侲三軍又衛邦又君此三者

所吕戰是古偯

【二八】民者毋圂篅母慫

戈虐戈毋籠民孫

軍母辟皐甬都薈於邦

【三七上】於民臧公

作戈臧公

此三者足吕戰虘會曰戒勅

【四九】不

曰少三者吕戰篅會曰芇夢

可不懇不傘則不互不和則不蔬不兼畏

亓帝蓺帝癹昜帝並帝㑊昜帝蓋帝緐患

【四八】……囗

丌志者募矣臧公或䭞曰虐又

元帝迻泉矣臧公或䭞曰䁝又

所謂之一

五九

出言三軍皆懂一出言

三軍皆進又之虜倉曰又明

六十上

飢

鬼神軔武非所以善民口君其智之此

六

三下先王之至道臧公曰義虖言氏不而

女或者少道與虖一谷龢三弋㪔=鼓虖

倉曰臣韻之昔之明王之記【六四】於天下

者各曰亓殜曰及亓身今與古亦列【六五上】

不同矣臣是古不敢曰古倉狀而古亦【七下】

亓殺之亓牛肉鞢古炎初

又大道安必共會曰尋之而喬大曰遊之君

又復也并會之尋之炎之

【八上】亦隹韻夫墨康傑受矣【六五下】

兀

國家圖書館出版品預行編目資料

《上海博物館藏戰國楚竹書（四）》讀本／季旭昇主編. --

初版. --臺北市：萬卷樓, 2007[民 96]

面；　　　公分

參考書目：面

ISBN 978-957-739-590-0 (平裝)

1. 簡牘 - 研究與考訂

796.8　　　　　　　　　　　　　96004239

## 《上海博物館藏戰國楚竹書（四）》讀本

主　　　編：季旭昇

協　　　編：袁國華

合　　　撰：陳思婷　張繼凌　高佑仁　朱賜麟

發 行 人：許素真

出　版　者：萬卷樓圖書股份有限公司

　　　　　　臺北市羅斯福路二段 41 號 6 樓之 3

　　　　　　電話(02)23216565・23952992

　　　　　　傳真(02)23944113

　　　　　　劃撥帳號 15624015

出版登記證：新聞局局版臺業字第 5655 號

網　　　址：http://www.wanjuan.com.tw

E-mail　：wanjuan@tpts5.seed.net.tw

承 印 廠 商：晟齊實業有限公司

定　　　價：440 元

出 版 日 期：2007 年 3 月初版